Zeitschrift des Bergischen Geschichtsvereins

Band 105

v|rg

Zeitschrift des Bergischen Geschichtsvereins

Band 105

2017–2018

Im Auftrag des Bergischen Geschichtsvereins e.V.
und seiner wissenschaftlichen Kommission
herausgegeben von

Stefan Gorißen und Horst Sassin

Verlag für Regionalgeschichte
Bielefeld 2021

Gedruckt mit Unterstützung des Landschaftsverbandes Rheinland

LVR Qualität für Menschen

Bibliografische Information der Deutschen Nationalbibliothek:
Die Deutsche Nationalbibliothek verzeichnet diese Publikation in der Deutschen Nationalbibliografie; detaillierte bibliografische Daten sind im Internet über http://dnb.d-nb.de abrufbar.

ISSN 0067-5792
ISBN 978-3-7395-1215-0

www.bgv-gesamtverein.de
www.regionalgeschichte.de

Satz und Layout: Verlag für Regionalgeschichte / jk

Gedruckt auf alterungsbeständigem Papier
Printed in Germany

Inhalt

Aufsätze

Miszelle

Rezensionen

Jahresberichte 2017–2018

Wo lag der Königshof/Fronhof Kalkum?

Hartmut Heikaus

An den vormaligen Königshof, den der ostfränkische König Arnulf dem Stift Gandersheim im Jahre 889 aus Reichsbesitz übertrug, erinnert in Kalkum heutzutage nichts mehr. Reste früherer Hofgebäude sind nicht erhalten geblieben, weil die hölzernen Fachwerkbauten abgebrochen oder untergegangen sind, ohne Spuren menschlicher Siedlungstätigkeit auf dem Areal des Hofes zu hinterlassen, das inzwischen einer modernen Bebauung zugeführt wurde. Keine historische Flurbezeichnung weist darauf hin, wo der Königshof – später der Fronhof des Stifts Gandersheim – lag, dem der Ort Kalkum seinen Namen verdankt.[1] Soweit ersichtlich, hat sich erstmals Johann v. Trostorff mit der Frage befasst, wo dieser Hof zu suchen ist. Er behauptete im ersten Teil seiner 1898 veröffentlichten Beiträge zur Geschichte des Niederrheins, der Nedenhof (= der Hof Daneden) im Unterdorf sei der Gandersheimer Fronhof gewesen.[2] Im zweiten Teil der Beiträge wiederholte er diese Behauptung.[3] Die Ausführungen v. Trostorffs beruhen jedoch nicht auf wissenschaftlicher Erkenntnis, etwa aufgrund beigezogener Urkunden und Akten, sondern sind schlicht der Phantasie des Autors entsprungen. Seine Darstellung der grundherrlichen Verhältnisse in Kalkum enthält zudem zahlreiche sachliche Irrtümer. Möglicherweise ist v. Trostorff zu seiner unzutreffenden Annahme veranlasst worden, weil in Sichtweite des Nedenhofs das sogenannte Dingblech lag.[4] Das zur Honnschaft Einbrungen gehörende Flurstück weist allerdings nicht auf eine ehemalige Gerichtsstät-

---

1 Monumenta Germanie Historica. Die Urkunden der Deutschen Karolinger, Bd. 3: Die Urkunden Arnolfs, Berlin 1940, Nr. 107a. Die Straßenbezeichnung „Auf der Hofreith" wie auch die urkundlich nachgewiesene Bezeichnung in der Haverichten (Jost KLOFT, Inventar des Urkundenarchivs der Fürsten von Hatzfeldt-Wildenburg zu Schönstein/Sieg, Bd. 1, Koblenz 1975, Nr. 239–1427) und hoeuerichte (LAV NRW R Stift Kaiserswerth Urk. Nr. 484 = Heinrich KELLETER (Bearb.), Urkundenbuch des Stiftes Kaiserswerth, Bonn 1904, Nr. 493, 1464 April 23) geben keinen Hinweis auf den Fronhof. Mit dem Begriff „Hofreite" bezeichnete man unbebauten Hofraum hinter Hofgebäuden, den Hofplatz, gelegentlich auch das zu einem Hof gehörende Land. Vgl. Deutsches Rechtswörterbuch, Bd. 5, Sp. 1325–1327. Hermann KEUSSEN, Topographie der Stadt Köln im Mittelalter, Bd. 1, Düsseldorf 1986 (Nachdruck der Ausgabe Bonn 1910), S. 110; Swen Holger BRUNSCH, Das Zisterzienserkloster Heisterbach von seiner Gründung bis zum Anfang des 16. Jahrhunderts, Siegburg 1998, S. 438: an eyne hoeverichten genannt Schergis hoeffstat, da nu zwei huyser up gebuwet steynt. Die Straßenbezeichnung „Am Fronhof" im Oberdorf ist irreführend und unzutreffend, weil der Fronhof dort nicht gelegen hat.

2 Johann von TROSTORFF, Beiträge zur Geschichte des Niederrheins, Teil 1, Jüchen 1898, S. 71.

3 Ebd., Teil 2, S. 2f., 15: Die Gandersheimer hielten ihren Nedenhof allzeit für einen Fron- und Gerichtshof.

4 Zur Lage des Dingblechs vgl. Bruno BAUER, Das wohl älteste Adreßbuch von Einbrungen, in: Heimatbuch Wittlaer 24 (2003), S. 93–95; Heinrich FERBER, Das Steuerbuch des Hauptgerichts Creutzberg im Amte Angermund von 1734–1735, in: Beiträge zur Geschichte des Niederrheins. Jahrbuch des Düsseldorfer Geschichtsvereins 7 (1893), S. 120–130.

te hin, wie fälschlich behauptet wird,[5] denn das grundherrliche Hofgericht tagte auf dem Fronhof. Vermutlich wurde das am Schwarzbach gelegene Wiesengelände (Blech) dem Vogt des Fronhofs – auch Dinger genannt – als Entschädigung für die Ausübung des Richteramtes zur Nutzung überlassen und daher so bezeichnet.[6] Gegen die Richtigkeit der Behauptung v. Trostorffs spricht allein schon der Name des Hofes. Die Bezeichnung Nedenhof oder Daneden weist darauf hin, dass sich dieser Hof unterhalb (*neden*) eines anderen am Schwarzbach gelegenen Hofes befand, nämlich unterhalb des Fronhofs, zu dessen Pertinenzstücken er zählte.

Die Zugehörigkeit des Nedenhofs zur Villikation des Fronhofs Kalkum kommt unzweifelhaft in einer Privaturkunde zum Ausdruck, mit der Adolf (Alf) Quad im Jahre 1465 eine Naturalrente auf den Nedenhof anweisen wollte. Er war mit dem Nedenhof behandigt und seit dem Jahre 1452 auch Pächter des Fronhofs. Als solcher nahm er das Amt des Lehnsherrn stellvertretend für die Äbtissin von Gandersheim wahr. Aus dem Inhalt der Urkunde ergibt sich, dass neben dem Aussteller zwei Lehnsleute der Äbtissin, die zugleich Hofleute des Fronhofs waren, und die Schöffen des Gerichts Kreuzberg die Urkunde siegeln sollten.[7] Diese – wenn auch nicht vollzogene – Urkunde widerlegt die Annahme v. Trostorffs, der Nedenhof sei der Gandersheimer Fronhof gewesen.

Vermutlich hat v. Trostorff für seine „Beiträge zur Geschichte des Niederrheins" keine Archivalien im Original eingesehen, sondern nur auf Fachliteratur zurückgegriffen. Diese Schlussfolgerung wird man zumindest für seine Angaben aus dem Rentbuch der Kellnerei Angermund von 1634 ziehen müssen, die auf einer Publikation dieser archivalischen Quelle durch Heinrich Ferber fußen.[8] Ferber hat nicht den gesamten Text des Rentbuches zum Druck gegeben, diese Tatsache aber auch nicht ausdrücklich erwähnt. Es fehlen die Angaben zu den Gemarkengerichten, den sogenannten Holzbänken, ein

---

5 Bruno Bauer, Alte und neue Flurnamen, in: Kayserswerth. 1300 Jahre Heilige Kaiser Reformer, Düsseldorf 1981, S. 166–169: „Blech bedeutet allgemeiner offener Platz, auf dem die Gerichtsversammlungen (= Ding) stattfanden".

6 Die Nutzung einer Wiese als Viehweide war auch dem Richter des Treidelgedings am Rhein, dem Halfmann des herzoglichen Kesselshofes in Bockum, als Entgelt für seine richterliche Amtsausübung zugestanden worden, wie aus einer Notiz im Lagerbuch des Amts Angermund von 1645 (in Abschrift von 1656) hervorgeht. Es heißt dort: Der zeitlicher Halffman besitzt das Trÿllgeding wegen Ihrer fürst(lich) Durchlaucht dergestalt, wan Irfall oder mißverstand wegen der Vohrgenossen auf der Speÿen vorfalt, er solchen entscheiden; im fall, Er aber nit gnugsamb darzu wäre, solle ein zeitlicher Kellner Ihme die hand bieten und assistiren; hätte von solchem und des bawrmeisters dienst ein blech auf der Speÿen, das Trÿllblech genant, ungefehr…2 Kohe weiden. Die Wiese war demnach so groß, dass zwei Kühe darauf weiden konnten. – Die Spey war eine durch Verlagerung des Rheins entstandene Insel (Werth), dem Dorf Bockum gegenüber gelegen, und bergisches Territorium. Das Wort treilen bedeutet, mit dem treil (Zugseil) ein Schiff auf dem Leinpfad flussaufwärts ziehen. Unter Vohrgenossen sind die Nutzer des Treidelpfades am Rhein zu verstehen, deren Streitfälle der Halfmann im Auftrag des bergischen Landesherrn zu schlichten hatte. LAV NRW R Jülich-Berg III R Angermund II Nr. 63. S. 83f. und 138. Vgl. auch Bruno Bauer, Die Bockumer Spey, in: Heimatbuch Wittlaer 31 (2010), S. 49–54 mit Kartenabbildungen.

7 LAV NRW R, Stift Kaiserswerth Urk. Nr. 487 = Kelleter Nr. 496 (1465 August 10).

8 H(einrich) Ferber, Rentbuch der Kellnerei Angermund (1634), in: Beiträge zur Geschichte des Niederrheins. Jahrbuch des Düsseldorfer Geschichtsvereins 5 (1890), S. 122–134.

Umstand, den v. Trostorff nicht bemerkt hat. Das Rentbuch ist aus älteren Rentbüchern, einem „Erkundigungsbuch" aus dem Jahre 1573 und anderen Unterlagen des Amtes Angermund im Jahre 1634 zusammengestellt worden. Die im Rentbuch für die hier interessierende Frage bedeutsamen Aufzeichnungen des Sekretärs und „Rechenmeisters" Gottfried Rulandt lauten folgendermaßen:

> *Das Holtzgedingh uf dem Vorst besitzt der von Winkelhausen von wegen der Abdißin zu Ganderßheim und wirt gehalten zu Calcheim uf der Abdißinnen hoff daselbsten. Das holtzgedingh Over Angeren besitzt der von Winckelhaußen und behagt daßelbige von wegen der Abdißin zu Ganderßheim und wirt zu Calchum im selbigen hove gehalten wie vursch(reven).*[9]

Der *Abdißinnen hoff* in Kalkum, auf dem die beiden Gemarkengerichte tagten, ist der Gandersheimer Fronhof gewesen. Hätte v. Trostorff seinerzeit das im Provinzialarchiv in Düsseldorf aufbewahrte Rentbuch des Amtes Angermund zur Überprüfung seiner These eingesehen, hätte er den Irrtum bemerkt und festgestellt, dass der Nedenhof keineswegs mit dem Fronhof gleichzusetzen ist. Denn der Gandersheimer Fronhof ist in der namentlichen Auflistung der freien Höfe, die in der Honnschaft Kalkum lagen, nicht enthalten. v. Trostorff führt sie anhand des vorbezeichneten Lagerbuches der Reihe nach auf: Vogteihof, Nedenhof, Heiderhof, Honnenhof, Vikarienhof, Haus Bilkrath, Forsthof.[10] Diese sieben Höfe waren schatzfrei, ihre Inhaber dem bergischen Landesherrn jedoch zur Heeresfolge verpflichtet. Sie mussten im Kriegsfall einen bewaffneten Mann zu Pferd stellen, weshalb diese Höfe auch als ritterfreie Güter bezeichnet wurden.

V. Trostorffs irrige Annahme ist auch deshalb leicht zu widerlegen, weil die Lagerbücher der bergischen Ämter die maßgeblichen Grundlagen für die Erhebung der landesherrlichen Steuern und Abgaben ausweisen. Das kirchliche Benefizialgut durfte der Landesherr nicht besteuern (*libertas ecclesiastica*); es wurde deshalb nicht in die Rentbücher eingetragen. Das Stift Gandersheim war ein exemtes Reichsstift, seine Äbtissin bis 1802 Reichsfürstin. Es unterstand dem Papst wie dem König unmittelbar. Die Besitzungen der reichsunmittelbaren geistlichen Korporationen konnten vom Reich zu Steuern herangezogen werden; sie unterlagen aber nicht der landesherrlichen Besteuerung. Daher erscheint der Fronhof Kalkum nicht in den Steuerlisten des Amtes Angermund. Ein Verzeichnis der im Herzogtum Berg gelegenen Güter der in- und ausländischen Geistlichkeit aus dem Jahre 1579 und die Steuermatrikel des Amts Angermund und Landsberg von 1729 nennen weder die von den bergischen Beamten taxierten jährlichen Einkünfte aus diesem Besitz noch enthalten sie Angaben zum Steueranschlag des Stifts.[11] Auch die von Hans Goldschmidt veröffentlichte Liste der auf fürstlichen Befehl vom 4. November 1604 hin angeschlagenen Steuern für die Geistlichkeit im Amt Angermund und

9 LAV NRW R, Jülich-Berg III R Angermund II Nr. 61 S. 129f.

10 Wie Anm. 2, Teil 2, S. 23.

11 Pfarrarchiv Kaiserswerth Akten 26, S. 119ff. und Akten 28, S. 85.

Landsberg führt keinen Besitz des Stifts Gandersheim auf.[12] Da der bergische Landesherr nicht befugt war, das Stift wegen seiner im Herzogtum Berg gelegenen Güter zu Steuern heranzuziehen, kann es auch nicht verwundern, dass in den wenigen erhalten gebliebenen Rent- und Lagerbüchern des Amtes Angermund keine steuerlich relevanten Angaben über dessen dort gelegenen Besitz zu finden sind. Der Gandersheimer Stiftsbesitz war dem Zugriff der landesherrlichen Beamten entzogen. Er wurde von ihnen weder taxiert noch angeschlagen. Besteuert wurden aber die Bewohner der zum Fronhof Kalkum gehörenden Höfe und Kotten; sie wurden spätestens gegen Ende des 15. Jh. als bergische Untertanen angesehen.[13]

Die anhand der beigezogenen archivalischen Quellen erkennbare Steuerfreiheit der aus Reichsbesitz stammenden, daher *eo ipso* steuerfreien Güter des Stifts Gandersheim blieb auch durch den bergischen Haupt-Landesrezess über den von Pfalzgraf Philipp Wilhelm mit der Jülich-Bergischen Ritterschaft geschlossenen Vergleich vom 5. November 1672 unangetastet. Der in diesen Vertrag aufgenommene § 3 bestimmte, dass sowohl die landtagsfähigen frei adligen Güter sowie alle anderen Güter, welche seit 1596 von Steuer und Schatzung sowie von Gewinn und Gewerbesteuer frei waren, von allen Lasten befreit bleiben sollten.[14] Die Steuerfreiheit des geistlichen Besitzes überdauerte das Ende des Heiligen Römischen Reiches Deutscher Nation (6. August 1806), sie wurde selbst noch in den Zeiten des französischen Gouvernements anerkannt und bestand bis zum Jahre 1810.[15]

Mit der Feststellung, dass der Nedenhof im Unterdorf Kalkum nachgewiesenermaßen nicht mit dem Gandersheimer Fronhof identisch ist, soll es alleine nicht getan sein, solange dessen genaue Lage in der Örtlichkeit unbekannt bleibt oder sich nur annähernd beschreiben lässt. Auf dieses Problem wird nachfolgend näher einzugehen sein.

Walter Bader hat die Ausführungen v. Trostorffs übernommen und stellte in seinem 1968 veröffentlichten Beitrag zur Problematik der Geschichte, Denkmalpflege und land-

12 Hans GOLDSCHMIDT, Geistlicher Besitz und geistliche Steuer in den bergischen Ämtern Miselohe, Mettmann, Angermund und Landsberg, in: ZBGV 45 (1912), S. 156–171. 1579 wurden die im Amt Angermund und Landsberg gelegenen Güter folgender in- und ausländischer geistlichen Korporationen taxiert und angeschlagen: Stift Gerresheim, Kreuzbrüder zu Düsseldorf, Kloster Saarn, Kloster Gräfrath, Katharinenkloster in Gerresheim, Franziskanerinnen in Rath, Stift Werden, Stift Vilich, Stift Kaiserswerth, die Johanniterkommenden Burg und Duisburg und das Stift St. Gereon in Köln (wie Anm. 11, Akten 26, S. 119ff.). Zur Steuer der Geistlichkeit vgl. Georg von BELOW, Geschichte der direkten Staatssteuern in Jülich und Berg bis zum geldrischen Erbfolgekrieg, in: ZBGV 28 (1892), S. 156ff.: C. Die Steuer der Geistlichen.

13 Darauf deutet die von Herzog Wilhelm II. im Jahre 1487 aufgenommene Zwangsanleihe hin. Die Bitte, nach persönlichem Vermögen dem Fürsten Geld zu leihen, richtete sich an alle Untertanen des Landes, auch an die Eingesessenen der Honnschaft Kalkum, die in der Auftragung namentlich genannt sind; vgl. LAV NRW R, Jülich-Berg I Nr. 1381a (Kopie).

14 Johann Josef SCOTTI, Sammlung der Gesetze und Verordnungen, welche in den ehemaligen Herzogthümern Jülich, Cleve und Berg und in dem vormaligen Großherzogthum Berg über Gegenstände der Landeshoheit, Verfassung, Verwaltung und Rechtspflege ergangen sind, Bd. 1, Düsseldorf 1821, S. 161ff.

15 Niedersächsisches Landesarchiv Standort Wolfenbüttel (STA WO) 50 Neu 3 Gand. Nr. 62: Promemoria des Advokat-Anwalts Gottfried Kemmerich vom 31.12.1831.

schaftlichen Einordnung von Schloss Kalkum fest, dass die Identifizierung des Nedenhofes mit dem Gandersheimer Fronhof, dem ursprünglichen Königshof, „zweifellos der Schlüssel zu allen Fragen der Ortsgeschichte Kalkums" sei. Dessen ungeachtet vermutete er den Kern des Königshofes, den Haupthof, dort, wo sich heute das Schloss befindet.[16] Auch diese Annahme ist ein Fehlschluss, denn an jener Stelle lag, nachgewiesen durch ein im Jahre 1315 aufgezeichnetes Urbar, ein befestigter Hof der Herren v. Kalkum, den sie vom Stift Gandersheim zu Lehen hatten. Als Vasallen gehörten sie zur Lehnsmannschaft der Äbtissin. Ihre Aufgabe bestand vor allem darin, den Fronhof Kalkum und den umliegenden Stiftsbesitz gegebenenfalls mit Waffengewalt zu schützen.[17] Damit ist die These Walter Baders, den Haupthof des Stifts – mit anderen Worten: den Fronhof bzw. den vormaligen Königshof – an der Stelle des heutigen Schlosses zu suchen, nicht zu halten. Das hier in Rede stehende Urbar befindet sich im Niedersächsischen Landesarchiv Standort Wolfenbüttel in einem Aktenstück, auf das Günther Engelbert bereits im Jahre 1955 aufmerksam gemacht hat.[18] Das darin enthaltene Material ist bisher nicht ausgewertet worden.

Mit dem Problem, an welcher Stelle der Gandersheimer Haupthof in Kalkum lag, hat sich auch Wilhelm Janssen eingehend befasst. Seiner Meinung nach lassen „die Quellen des 14. Jahrhunderts[...]keinen Zweifel, daß der stiftische Fronhof in Kalkum damals der Nedenhof am Rande des Unterdorfs war, und so ist es bis ins 17. Jahrhundert geblieben. Dicht dabei am Schwarzbach lag die Stiftsmühle. Es ist jedoch so gut wie ausgeschlossen, daß dies die ursprüngliche Situation gewesen ist. Dagegen spricht allein schon die räumliche Entfernung zwischen dem Fronhof und der ihm verbundenen Kirche. Haupthof der Villikation Kalkum kann nur jener Hof gewesen sein, aus dem sich später das Schloß entwickelt hat".[19] Janssen übernahm damit Baders Darstellung. Tatsächlich betrug die Entfernung zwischen dem eingangs der heutigen Unterdorfstraße gelegenen Fronhof und der Kirche knapp dreihundert Meter, d.h. etwa nur ein Drittel der räumlichen Distanz zwischen der Kirche und dem Nedenhof, die Wilhelm Janssen als maßgebliches Krite-

---

16 Walter BADER, Zur Problematik der Geschichte, Denkmalpflege und landschaftlichen Einordnung von Schloß Kalkum, in: Schloss Kalkum, Köln 1968, S. 18f.

17 STA WO 11 Alt Gand. Fb 1 Nr. VII, 19: Haec sunt bona feodalia spectancia ad officium in Kalchem domine abbatisse in Gandersem. In Kalcheim filii Hermanni de Kalcheim militis unum mansum cum curia ibidem in qua municio facta est prope allodium domine abbatisse. – Eine Untersuchung des Verfassers zur Geschichte des Gandersheimer Fronhofs Kalkum mit den entsprechenden urkundlichen Nachweisen befindet sich im Druck. – Auch der in einer Urkunde aus dem Jahre 1265 genannte Ritter Hermann v. Kalkum war ein Lehnsmann der damaligen Äbtissin von Gandersheim, Margarete von Plesse (1253–1305). Er zählte zu ihren Getreuen (dilectis nostris et ecclesie nostre fidelibus); vgl. Albert HARDT (Bearb.), Urkundenbuch zur Geschichte der mittelrheinischen Territorien, Bd. 4, Wiesbaden 2007. Nr. 729. Regest: Jost KLOFT, Bd. 1 Nr. 5 (1265 November 27). Eine Abbildung der Urkunde hat Rita BECKER, Die Kalkumer Mahlmühle (Kalkum. Historische Reihe 4), Ratingen 2015, auf S. 22 publiziert und auf die fehlerhafte Datierung durch Jost Kloft hingewiesen (FN 21).

18 Günther ENGELBERT, Schloß Kalkum bei Düsseldorf, in: Düsseldorfer Jahrbuch. Beiträge zur Geschichte des Niederrheins 47 (1955), S. 200, Anm. 4.

19 Wilhelm JANSSEN, Die ältesten Zeugnisse, in: Wittlaer. Zwischen Anger und Schwarzbach, Düsseldorf 1975, S. 9–13.

rium für seine Ansicht nennt. Auch lassen „die Quellen des 14. Jahrhunderts" – gemeint sind die von ihm zitierten Studien von Hans Goetting – bei näherer Überprüfung eine solche Schlussfolgerung nicht zu, denn mit der vagen Umschreibung, „der Haupthof der Gandersheimer Villikation lag im Unterdorf", hat sich Hans Goetting, der wohl beste Kenner der Geschichte des Kanonissenstifts Gandersheim, jeder präzisen Festlegung enthalten, an welcher Stelle im Unterdorf der Fronhof seiner Ansicht nach zu vermuten sei.[20]

Die Suche nach amtlichen Unterlagen, aus denen hervorgeht, an welcher Stelle der Fronhof tatsächlich lag, gestaltete sich ausgesprochen schwierig; letztlich war sie aber doch erfolgreich. Als besonders hinderlich für die Nachforschungen erwies es sich, dass die zu Anfang des 19. Jahrhunderts angelegten Parzellar-Mutterrollen der Bürgermeisterei Kaiserswerth aus nicht nachvollziehbaren Gründen bis heute unauffindbar geblieben sind. Die Bürgermeisterei Kaiserswerth besaß zwei Bände „Mutterrollen Calcum 1807–10", einen Band „Calcum 1827–40" und einen Band „Calcum und Wittlaer 1841–66". Diese „nicht mehr in Gebrauch befindlichen älteren Katasterdocumente" und ein „Calcum – Zeppenheim 1878/9–82/83" betreffender Band wurden auf Anweisung der Düsseldorfer Regierung vom 4. März 1887 noch im selben Monat an das königliche Katasteramt in Düsseldorf abgegeben.[21] Wo diese Unterlagen verblieben sind, konnte bis heute nicht geklärt werden. In das Nordrhein-Westfälische Landesarchiv sind sie nicht gelangt.[22]

Die vorerwähnten Mutterrollen, aus denen die Grundbesitzverhältnisse hervorgingen, lieferten die Voraussetzungen für das Grundsteuerkataster, nach dem die Gemeinde Kaiserswerth Grundsteuern erhob. Sechs Bände solcher Kataster, die Angaben zu den Liegenschaften in Kaiserswerth, Lohausen, Kalkum, Bockum, Wittlaer, Stockum und Einbrungen mit den im Laufe der Jahre eingetretenen Besitz- und sonstigen Veränderungen erfassen, sind erhalten geblieben. Sie befinden sich im Katasteramt der Stadt Düsseldorf; aber auch diese amtlichen Unterlagen führen in der Sache nicht weiter.[23]

Zwei im Nordrhein-Westfälischen Landesarchiv, Abteilung Rheinland vorhandene Güterverzeichnisse der Gemarkung Kalkum datieren aus den Jahren 1826 und 1839.[24] Der ältere der beiden Katasterbände weist in den Artikelnummern 52 bis 63 den Hatz-

---

20 Hans GOETTING, Das reichsunmittelbare Kanonissenstift Gandersheim (Germania Sacra N.F. 7), Berlin/New York 1973, S. 260.

21 Stadtarchiv Düsseldorf 0-1-16-155.0000: Bericht des Bürgermeisters vom 17. März 1887.

22 Schriftliche Auskunft des Landesarchivs NRW Abteilung Rheinland an den Verfasser vom 12.04.2011 – R 3-5.3 – 1619/11.

23 Im Katasteramt der Stadt Düsseldorf, Brinckmannstrasse 5, konnten folgende Unterlagen eingesehen werden: 1. Grundsteuer-Kataster. Protokoll über die Aufnahme der in der Katastral-Mutterrolle der Liegenschaften der Gemeinde Kaiserswerth, Lohausen, Kalkum, Bockum, Wittlaer und Stockum vorgekommenen Besitz- und sonstigen Veränderungen für die Steuerjahre 1828–1833. 2. Ebd., für die Steuerjahre 1834–1840. In diesem Band sind auch Angaben für Einbrungen enthalten. 3. Ebd., für die Steuerjahre 1841–1847. 4. Ebd., für die Steuerjahre 1848–1853. 5. Ebd., für die Steuerjahre 1854–1858. Ferner existiert noch eine Mutterrolle I.er Band, enthaltend die Artikel von No. 1 bis No. 108 der Gemeinde Kalkum aus dem Jahre 1865. In den Artikeln 55 bis 65 dieses Katasters wird der Grundbesitz des Reichsgrafen Alfred v. Hatzfeldt zu Schönstein aufgeführt. Die Fortschreibungen reichen bis in das Jahr 1941. Ein zweiter Band scheint nicht existiert zu haben.

24 LAV NRW R, BR 143 Regierung Düsseldorf Kataster B 320 und 321.

feldt'schen Besitz in Kalkum nach. Die unter der Artikelnummer 63 /: Frohnhof :/ erfassten Flurstücke Auf dem Weichselblech, Auf'm Himgesberg, In den Hingbenden, Auf'm Leimberg, Auf'm Ickelter, An der Flische und Auf'm Frohnberg gehörten zu den Ackerflächen, Holzungen und Wiesen des Fronhofs Rinthausen aus dem Besitz des vormaligen Kollegiatstifts St. Suitbertus in Kaiserswerth und nicht zu dem Gandersheimer Fronhof. Das Stift Kaiserswerth hatte seinen Fronhof mit allen Ländereien im Jahre 1801 an die Eheleute Wilhelm Hermann Kievers und Sophia Meyer auf die Dauer von 12 Jahren bis zu Martini 1813 verpachtet.[25] Die zu dem Hof gehörenden Ländereien gelangten nach der Säkularisierung des Kirchenguts durch den Reichsdeputationshauptschluss vom 25. Februar 1803 zu einem nicht näher erkundeten Zeitpunkt durch Kauf in den erblichen Besitz der Familie v. Hatzfeldt. Die Flurstücke lagen überwiegend im Amt Angermund. Wohnhaus und Scheune, Hofraum und Stallungen befanden sich dagegen in der Stadt Kaiserswerth. Sie lagen an der Kuhstraße, zeitweilig auch Düsseldorfer Straße genannt. Die heutige Bezeichnung lautet An St. Swidbert Nr. 18.[26] Diesen städtischen Teil des vormaligen Stiftseigentums erwarb der Ackerer Peter Sauberg. Er verkaufte seinen Grundbesitz im Jahre 1822 an den Reichsgrafen Edmund Gottfried Wilhelm Cornelius v. Hatzfeldt. Die Gebäude des Fronhofs und ein weiteres im Jahre 1879 von den Eheleuten Carl und Elisabeth Sauberg erworbenes Gartengrundstück überließ Fürst Alfred v. Hatzfeldt-Wildenburg 1887 der katholischen Pfarrgemeinde Kaiserswerth.[27]

Möglicherweise haben die vorgenannten amtlichen Katasterangaben zu den Hatzfeldt'schen Grundstücken auf dem Fronberg Walter Bader zu der fehlgehenden Annahme veranlasst, in ihrer Nähe nach der Sohlstätte des Gandersheimer Haupthofs, d.h. des Fronhofs Kalkum zu forschen, die er dort vermutete, wo sich heute das Schloss befindet.[28] Zugegebenermaßen macht die Tatsache, dass die Reichsgrafen v. Hatzfeldt nach der Säkularisierung des Kirchenguts sowohl Eigentümer der Ländereien des dem Stift

---

25 LAV NRW R, Großherzogtum Berg Nr. 7568; Regierung Düsseldorf, Rentei Angermund-Ratingen Nr. 40.

26 Zur Lage der Fronhofsgebäude in Kaiserswerth vgl. Hartmut HEIKAUS, Hofgerichte und Hofrecht in den ehemals bergischen Ämtern Angermund, Mettmann und Solingen, Wuppertal/Ratingen 1970, S. 98f., Anm. 9.

27 Pfarrarchiv Kaiserswerth Akten Nr. 1622.

28 Nachforschungen im Archiv der Fliedner-Kulturstiftung Kaiserswerth haben ergeben, dass die Reichsgrafen v. Hatzfeldt folgende aus dem Besitz des Stifts Kaiserswerth stammende Ländereien des Fronhofs Rinthausen in den Jahren 1846–1907 nach und nach an den Rheinisch-Westfälischen Diakonissen Verein veräußert haben; dieser hatte „durch Allerhöchste Kabinetts Ordre vom 20. November 1846 Corporationsrechte", d.h. Rechtsfähigkeit, erlangt: 1. Kaufvertrag vom 21. Juli 1846 – Gartenland in den Kaiserswerther Gärten (Kirchhofgarten), an die St. Göres-Straße, Hingmannsgarten und an den alten katholischen Friedhof grenzend. 2. Kauf- und Tauschvertrag vom 25. Juni und 18. Oktober 1877 – Ackerland Am Himgesberg, mit einem kleinen Teil Holzung. 3. Kaufvertrag vom 5. Juli 1884 – Ackerland Am Himgesberg 4. Kaufvertrag ebenfalls vom 5. Juli 1884 – Ackerland Auf dem Fronberg. 5. Kaufvertrag vom 30. Mai 1885 – Ackerland Im Luftfeld. 6. Kaufvertrag vom 15. Juli 189[illegible] – Weide und Ackerland Am Himgesberg und Am Leimberg. 7. Kaufvertrag vom 16. Februar 1907 – ein Grundstück in der Gemeinde Kalkum-Zeppenheim, Flur VII (ohne nähere Angaben). Signatur 2-1, 1024 und 2-1, 1515: Akt Nrn. 11, 122, 142, 143, 146, 162, und 172.

Kaiserswerth gehörenden Fronhofs Rinthausen als auch des dem Stift Gandersheim gehörenden Fronhofs Kalkum geworden waren und sich damit beide Höfe in einer Hand befanden, die Sache noch verwickelter.

Die Parzelle, auf der vormals die Gebäude des Gandersheimer Fronhofs standen, sucht man allerdings in dem oben erwähnten Grundstückskataster von 1826 unter der Nummer 63 /: Frohnhof :/ vergebens. Das Grundstück ist, um das Ergebnis vorwegzunehmen, an anderer Stelle beschrieben, nämlich unter der Artikelnummer 52 /: Haus Kalkum :/. Dort ist unter der Ziffer 11 ein in der Flur I. Nr. 204 nachgewiesener Obstgarten mit der Lagebezeichnung „An der Viehgasse" eingetragen, 2 Preußische Morgen, 132 Ruten und 50 Fuß groß. Nach einer Neuvermessung erhielt das Grundstück die Nummer 322. Es wurde der Ertragsklasse 1 zugeordnet und mit einem steuerbaren Katastral-Ertrag von 12 Talern, 20 Silbergroschen und 11 Pfennigen taxiert.[29] Unter dieser Katasterbezeichnung verbirgt sich, wie noch zu zeigen sein wird, das Areal des ehemaligen Gandersheimer Fronhofs Kalkum.

Die Sohlstätte des Fronhofs war ursprünglich wesentlich kleiner, wie ein von dem Notar Christopher Uden aus Gandersheim am 12. Juli 1567 (*auf Sonnabend am Abend Margarete Virginis*) aufgenommenes Verzeichnis ausweist. Uden war Notar kraft päpstlicher Bestallung und hatte auf Weisung der Äbtissin Magdalena von Chlum den Gandersheimer Stiftsbesitz in Kalkum *fleißig eigener Persohn besichtiget, durch klein und groß* – wie er betonte – und gewissenhaft protokolliert. Er begann mit der ihm übertragenen Aufgabe bei dem Areal des Fronhofs und notierte folgendes über seine Feststellungen: *Erstlich gegangen auf die Hofstete, dar ehemals das Haus gestanden hat, die Fronhoef genant, darauf zwey zimmer* [kleine Gebäude] *als ein Scheur und ein Schafstall gebaut, nicht sonderlich von Gewerde* [Wert]. *Item darachter ein Garde mit Erbsen, Koell, Peterzilien und dergleichen Kreudern, hat bei einem halben Morgen, daß also die 2 Gebäude, Hofstete und so es zusammende komme, einen Morgen Landes hält.*[30] In der Urkunde vom 12. September 1613, mit der die Gebrüder v. Winkelhausen der Äbtissin Dorothea Augusta ihre Belehnung mit dem Fronhof Kalkum reversierten, gaben diese die Größe der Sohlstätte mit dem zugehörigen Hofraum (*Platz),* Garten und einem Stück Land, auf dem damals Hopfen angebaut wurde (*Hoppenhoûe*), mit ungefähr einem oder anderthalb Morgen an.[31] Als die beiden Taxatoren Hermann Rothkopf und Anton Inhoffen auf Ersuchen des Grafen Edmund v. Hatzfeldt am 20. Oktober 1823 den Wert des Grundstücks – *den ehemaligen Frohn- oder Burgartz Hof mit seinen Zubehörungen* – schätzten, hatte sich außer der Nutzungsart bis dahin nichts geändert. Sie stellten fest: *An Gebäude nichts, in dem solche schon in alten zeiten durch die Spanier abgebrochen und verbrand wurden seyn sollten: der Hofplatz, Garten und Hoppenhof, so dermal Baumgarten ist, taxirt per Morgen zu 115 Rthlr. und hält* [in bergischen Morgen] *1 Morgen 2 Viertel.*[32] Die ehemalige

29 Wie Anm. 23. In dem 1839 angelegten Kataster B 321 ist das hier in Rede stehende Grundstück unter der Artikelnummer 52 (53 rot) erfasst. Die Größe wird nach der Neuvermessung mit 2 Morgen, 136 Ruten und 80 Fuß angegeben.

30 STA WO 50 Neu 3 Gand. Nr. 66.

31 STA WO 6 Urk. 1021.

32 Wie Anm. 30.

Hoffläche wurde demnach nicht mehr für den Hopfenanbau genutzt, sondern war mit Obstbäumen bepflanzt worden.

Kaum ein Menschenalter später, um die Mitte des 19. Jahrhunderts, war den damals in Kalkum Lebenden die genaue Lage des ehemaligen Gandersheimer Fronhofs so gut wie nicht mehr gegenwärtig. Das ergibt sich aus der Vernehmung zweier Zeugen, die Graf Edmund v. Hatzfeldt in einem jahrzehntelang währenden Rechtsstreit gegen die Herzoglich Braunschweig-Lüneburgische Kammer-Direktion der Domänen aufbot. Die Domänendirektion hatte gegen den Grafen vor dem Königlichen Landgericht zu Düsseldorf in erster Instanz unter anderem Klage auf Zahlung der für die Jahre 1812–1820 sowie für die Jahre 1833/34 und 1834/35 rückständigen Erbzinsbeträge für die Überlassung des Fronhofs erhoben. Die Aktivlegitimation der Klägerin ergab sich dadurch, dass der Gandersheimer Besitz nach der Aufhebung des Stifts durch königliches Dekret vom 5. Dezember 1810 zunächst von der Generaldirektion der Domänen in Kassel übernommen und nach dem Zusammenbruch des Königreichs Westphalen (1807–1813) mit dem Kammergut des Herzogtums Braunschweig-Lüneburg vereinigt worden war.[32] Die gegen das Urteil des Landgerichts vom 18. Mai 1836 eingelegte Berufung wurde durch Entscheidung des Rheinischen Appellationsgerichtshofs in Köln vom 23. Juni 1841 verworfen und die Sache zur weiteren Verhandlung an das Landgericht zurückverwiesen. In dem erstinstanzlichen Verfahren war dem Beklagten der Beweis aufgegeben worden, dass *der sogenannte „Frohnhof" zu Calcum vor Einführung der fremden Gesetzgebung* (gemeint ist das französische Recht) *steuerfrei gewesen sei*. Zu diesem Beweisthema vernahm der beauftragte Richter des Landgerichts Düsseldorf am 29. Dezember 1851 die von dem Grafen Edmund v. Hatzfeldt benannten Zeugen Joseph Merks und Peter Winzen, deren protokollierte Aussage folgendermaßen lautete:

Der erste Zeuge legte seine Ladung vor, schwor den gesetzlichen Zeugeneid und erklärte:

> *Ad generalia: Ich heiße Joseph Merks, bin sechs und siebenzig Jahre alt, Ackerer, zu Calcum wohnhaft, und zwar am Kreuzberge. Mit keiner der Partheien verwandt, verschwägert noch in deren Diensten und gehöre auch nicht in deren Hausgesinde.*
> *Zur Sache: Mein im Jahre Eintausend achthundert dreizehn verstorbener Vater hatte acht Morgen Ackerland, welche zum Burcherdshofe gehörten, in Pacht, und zwar schon zu einer Zeit, wo ich noch nicht geboren war. Ich selbst habe die Pacht nach dem Tode meines Vaters übernommen und bis vor etwa fünfzehn Jahren fortgesetzt. Weder mein Vater noch ich selbst haben je Steuern von dem gepachteten Lande bezahlt; es sind uns solche auch nie abgefordert worden. Der Burcherdshof hieß, wie ich immer gehört habe, vor etwa zweihundert Jahren „Frohnhof". Nach Verlesung dieser Aussage erklärte [der] Zeuge auf Befragen, daß er dabei beharre, begehrte Taxe* [Zeugenentschädigung], *welche ihm mit vierundzwanzig Silbergroschen zugebilligt wurde und hat diese seine Aussage mit dem Commissar* [dem beauftragten Richter] *und Secretair unterzeichnet.*[33]

33 Goetting (wie Anm. 20), S. 144f.

Nach ihm legte der zweite Zeuge die Ladung vor, schwor den gesetzlichen Zeugeneid und erklärte zu Protokoll:

> *Ad generalia: Ich heiße Peter Winshen* [lies: Winzen], *bin ein und sechzig Jahre alt, Hufschmied, zu Calcum wohnhaft, bin mit keiner der Partheien verwandt, verschwägert oder in Diensten und gehöre auch nicht zu deren Hausgesinde.*
> *Zur Sache: Mein Vater hatte, soweit ich mich zurückerinnern kann, den Burcherds – Bongert, bestehend aus circa vier Morgen Land, in Pacht und gehörte der gedachte Bongert zum Schlosse Calcum. Um das Jahr Eintausend acht hundert elf etwa hat die Pacht ihr Ende erreicht. Ob mein Vater von dem Burcherds – Bongert Steuern bezahlt hat, weiß ich nicht, auch ist mir nicht bekannt, daß der Burchardshof früher Fohnhof hieß. Nach Verlesung dieser Aussage erklärte [der] Zeuge, daß er dabei beharre; nachdem er darum befragt, begehrte [er] Taxe, welche ihm mit vierundzwanzig Silbergroschen angewiesen wurde, und hat seine Aussage mit dem Commissar und Secretair unterzeichnet.*[34]

Dass die beiden aus Kalkum stammenden Zeugen keine genaue Kenntnis von der Lage des Fronhofs besaßen, dessen Areal eine Zeitlang von der Familie Burchards, den Pächtern des Vogteihofs, bewirtschaftet wurde, muss nach den obwaltenden Umständen nicht verwundern. Was jedoch unverständlich anmutet, ist die Tatsache, dass der Domänendirektor des Grafen Edmund v. Hatzfeldt, Dr. Johann Josef Wachter, in einem Schreiben vom 28. Februar 1855 an den Advokaten Stiesberg in Düsseldorf, der die Interessen des Grafen in dem anhängigen Gerichtsverfahren wahrnahm, ausgesprochen abstruse Vorstellungen darüber äußerte, an welcher Stelle der Fronhof, den er fälschlich mit dem abgebrochenen Vogteihof identifizierte, vormals gelegen haben soll. Er hatte für seine Stellungnahme (*Pro Memoria*) einen Auszug aus dem bereits erwähnten 1634 angelegten Rentbuch des Amts Angermund und eine aus dem Jahre 1731 stammende amtliche Beschreibung dieser Güter besorgt, ferner eine Auflistung der zum Rittersitz Kalkum gehörenden steuerfreien Höfe und Kotten sowie weitere die Steuerfreiheit der Hatzfeldt'schen Besitzungen in Kalkum belegende Dokumente, und führte dazu folgendes aus:

> *Vorerwähnte Urkunden ergeben, einzeln wie im Zusammenhange genommen, daß der Frohnhof zu Calcum wie alle Güter, welche Graf Winkelhausen, nachher Hatzfeldt, in der Honschaft Calcum besaß, von jeher <u>steuerfrei</u> gewesen und können in Verbindung mit den von der Gegenseite selbst dargelegten geschichtlichen Umständen keinen Zweifel darüber aufkommen lassen, daß der dem Grafen in dem Urtheile des Landgerichts auferlegte Beweis, „daß das Grundstück, auf welchem die fragliche Rente haftet (Frohnhof zu Calcum) vor Einführung der fremden Gesetzgebung steuerfrei gewesen sei", vollständig erbracht ist.*
> *Zwar ist in den oben verzeichneten Urkunden überall nur die Rede von der Vogtei, dem Vogteihofe, Küppershofe und Burchhartzhofe. Es geht jedoch zugleich daraus hervor, daß alle diese Benennungen <u>ein- und demselben Hofe</u> gegeben wurden. Daß nun dieser*

34 STA WO 50 Neu 3 Gand. Nr. 69.

> *selbe Hof auch wieder kein anderer als der Frohnhof ist, ist ebenfalls offenbar: „das Amt und die Vogtei auf dem Frohnhofe zu Calcum bei dem Rheine" ist die sich durch alle Erbzins-Briefe hindurch ziehende Benennung des zinsbaren Objectes. Der Name des Frohnhofes ist in allen die freien wie steuerbaren Ländereien der Honschaft Calcum umfassenden ganz speciellen Besteuerungs-Registern aus dem letzten Jahrhundert verschwunden. Der Hof selbst und die Ländereien aber konnten nicht verschwinden und sind daher notwendig unter einem andern Namen zu suchen. Das[s] dies kein anderer als der Vogteihof sein kann, liegt zu Tage: Der Frohnhof, auf welchem die Vogtei verwaltet wurde, hat offenbar seinen Namen mit dem dieser Vogtei selbst vertauscht. Die „Vogtei zu Calcum" […] kann kein anders Grundstück als der Frohnhof sein, auf welchem sich nach den Ausdrücken der Belehnungs-Urkunde die Vogtei befand.*[35]

Die Gedankengänge des Domänendirektors waren indes verfehlt.

Durch einen glücklichen Zufall konnte bei Durchsicht der umfangreichen von der Domänendirektion der Herzoglich Braunschweig-Lüneburgischen Kammer geführten Verwaltungsakten zu dem vorerwähnten Prozess das fehlende Glied in der Beweiskette beigebracht werden.[36] In den Vorgängen fand sich ein Katasterauszug der Bürgermeisterei Kaiserswerth und Angermund aus den bislang unauffindbaren Mutterrollen, ausgefertigt mit Datum 19. Februar 1830. Darin wird das in Flur I, Kalkum, gelegene Flurstück 204, laufende Nr. 1 „an der Viehgasse", Obstgarten, aufgeführt. In der Spalte „Bemerkungen" heißt es: *diese erste Parzelle ist der ehemalige Hofplatz, Garten und Hopfenhof des Frohnhofes, so sich jetzt, wie mehrere Parzellen, durch Zuziehung anderer Grundstücke vergrößert hat.* Die Größe des Grundstücks ist – wie in dem bereits herangezogenen Grundstückskataster von 1826 – mit 2 Preußischen Morgen 132 Ruten 50 Fuß angegeben; in bergischen Morgen maß es 1 Morgen 75 Ruten.[37]

In Verbindung mit der zeichnerischen Darstellung der im Jahre 1824 von dem Geometer Peter Benninghaus in einem einzigen Blatt im Maßstab 1 : 2.500 aufgenommenen Katasterurkarte der Flur I, Bürgermeisterei Kaiserswerth, Gemeinde Kalkum, die sich im Nordrhein-Westfälischen Landesarchiv – Abteilung Rheinland befindet, wird deutlich, dass die Parzelle 204 in jenem Bereich lag, den heutzutage die Kalkumer Schlossallee, die

35 STA WO 50 Neu 3 Gand. Nr. 12. Die Schreibweise des Hofnamens variiert: Burgartzhof, Burchartzhof, Burchardshof bzw. Borcherdshof. Die Nutzung des Fronhofareals durch die Familie Burchards als Obstgarten (Baumhof = Bungert) führte, wie die Aussage des Zeugen Winzen belegt, zu der Bezeichnung Burchards-Bongert und zu dem – allerdings irreführenden – Aktenbetreff Bongarts-Hof zu Kalkum, auch Vogtei-Hof genannt, in den Akten Nr. 2391 der Rentei Kalkum im Fürstlich Hatzfeldt-Wildenburgischen Archiv. Bongarts-Hof und Bungartz-Hof sind synonyme Bezeichnungen für das Wort „Baumhof".

36 Die bei der Domänendirektion in Braunschweig geführten Verwaltungsakten der Klägerseite befinden sich im Niedersächsischen Landesarchivarchiv Standort Wolfenbüttel. Sie enthalten Unterlagen aus den Jahren 1799–1855 (STA WO 50 Neu 3 Gand. Nrn. 12, 14, 66–71). – Die Prozessakten des Grafen Edmund v. Hatzfeldt, dem Beklagten in diesem Verfahren, und Schriftwechsel über die Ablösung des Erbenzinses werden im Fürstlich Hatzfeldt-Wildenburgischen Archiv aufbewahrt (Rentei Kalkum Akten Nrn. 2179, 5023 und 7665).

37 STA WO 50 Neu 3 Gand. Nr. 66 und Nr. 68.

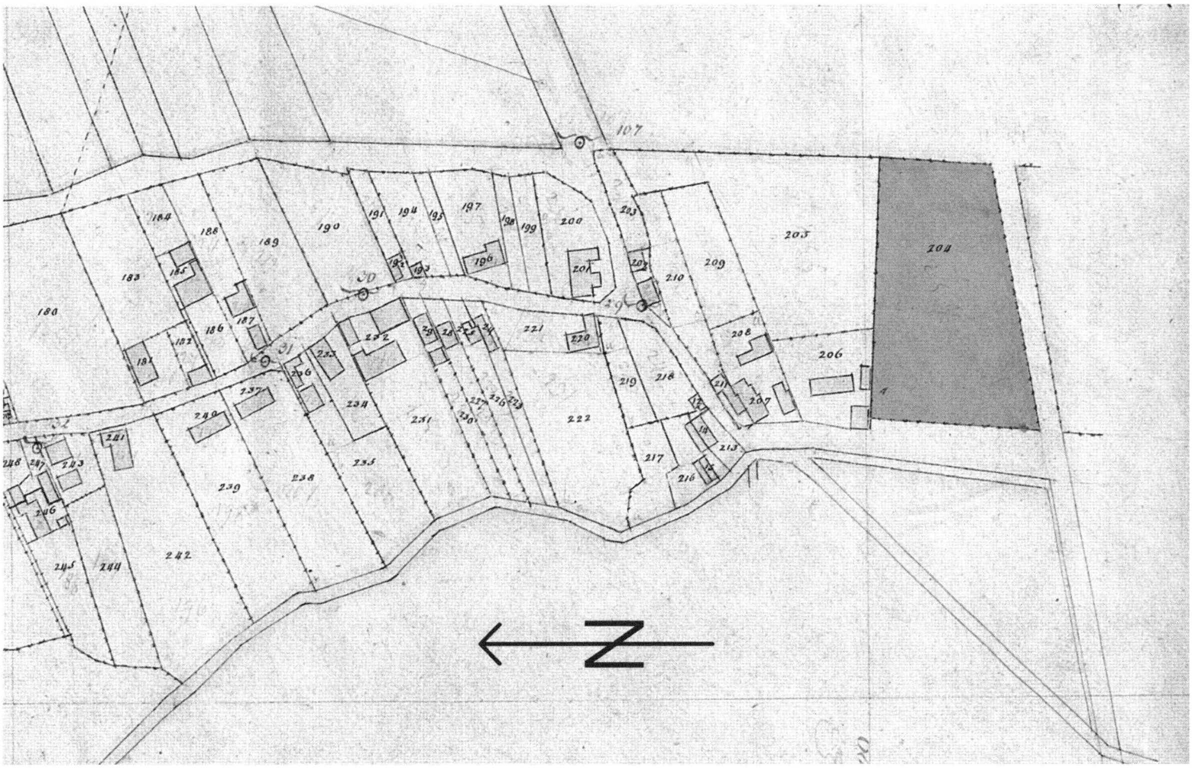

Abb. 1: *Der Ausschnitt aus der Katasterurkarte U 493 (Kalkum) zeigt am rechten Rand den Weg von Kaiserswerth nach Ratingen, am unteren Rand den Lauf des nach links hin zum Rhein fließenden Schwarzbaches, mittig die Dorfstraße und am oberen Rand den Beginn des Viehweges nach dem Forstbusch. Die Parzelle Flur I, Flurstück 204, auf der vormals die Gebäude des Fronhofs standen, ist grau hervorgehoben.*

Unterdorfstraße, der Gerichtsschreiberweg und die Straße Auf der Hofreith umgeben.[38] Dort – und nirgendwo anders – standen, hervorgegangen aus einem ehemaligen karolingischen Königshof, die Gebäude des Gandersheimer Fronhofs Kalkum.

In der aquarellierten Karte, die der Geometer S. Pesch im Mai 1823 von Schloss Kalkum und Umgebung anlegte, ist auf dem Areal des Fronhofs gleichfalls Baumbestand eingetragen; das Grundstück grenzte nördlich an das der Erben Fest.[39] Auf der gegenüberliegenden Seite der Unterdorfstraße lag der Gandersheimer Dieck, in seinen Umrissen ein Dreieck bildend. Diese Form erhielt der Teich erst bei der Umgestaltung des Schlossparks zu Beginn des 19. Jahrhunderts durch Verlegung des Schwarzbaches. Auf dem verlandeten und teils verfüllten früheren Teichgrund stehen die Gebäude des heutigen Restaurants Meyer & Freemann.

38 LAV NRW R, Kataster Regierung Düsseldorf U 493 (Kalkum).

39 Bader (wie Anm. 16), S. 57.

Die Wuppertaler Schmalwarenindustrie im 18. Jahrhundert *

Anne Sophie Overkamp

Das Wuppertaler Textilgewerbe hatte an der Schwelle zum 19. Jahrhundert eine beträchtliche Größe und Ausdifferenzierung erreicht. 1798 verzeichnete Christian Gädicke in seinem „Fabriken- und Manufacturen Addreß-Lexicon" insgesamt 103 Kaufleute in Elberfeld und 97 Kaufleute in Barmen, die im Textilsektor tätig waren.[1] Die 200 Kaufleute waren dabei im überwiegenden Fall als Verleger-Kaufleute tätig. Sie ließen Leinen, Woll-, Baumwoll- und Seidengarn dezentral zu Webwaren verarbeiten, die dann anschließend im Tal weiterveredelt wurden. Meist wurden die Bänder und Stoffe zumindest geglättet und appretiert; in manchen Fällen auch noch gefärbt. Anschließend übernahm der Verleger-Kaufmann den Vertrieb der Waren.[2]

Die Absatzmärkte der Waren befanden sich außerhalb des bergischen Territoriums. Vor allem für die Garn- und Banderzeugnisse geht die Forschung seit langem davon aus, dass die Niederlande und Frankreich den Hauptabsatzmarkt bildeten. Die „Schmuck- und Bänderfreudigkeit" der barocken Kleidermode habe den hohen Exportmengen Vorschub geliefert.[3] Die Breitgewebe, deren größter Anteil ein preiswertes Leinen-Baumwoll-Gewebe namens Siamosen stellte, seien dagegen vor allem nach Übersee exportiert und dort auf den Plantagen zur Bekleidung von Sklaven verwandt worden.[4]

Viele dieser Aussagen zu den Absatzgebieten für die Wuppertaler Erzeugnisse beruhen jedoch auf einer recht dünnen Quellenbasis. Denn trotz der großen Anzahl von Gewerbetreibenden in Elberfeld und Barmen am Ende des 18. Jahrhunderts haben sich in den Archiven nur wenige Geschäftsbücher und andere Unterlagen erhalten, welche die Art und Weise des Wuppertaler Handels dokumentieren. Auf der Grundlage von neu erschlossenen Geschäftsbüchern sollen im Folgenden Geschäftsstrategien, Prakti-

---

* Die Begriffe „Schmalwarenindustrie" beziehungsweise „Textilindustrie" werden hier als Bezeichnungen für in großem Maßstab hergestellte und vertriebene Textilwaren verwendet. Für eine bessere Lesbarkeit wird im Folgenden zudem der Begriff „Textilgewerbe" gebraucht, welcher ebenfalls zusammenfassend die Vorgänge der Herstellung und des weiträumigen Vertriebs der Waren bezeichnen soll.

1 Johann Christian Gädicke, Fabriken- und Manufacturen Addreß-Lexicon von Teutschland und einigen angränzenden Ländern. Erster Teil, Weimar 1798.

2 Zu den Mechanismen des Verlagswesens vgl. Ulrich Pfister, Art. Verlagssystem, in: Friedrich Jaeger (Hg.), Enzyklopädie der Neuzeit, Bd. 14: Vater-Wirtschaftswachstum, Stuttgart 2011, Sp. 162–167. Zu den Beziehungen zwischen (städtischen) Verlegern und ländlichen Produzenten vgl. Peter Kriedte, Die Stadt im Prozeß der europäischen Proto-Industrialisierung, in: Die alte Stadt 9 (1982), S. 19–51.

3 So zuletzt unter Nennung der älteren Literatur Stefan Gorissen, Gewerbe im Herzogtum Berg vom Spätmittelalter bis 1806, in: Stefan Gorissen, Horst Sassin, Kurt Wesoly (Hg.), Geschichte des Bergischen Landes. Bd. 1: Bis zum Ende des alten Herzogtums 1806 (Bergische Forschungen 31), Bielefeld 2. Aufl. 2016, S. 407–467, hier S. 431.

4 Vgl. hierzu Martin Henkel, Zunftmissbräuche. „Arbeiterbewegung" im Merkantilismus, Frankfurt a.M./New York 1989.

ken und Marktausrichtung verschiedener Wuppertaler Bandverleger-Kaufleute genauer beschrieben und, wo angebracht, ältere Annahmen über den Wuppertaler Textilhandel im 18. Jahrhundert korrigiert werden. Es soll zudem gezeigt werden, dass das enorme säkulare Wachstum der Wuppertaler Textilwirtschaft im 18. Jahrhundert sowohl auf lokalen Voraussetzungen beruhte als auch in globale Zusammenhänge eingebettet war.

1. Das Wuppertaler Textilgewerbe und seine Produkte in der ersten Hälfte des 18. Jahrhunderts

Wie allgemein bekannt, legte das sogenannte Garnnahrungs-Privileg, welches der bergische Herzog den Einwohnern der beiden Ämter Elberfeld und Beyenburg 1527 verliehen hatte, den Grundstein für die gewerbliche Entwicklung des Wuppertals.[5] Das gewerbliche Bleichen von Garn entlang der Wupper wurde bald um die Weiterverarbeitung des Garns zu Zwirn und zu Band (Lint) ergänzt, die ebenfalls auswärts vertrieben wurden. Kurz nach ihrer Erfindung wurde Anfang des 17. Jahrhunderts die mehrgängige Bandmühle ins Wuppertal eingeführt, welche durch das gleichzeitige Weben von mehreren Bändern eine deutliche Produktivitätssteigerung ermöglichte. Die Wuppertaler Kaufleute erhielten hierdurch einen erheblichen Wettbewerbsvorteil, der ihnen auf auswärtigen Märkten rasch einen steigenden Absatz bescherte. Auch Breitgewebe, vor allem Bettzeuge, wurden im Laufe des 17. Jahrhunderts mehr und mehr im Wuppertal angefertigt.[6]

Die gewerbliche Expansion ging einher mit einem Wachstum der Bevölkerung; eine Entwicklung, die auch durch den verheerenden Stadtbrand in Elberfeld 1687 nicht aufgehalten wurde. Vielmehr regte die fast vollständige Vernichtung aller Gebäude innerhalb der Stadtmauern in den Folgejahren die Bautätigkeit stark an, die nicht zuletzt durch eine zwanzigjährige Befreiung von allen Abgaben durch den Landesherrn gefördert wurde. Das Textilgewerbe florierte weiter. Zu Beginn des 18. Jahrhunderts lebten in Barmen und Elberfeld zusammen etwa 5.000 Personen, von denen viele mit der Herstellung und Veredelung von Textilien ihr Brot verdienten: In Elberfeld waren dies 1702 57 Bandwirker, 29 Wirker von Borten und Tressen verschiedenster Art, acht Spitzenmacherinnen, neun Färber, ein Lintenstreicher, acht Garnzwirner, 36 Leinenweber, ein Ge-

5 Vgl. hierzu zuletzt Stefan GORISSEN, Interessen und ökonomische Funktionen merkantilistischer Privilegienpolitik. Das Herzogtum Berg und seine Textilgewerbe zwischen 16. und 18. Jahrhundert, in: Guillaume GARNER (Hg.), Die Ökonomie des Privilegs, Westeuropa 16.–19. Jahrhundert. L'économie du privilège, Europe occidentale XVIe-XIX siècles (Studien zu Policey, Kriminalitätsgeschichte und Konfliktregulierung), Frankfurt a.M. 2016, S. 279–329. Zur Geschichte der Garnnahrung weiterhin als Standardwerk Walter DIETZ, Die Wuppertaler Garnnahrung (Bergische Forschungen 4), Neustadt an der Aisch 1957. Die Institution Garnnahrung und das Wuppertaler Bleichgewerbe sind zudem vergleichend eingeordnet bei Udo SCHLICHT, Textilbleichen in Deutschland. Die Industrialisierung einer unterschätzten Branche (Studien zur Regionalgeschichte 22), Bielefeld 2008.

6 Herbert KISCH, Die hausindustriellen Textilgewerbe am Niederrhein vor der industriellen Revolution. Von der ursprünglichen zur kapitalistischen Akkumulation (Veröffentlichungen des Max-Planck-Instituts für Geschichte 65), Göttingen 1981.

bildweber, aber nur sechs Bleicher.[7] In Barmen wurden 1709 15 Kaufleute, 48 Lintwirker, zwei Zwirner, vier Leinenweber, 41 Lohnbleicher und 21 Bleicherknechte gezählt. Damit lebten im Tal deutlich mehr Weber als Bleicher und es wird deutlich, dass bereits um 1700 die Weiterverarbeitung des (gebleichten) Garns die Bleicherei überflügelt hatte. Eine genaue Zahl der Verleger-Kaufleute zu dieser Zeit lässt sich nicht ermitteln, doch handelten bereits zu dieser Zeit einige Familien wie etwa die Bredts, Teschemachers, Siebels oder von Carnaps in großem Stil mit den Textilerzeugnissen des Tals und trugen so, wie sich etwa an dem Inventar der Elberfelder Bürgermeisters Johannes Plücker sehen lässt, beträchtliche Vermögenswerte zusammen.[8]

Was die Produktpalette angeht, so lässt sich bereits zu diesem Zeitpunkt eine beträchtliche Ausdifferenzierung beobachten. So konnten die Kunden von Wuppertaler Kaufleuten gebleichtes Garn in unterschiedlichen Qualitäten und Bleichgraden erhalten (halbgebleicht, voll-gebleicht, Kronen- und Moltgarn) sowie zu Zwirn verdrehtes Garn. Auch gemusterte Leinenstoffe (einfach, gestreift und kariert) waren im Angebot. Doch es war vor allem der Bereich der Schmalweberei, in dem das Wuppertal besonders hervortrat. So fertigten die Lintwirker im Auftrag der Elberfelder und Barmer Verleger glattgewirktes und geköpertes Leinenband in etwa 30 verschiedenen Breiten, Riemen, Gurt-, Hosen- und Hutbänder unterschiedlicher Façon sowie eine Vielzahl gemusterter Bänder, in die häufig bunt gefärbtes Wollgarn miteingewebt wurden. An speziellen Riementischen wurden außerdem Kordeln, Litzen und Schnüre geflochten, die es ebenfalls in unterschiedlicher Dicke und Ausführung gab. Außerdem gehörten bereits in der ersten Hälfte des 18. Jahrhunderts Wollband (auch als Sayettlint beziehungsweise Bratten bezeichnet) und einfaches Seidenband (sogenanntes Florettband) zur Palette der Wuppertaler Erzeugnisse.

All diesen Artikeln war eigen, dass es sich bei ihnen nicht um wechselnde Modeartikel handelte, die wegen ihres schönen Aussehens Abnehmer fanden, sondern dass die Elberfelder und Barmer Artikel zu dieser Zeit hauptsächlich Ge- beziehungsweise Verbrauchswaren darstellten, die über einen langen Zeitraum hinweg unverändert hergestellt wurden. Dies galt sowohl für ihre Machart als auch für die verwandten Farben und Muster.[9] Der ausgesprochen große Absatz der Artikel lässt sich somit kaum mit der „Schmuck- und Bänderfreudigkeit" barocker Mode erklären, zumal der Großteil der Bandwaren so schlicht war, dass sie sich kaum zur Verzierung von Kleidungsstücken eig-

---

7 Ernst MUTHMANN, Das Elberfelder Einwohnerbuch von 1702/03, in: ZBGV 64 (1936), S. 98–112. Ein Großteil der Elberfelder Bleicherei wurde im Kirchspiel Elberfeld betrieben. Die dortige Bevölkerung war nicht Teil der Aufstellung.

8 Vgl. Otto SCHELL, Aus dem Inventarium des Elberfelder Bürgermeisters und Kaufherrn Johannes Plücker vom Jahre 1709/10, in: ZBGV 46 (1913), S. 169–203. Die wirtschaftlichen Aktivitäten dieser Familien werden auch in zahlreichen Familiengeschichten und -chroniken dargestellt. Vgl. etwa Wilhelm de WEERTH, Geschichte der Familie de Weerth, Düsseldorf 1915; Johann Viktor BREDT, Geschichte der Familie Bredt, Münster 1934; Walter DIETZ, Chronik der Familie Wuppermann. 3 Bde., Leverkusen 1960–1967.

9 Vgl. etwa die Warenmuster, welche in dem Bestellbuch eines unbekannten Kaufmanns von 1763 abgeheftet sind, mit der Musterkarte von Joh. Pet. von Eynern & Söhne 50 Jahre später. Weder die Bezeichnung noch die Farben noch die Art der Muster hat sich bei diesen Bändern geändert. STA W J II 1 und STA W NDS 12.

neten. Ihre Verwendungsmöglichkeit müssen also an anderer Stelle gesucht werden und offenbaren sich häufig erst auf den zweiten Blick. So wurden die schlichten, zum Großteil aber zumindest reinweiß gebleichten Leinenbänder durchaus für die Herstellung von Kleidung verwandt, jedoch häufig an von außen unsichtbaren Stellen: als Bindebändchen von Unterhemden, als Tunneldurchzug für Fischbein in Reifröcken, zur Befestigung der dreieckigen Miedereinsätze, der sogenannten Stecker, zum Schnüren der Mieder, auf der Innenseite von Hauben, zur Versteifung von Herrenröcken, als Rockbund, als Stoßkante, und so weiter und so fort. Wuppertaler Bandwaren fanden außerdem Verwendung bei der Herstellung von Gardinen und Vorhängen, deren Kanten häufig mit einem Leinenband verstürzt wurden. Bei der Bespannung von Stühlen und anderen Polsterarbeiten beispielsweise in Kutschen bestand eine Lage ebenfalls aus Band. Die gemusterten Leinen-Wollbänder mögen in der Polsterei als Zierborte auf Stühlen, Sesseln und weiteren gepolsterten Sitzmöbeln gedient haben. Auch in der Segelfabrikation, in der Buchbinderei und anderen Handwerken benötigte man schlichtes, belastbares und preisgünstiges Band. Ebenso erwarben Krämer und kleine Handeltreibende meterweise preiswerte Bänder und Schnüre, um beispielsweise für ihre Kunden Warenbündel zu verpacken. Viele dieser Verwendungsmöglichkeiten waren auf Verschleiß und Verbrauch angelegt, welches den kontinuierlich hohen Absatz der Wuppertaler Schmalwaren erklären kann, was aber für die Nachlebenden den Zugriff auf materiale Quellen erschwert.[10]

Die große Varianz an Verwendungsmöglichkeiten begünstigte erstens den weitgestreuten Absatz und erklärt zweitens, warum das Fertigprodukt Band sich noch viel besser vermarkten ließ als das Halbfertigprodukt Garn. Meist wurde von den Wuppertaler Kaufleuten zu Beginn des 18. Jahrhunderts beides gehandelt, wobei dem Band für gewöhnlich die größere Bedeutung zukam. Das Rechnungsbuch Johann Gerhard Teschemachers, welches dieser zwischen 1700 und 1740 führte, mag hierfür als Beispiel dienen.[11] Wie das Rechnungsbuch zeigt, verkaufte Teschemacher deutlich mehr Lint als Garn. Die Nachfrage war groß und Teschemacher konnte seine Umsätze erheblich steigern, von 8.700 Gulden im Jahr 1705 auf bis zu 54.800 Gulden im Jahr 1725. Teschemachers Kunden saßen dabei vorwiegend im Ausland: Er verkaufte die Wuppertaler Artikel nach Belgien, Frankreich, England und in die Niederlande. Damit wies Teschemachers Kundennetz eine größere Bandbreite auf als die meist nur genannten Absatzmärkte Niederlande und Frankreich. Teschemachers Geschäftsbuch verweist außerdem auf die Tatsache, dass neben den Handel auf den größeren und kleineren Reichsmessen, den die Wuppertaler Kaufleute im 17. Jahrhundert intensiv betrieben hatten, direkte Geschäftsbeziehungen getreten waren. Die großen wirtschaftlichen Umbrüche und die Neuordnung des Wirtschaftssystems lassen sich somit auch an den Wuppertaler Geschäftsbüchern ablesen.[12]

---

10 Diese Zusammenstellung beruht auf zahlreichen Gesprächen und Auskünften, die ich mit Museumsangestellten und Restauratoren geführt habe, sowie auf der Auswertung zeitgenössischer Abbildungen. Die Auflistung von Verwendungsmöglichkeiten ließe sich sicherlich noch erweitern.

11 Vgl. DIETZ, Garnnahrung (wie Anm. 5), Kap. 22.

12 Vgl. hierzu Fernand BRAUDEL, Sozialgeschichte des 15.–18. Jahrhunderts, Bd. 2: Der Handel, München 1985.

Teschemachers weiträumige Geschäftsbeziehungen waren überdies kein Einzelfall innerhalb des Tals. Wie Margrit Schulte Beerbühl nachgewiesen hat, entsandten bereits im 17. Jahrhundert Wuppertaler Kaufmannsfamilien nicht nur ihre Söhne zur Lehre ins Ausland, sondern es ließen sich sogar einige Elberfelder Familienangehörige dauerhaft in London nieder, um dort die geschäftlichen Interessen der Familie zu vertreten und neue Möglichkeiten vor Ort zu eröffnen.[13] In London machten John (Johann), Engel (Engelbert) und Jasper Kaus den Anfang, wohin sie bereits in den 1660er Jahren emigrierten. In den darauffolgenden Jahrzehnten ließen sich auch einige Mitglieder der Familie Teschemacher in London nieder, die teils sogar die britische Staatsbürgerschaft erwarben. Anfangs des 18. Jahrhunderts übersiedelten noch die beiden Brüder Johann Abraham und Peter Lukas Korten von Elberfeld nach London, wo sie auf Engelbert Iserloo und Caspar Bergmann, die ebenfalls aus Elberfeld stammten, trafen. Die enge Kettenwanderung endete erst 1775, als der letzte Elberfelder Kaufmannsmigrant, Johann Rütger Siebel, London endgültig den Rücken wandte und nach Elberfeld zurückkehrte. In London waren die Elberfelder vor allem im Garn- und Leinwandhandel tätig gewesen und hatten vor Ort für den überregionalen Absatz der Wuppertaler Produkte gesorgt.[14] Zu diesen Produkten zählten neben den oben erwähnten Bandwaren vor allem preiswerte Leinwand, die häufig für die englischen Kolonien bestimmt war. Erst als Mitte des 18. Jahrhunderts irische Leinenstoffe von ähnlicher Güte und zu einem konkurrierenden Preis auf den englischen Markt drängten, verlor London als Marktplatz für die Wuppertaler Textilwaren an Bedeutung. Für einen Zeitraum von fast 150 Jahren hatten Elberfelder Kaufmannsfamilien an einem der wichtigsten Handelsplätze der Frühen Neuzeit Präsenz gezeigt und sich erfolgreich auch in transatlantischen Geschäften betätigt.

Bis zum Ausbruch des Siebenjährigen Krieges 1756, der auch für die Wuppertaler Gewerbetreibenden eine Beeinträchtigung darstellte, hatten die Wuppertaler Verleger-Kaufleute somit eine nicht unbeträchtliche Marktposition in Nordwesteuropa erreicht. Diese sollten sie nach dem Ende des Krieges noch kräftig ausbauen und dabei vor allem auf einen Mix von Materialien und Märkten setzen und damit das Wuppertal zu einem führenden Gewerbezentrum auf dem europäischen Kontinent machten. Dies soll im Folgenden vor allem anhand der Wuppertaler Band- bzw. Schmalwarenindustrie dargelegt werden.

2. Die Wuppertaler Bandindustrie und ihre Märkte, 1760–1800

Unter den wenigen Geschäftsbüchern des 18. Jahrhunderts, die ihren Weg ins Wuppertaler Stadtarchiv gefunden haben, befindet sich das Notizheft eines unbekannten Kaufmanns aus Barmen.[15] Das Heft hat ein Quartoformat, ist 48 Seiten stark und in der Mitte mit einem Faden geheftet. Der Einband ist aus etwas dickerem Papier, auf dem vorne

13 Margrit SCHULTE BEERBÜHL, Deutsche Kaufleute in London. Welthandel und Einbürgerung (1600–1818) (Veröffentlichungen des Deutschen Historischen Instituts in London 61), München 2007; zum Folgenden vor allem S. 179ff.

14 Genauere Zahlen zu den Geschäften der Elberfelder in London existieren jedoch nicht.

15 STA W J II 1. Die Tatsache, dass bei Barmer Kunden keine Ortsbezeichnung vermerkt ist, wohl aber bei den Elberfelder Kunden, lässt es wahrscheinlich erscheinen, dass der Verfasser in Barmen lebte.

„Notitz Lieste p. Annto 1763" notiert wurde. Damit ist das Heft immerhin eindeutig datiert. Auf dem vorderen Einband steht oben in der Ecke noch „Engel" und darunter ist dreimal „Xbr" gekritzelt, was für gewöhnlich die Abkürzung für Dezember ist. Der Besitzer des Heftes ist jedoch unbekannt und kann auch nicht sicher identifiziert werden.[16] Nichtsdestotrotz gibt das Heft wichtige Hinweise über die Absatzorganisation Wuppertaler Bandverleger kurz nach dem Ende des Siebenjährigen Krieges, denn das Heft enthält Notizen über insgesamt 175 Lieferungen und ihre Konditionen für den Zeitraum 1763 bis 1764. Die in dem Heft teilweise eingeklebten Bandmuster sind zudem eines der frühesten materiellen Zeugnisse für die Produkte der Wuppertaler Bandindustrie.

Deutlich umfangreicher und besser dokumentiert sind die Geschäftsbücher der Elberfelder Firma Abr. & Gebr. Frowein, welche im Firmenarchiv der Firma Frowein & Co. KG, Wuppertal, aufbewahrt werden. Unter den erhaltenen Büchern befinden sich das erste Hauptbuch, das Abraham Frowein 1763 angelegt hat, sowie mehrere Briefkopierbücher und Journale, in welche die Geschäftsvorgänge tagesaktuell eingetragen wurden. Mithilfe dieser Bücher lässt sich die Geschäftsentwicklung der Firma im 18. Jahrhundert in großer Dichte beschreiben. Ihre Geschichte gibt darüber hinaus Aufschluss über die Entwicklung der Wuppertaler Bandindustrie allgemein, da sich die Firma Frowein während dieses Zeitraums zu einer der führenden Bandhandelsfirmen des Tals entwickelte.

Die Geschäftsbücher der Firma Joh. Peter von Eynern, die sowohl im Historischen Zentrum als auch im Stadtarchiv Wuppertal in unterschiedlichen Nachlässen liegen, verschaffen schließlich Einblick in die Geschäfte eines „Spartenkaufmanns".[17] Denn Johann Peter von Eynern hatte sich seit der Gründung seiner Firma in den 1780er Jahren auf Herstellung und Vertrieb von Wollband spezialisiert, was ihm, zusammen mit einigen wenigen anderen Firmen, wie beispielsweise derjenigen seines ehemaligen Kompagnons Wolff, unter den Wuppertaler Bandverlegern eine gewisse Sonderstellung verschaffte. Wie zu zeigen sein wird, war aber gerade diese weitergehende Spezialisierung innerhalb des Tals ein wichtiger Baustein des dauerhaften Erfolgs des Gewerbezentrums in seiner Gesamtheit.

Nimmt man nun das Auftragsbuch des unbekannten Kaufmanns von 1763 zum Ausgangspunkt der Betrachtung, so lässt sich feststellen, dass der Siebenjährige Krieg trotz lokaler Unannehmlichkeiten den weiträumigen Geschäftsverbindungen der Wuppertaler Bandverleger kaum geschadet hatte. Denn der unbekannte Kaufmann belieferte nicht nur Barmer und Elberfelder Kaufleuten und Kollegen im benachbarten Remscheid sondern auch weiter entfernt lebende Kunden. Zu ihnen gehörten Geschäftsleute

16 Unter den Kunden des unbekannten Kaufmanns werden einige als „Vetter" bezeichnet, was jedoch im 18. Jahrhundert den Verwandtschaftsgrad nur unspezifisch wiedergab. Nichtsdestotrotz lässt sich die Identität des Kaufmanns so weit eingrenzen, dass als ein wahrscheinlicher Verfasser des Notizbuchs der Barmer Kaufmann Caspar Dickmann (1714–1782) gelten kann.

17 STA W NDS 12; HZW Nachlass von Eynern Nr. 132. Auch die Firma Johann Peter von Eynerns änderte im Laufe des Bestehens ihren Namen. Seit 1801 firmierte die Firma unter „Joh. Peter von Eyern & Söhne", nachdem die beiden Söhne Friedrich und Wilhelm in die Firma eingetreten waren. Da dies aber nach dem hier behandelten Zeitraum geschah, bleibe ich in dieser Darstellung bei der Firmenbezeichnung „Joh. Peter von Eynern".

in entfernter liegenden, deutschsprachigen Gebieten genauso wie Käufer in den Niederlanden, der Schweiz und Frankreich bis hin zu einem Abnehmer in Lissabon. Dabei lassen sich im Geschäftsbuch des unbekannten Kaufmanns jedoch zwei Schwerpunkte ausmachen, nämlich der Messehandel sowie die Lieferungen in Richtung Niederlande. Beide Schwerpunkte verweisen auf die Einbindung des Wuppertaler Bandgewerbes in größere wirtschaftliche Zusammenhänge und werfen so ein Schlaglicht auf die weiträumigen Absatzmöglichkeiten für die Bandwaren.

Eine Option bildeten weiterhin die Reichsmessen, von denen Frankfurt/Main und Leipzig die größten und bekanntesten darstellen. In diesen Zusammenhang gehören aber auch viele weitere, kleinere Warenmessen wie beispielsweise Mainz, Straßburg, Braunschweig und Frankfurt/Oder. Denn die Warenmessen bildeten ein System, das seit dem späten Mittelalter bestand und das dazu diente, unterschiedliche Wirtschaftsräume miteinander zu verknüpfen und den Warenaustausch in großem Stil zu ermöglichen. Die großen Reichsmessen in Frankfurt/Main und in Leipzig, die an jeweils zwei beziehungsweise drei Terminen im Jahr stattfanden, bildeten hierbei die wichtigsten Distributionszentren, denen eine ganze Kette von Regionalmessen wie diejenigen in Mainz, Straßburg, Braunschweig oder Frankfurt/Oder sowie eine Vielzahl an Jahrmärkten nachgeschaltet waren. Für die Wuppertaler Bandverleger bildete im 18. Jahrhundert weiterhin Frankfurt/Main den wichtigsten Messeort, auch wenn Leipzig der Stadt am Main längst den Rang abgelaufen hatte.[18]

Das Notizbuch des unbekannten Kaufmanns bietet einige Einsichten in das Funktionieren des Messesystems und in die Bedeutung der unterschiedlichen Standorte. So lieferte der unbekannte Kaufmann zwar durchaus auf die Leipziger Messe, doch übertrafen die Bestellungen, die er für die Frankfurter Warenmesse erhielt, jene bei weitem. Auch Mainz, Straßburg und Braunschweig waren laut seinem Verzeichnis Messetermine, an denen die Wuppertaler Bandwaren regelmäßig gehandelt wurden. Allerdings blieben die dorthin gelieferten Stückzahlen weit hinter denen für Frankfurt/Main zurück. Um seine Waren loszuwerden, musste der unbekannte Kaufmann nicht unbedingt selbst zu den Messen reisen. Vielmehr gaben Käufer aus ganz Deutschland Bestellungen zu den Messeterminen auf, die direkt an die Messeorte ausgeliefert wurden.[19] Dort vertrieben sie dann die textilen Erzeugnisse aus dem Wuppertal weiter. So gehörte zu den Kunden des unbekannten Kaufmanns beispielsweise die Iserlohner Firma Rentzing & Schmidt, von der bekannt ist, dass sie wie andere Iserlohner Firmen textile Manufakturwaren auf der Frankfurter Messe feilbot.[20] Für den weiträumigen Vertrieb der Waren war also keineswegs der Besuch all dieser Messen notwendig.

---

18 Zum Messesystem vgl. Nils BRÜBACH, Die Reichsmessen von Frankfurt am Main Leipzig und Braunschweig (Beiträge zur Wirtschafts- und Sozialgeschichte 55), Stuttgart 1994.

19 Für die Frankfurter Herbstmesse 1763 erhielt der unbekannte Kaufmann beispielweise Bestellungen von den Barmer Kaufleuten Caspar Braus, Johann Wilhelm Kaufmann, Elias Kemmenau sowie von Johann Jacob Hasenclever aus Remscheid, Frunck & Hartmann aus Augsburg, Heinrich Kohlhagen aus Neuenrade und Conrad zur Nieden aus Mannheim.

20 Vgl. Wilfried REININGHAUS, Die Stadt Iserlohn und ihre Kaufleute (1700–1815) (Untersuchungen zur Wirtschafts-, Sozial- und Technikgeschichte 13), Dortmund 1995, S. 285.

Darüber hinaus diente vor allem die Frankfurter Messe dazu, die weitergehende Distribution der Waren zu erleichtern. Denn die zu den Messen bestellten Waren wurden von den Wuppertaler Endkunden keineswegs nur dort gehandelt. Vielmehr diente gerade die Messe in Frankfurt/Main dank der guten Infrastruktur in Bezug auf Transport und Zahlungswesen auch als Warensammelpunkte für Händler, die von Messe zu Messe zogen. So hat Wilfried Reininghaus nachgezeichnet, wie die Iserlohner Kaufleute monatelang von Messeort zu Messeort reisten und dabei nicht nur Waren aus Iserlohner Fabrikation weitertransportierten, sondern auch beispielsweise die im Wuppertal bestellten Textilien. Sie versorgten so einen weiten Käuferkreis mit ihrem vielfältigen Warenangebot.[21] Eine ähnliche Funktion übernahmen Händler aus Neuenrade, unter denen die Firmen Friedrich Overbeck & Söhne und Heinrich Kohlhage besonders langlebige Beziehungen ins Wuppertal unterhielten. Die zu den Messeterminen ausgelieferten Waren wurden also gar nicht unbedingt auf der jeweiligen Messe vertrieben, sondern in einen größeren Kreislauf eingespeist. So erklärt sich auch die schiere Masse an Waren, wie sie beispielsweise der unbekannte Kaufmanns für die Frankfurter Ostermesse 1764 vermerkte: So umfasste seine Lieferung zur Messe insgesamt 2360 Packen Band und 56 Stück Dobbelstein (Leinwand), was zeigt, welche Größenordnung der Frankfurter Messehandel eines einzigen Kaufmanns erreichen konnte.[22]

Dank des Messesystems und mit Unterstützung der innerhalb dieses Systems reisenden Kaufleute konnten die Wuppertaler Verleger-Kaufleute also große Mengen von Bandwaren absetzen, ohne dass sie notwendigerweise selbst eine monatelange Abwesenheit auf sich nehmen mussten. Allerdings gab es weiterhin einige unter ihnen, die zu den Messeterminen an die Handelsplätze reisten. Gerade die Frankfurter Messe blieb auch während des 18. Jahrhunderts ein Treffpunkt für die Verleger-Kaufleute aus Elberfeld und Barmen, an dem sie schließlich auch Einkäufe tätigen konnten.[23]

Der zweite Wirtschaftsraum, in dem der unbekannte Kaufmann und mit ihm viele weitere Wuppertaler Verleger-Kaufleute präsent waren, war der atlantische Raum. Dies erschließt sich allerdings erst auf den zweiten Blick, denn bis auf die Bestellung eines Kaufmanns aus Lissabon blieben die Lieferorte eher un-atlantisch. Und in der Tat war der unbekannte Kaufmann nur über Dritte in den atlantischen Handel eingebunden. Wichtigste Mittelsmänner waren hierbei seine Remscheider Kunden, die Firmen Peter Hasenclever & Sohn, Peter & Arnold Hasenclever und Wittib Johann Busch & Söhne.

---

21 Ebd., Kap. VI.3.

22 Die hier aus dem Notizbuch des unbekannten Kaufmanns zusammengezählten Stückzahlen übertreffen die von Dietz' für alle Wuppertaler Kaufleute auf der Frankfurter Messer im Jahr 1723 genannten Zahlen um ein Vielfaches. Dieser Widerspruch, der möglicherweise auf einer anderen Zuordnung der Maßeinheit „Pack" beziehungsweise „Stück" beruht, kann hier nicht aufgelöst werden. Daher ist es auch müßig, über den Wert der von dem unbekannten Kaufmann gelieferten Bänder und Stoffe zu spekulieren.

23 Der unbekannte Kaufmann reiste beispielweise weiterhin nach Frankfurt/Main. Neben seiner Verkaufstätigkeit machte er dort auch Besorgungen. So hatte er sich in seinem Notizbuch notiert, dass er „für Frau Meyer" Männer- und Frauenstrümpfe, Branntwein sowie ein paar Haushaltsgerätschaften mitbringen sollte.

Die drei Firmen gehörten zu den äußerst umtriebigen Remscheider Geschäftshäusern, die aus Remscheid trotz seiner kontinentalen Lage die „Seestadt auf dem Berge" machten. Ähnlich wie die Iserlohner Kaufleute vertrieben sie nicht nur die Schmiedeerzeugnisse, die sie in Remscheid und Umgebung ebenfalls im Verlag herstellen ließen, sondern sie engagierten sich auch in großem Stil im Fernhandel mit Textilwaren.[24] Der Großteil dieser Waren wurde über Amsterdam nach Spanien verschifft und von dort als Reexport in den iberischen Kolonialhandel eingespeist.[25] Aufgrund der nur gering entwickelten heimischen Gewerbe auf dem spanischen Festland und des großen Bedarfs an Manufakturwaren in den lateinamerikanischen Kolonien, deren Bevölkerung im Übrigen um ein Vielfaches größeres war als die der nordamerikanischen Kolonien, war die Nachfrage nach gewerblichen Produkten wie den Wuppertaler Schmalwaren riesig.[26] Dies erklärt, warum nicht nur eine, sondern gleich drei Remscheider Firmen zu den Kunden des unbekannten Kaufmanns gehörten, die Wuppertaler Bandwaren fässerweise in Richtung Atlantik transportieren ließen.[27] Für die Wuppertaler Kaufleute ergaben sich aus den guten Handelsbeziehungen ihrer Remscheider Nachbarn große Wachstumsmöglichkeiten.

Neben dieser zweifachen Einbindung in größere Wirtschaftsräume lässt sich auf der Grundlage des Geschäftsbuch des unbekannten Barmer Kaufmanns jedoch auch noch eine dritte Beobachtung machen: seine Einbindung in ein enges lokales Netz. Denn nicht wenige der Bestellungen in dem Heft stammten von Elberfelder und Barmer Häusern. Teils forderten auch diese Bandwaren an, die direkt in die Messeorte geliefert werden sollten, um dort wohl das eigenen Sortiment zu komplettieren. Doch es fanden durchaus auch Versendungen innerhalb des Tales statt. Hier deutet sich bereits eine enge Zusammenarbeit zwischen den Bandverleger-Kaufleuten an, die sich anhand der Geschäftsbücher Abraham Froweins und Johann Peter von Eynerns noch genauer darstellen lässt.

Abraham Frowein gründete 1763 eine eigene Bandverlegerfirma, die sich zu einer der erfolgreichsten und langlebigsten Firmen des Wuppertals entwickelte (seit 1787 unter dem Namen Abr. & Gebr. Frowein).[28] Abraham Frowein wurde 1734 in Unterbarmen

---

24 Der bekannteste Hasenclever aus Remscheid ist sicherlich Peter Hasenclever (1716–1793), der international als Kaufmann tätig war. Vgl. zu ihm Sylvia EICHELKRAUT-NAUMANN, Tânia ÜNLÜDAG, Peter Hasenclever – Kaufmann und Unternehmer der Aufklärung, in: Karl-Hermann BEECK (Hg.), Bergische Unternehmergestalten im Umbruch zur Moderne (Bergische Forschungen 25) Neustadt an der Aisch 1996, S. 41–119. Möglicherweise war er auch an der hier genannten Firma Peter & Arnold Hasenclever beteiligt, auch wenn er bereits 1762 von Cádiz nach London übersiedelt hatte. Zu den Unternehmungen der Remscheider Hasenclevers vgl. Julia DÜNKEL, Johann Bernhard Hasenclever & Söhne. Großkaufleute in frühindustrieller Zeit (1786–1870), Diss. Jena 2005, Kap. III, Abschnitt 1.

25 Zu diesen Zusammenhängen vgl. grundlegend Klaus WEBER, Deutsche Kaufleute im Atlantikhandel, 1680–1830. Unternehmen und Familien in Hamburg, Cádiz und Bordeaux (Schriftenreihe zur Zeitschrift für Unternehmensgeschichte 8), München 2004.

26 Vgl. Horst PIETSCHMANN, Die staatliche Organisation des kolonialen Iberoamerika, Stuttgart 1980.

27 Eine Bestellung der Firma Wb. Johann Busch & Söhne summierte sich beispielsweise auf fünf Fässer an Bandwaren.

28 Zu Abraham Frowein und zur Geschichte der Froweinschen Firma vgl. Edmund STRUTZ, 175 Jahre Abr. Frowein jun., Abr. [und] Gebr. Frowein, Frowein [und] Co. A.-G., Düsseldorf 1938. Strutz

geboren. Sein Vater, ein Garnbleicher, war bereits 1743 gestorben, so dass seine Mutter sich auf eine entfernte Verwandtschaft besann und ihren Sohn bei der Elberfelder Garnhandelsfirma Cappel in die Lehre gab. Dort erhielt er eine gründliche kaufmännische Ausbildung sowie Unterstützung bei seinen ersten Versuchen, sich selbständig zu machen. Wie aus Abraham Froweins Kontobuch hervorgeht, überließen ihm nämlich Peter und Caspar Cappel eine Partie Garn zum Selbstkostenpreis, die Abraham Frowein zu Bändern weiterverarbeiten ließ. Dieses Verfahren war nicht ungewöhnlich und entsprach durchaus dem, was ein junger Angestellter von einem wohlwollenden Dienstherrn erwarten konnte. Auskunft darüber, wer für ihn die Bänder herstellte, geben die Bücher nicht, doch ist anzunehmen, dass er sie im Verlag in der Umgebung herstellen ließ. Erste bescheidene Bandverkäufe fanden in den Jahren 1765 und 1766 an zwei Elberfelder Kaufleute statt. Beide Kunden zahlten relativ prompt und Frowein erhielt sein Geld drei bis sechs Monate nach Lieferung der Ware. Da hatte Frowein aber bereits weitere 428 Reichstaler (Rtlr.) in Garn investiert, so dass er seine Aussichten anscheinend als gut einschätzte und auch genügend Startkapital zur Verfügung hatte. Die Erfahrungen der folgenden Jahre sollten ihm Recht geben. Vor allem Kaufleute aus Elberfeld und Barmen nahmen Frowein beträchtliche Mengen an Leinenband ab, welches Frowein häufig zu Messeterminen lieferte. Auch weiter entfernt wohnende Kunden, zum Beispiel aus Iserlohn oder Neuenrade, die Abraham Frowein gewinnen konnte, setzten die Waren hauptsächlich über die Messen im Alten Reich ab, so dass sich Froweins Firma in wenigen Jahren und trotz seines geringen Startkapitals zu einer florierenden Unternehmung entwickelte.

Froweins Erfolg beruhte zum einen auf der Einbindung in die bereits oben beschriebenen Wirtschaftsräume. Auffallend ist hierbei, wie sehr seine Geschäftsbeziehungen sich mit denen des unbekannten Kaufmanns deckten. Dies verweist darauf, dass auch innerhalb bestehender Märkte genügend Platz zur Expansion gegeben war. Diese Offenheit wird unterstrichen durch das Verhalten der etablierten Kaufmannschaft. Denn Abraham Frowein profitierte bei seinen Anfängen deutlich vom Entgegenkommen seiner Kaufmannskollegen im Wuppertal. So konnte er seine Waren bei anderen Kaufleuten, die zu den Messen reisten, beipacken oder sie mit einem Sammeltransport schicken. Andere Kaufleute waren ihm insofern gefällig, als sie Gelder für ihn von den Messen mitbrachten. Zahlungen innerhalb des Wuppertals wurden prompt geleistet, so dass die für einen Anfänger belastenden langen Kreditlaufzeiten wegfielen. Und wie spätere Hinweise zeigen, halfen ihm andere Kaufleute mit Adressen und Kontakten von vielversprechenden Kunden aus – ein Gefallen, den Frowein in späteren Jahren übrigens auch anderen erwies. Innerhalb der Wuppertaler Kaufmannschaft herrschte also eine große Solidarität, welche Anfängern den Start erleichterte. Dies war aber nicht unbedingt typisch für die

---

zieht auch die unterschiedlichen Bezeichnungen der Firma nach. Der Einfachheit halber ist hier durchgängig von „Abr. & Gebr. Frowein“ die Rede, auch wenn die Firma erst seit 1787 unter diesem Namen firmierte. Grundlage für die folgenden Ausführungen sind die im Firmenarchiv Frowein (FAF) Wuppertal aufbewahrten Geschäftsbücher. Es wurden folgende Nummern herangezogen: FAF Nr. 1341, 1348, 1349, 1350, 1351, 1352, 1353, 1355, 1356, 1357.

frühneuzeitliche Wirtschaft.[29] All dies legt nahe, dass die wirtschaftliche Entwicklung innerhalb des Wuppertals so dynamisch war, dass eine Vergrößerung des Kaufmannsstandes auch von den bereits Etablierten als unproblematisch empfunden wurde.

Wie allerdings Abraham Frowein in den folgenden Jahren erfahren musste, bestanden im Rahmen der bereits anhand des unbekannten Kaufmanns beschriebenen Handelsbeziehungen innerhalb des deutschsprachigen Raumes nur Wachstumsmöglichkeiten auf niedrigem Niveau, welche zudem den Schwankungen des Messegeschäfts unterworfen waren. So ermöglichten Abraham Frowein der lokale Handel sowie die Lieferungen zu den Messen und die wenigen Geschäftsverbindungen, die er abseits der Messen knüpfen konnte, zwar eine recht solide Geschäftsgrundlage. Durch die geringe Marge, die bei dem Gebrauchsgut Leinenband etwa bei acht Prozent lag, ließ sich eine merkliche Ertragssteigerung nur bei einer deutlichen Ausweitung des Absatzes erreichen, der jedoch allein innerhalb der hier geschilderten Geschäftsfelder kaum zu erreichen war. Wie Froweins Aktivitäten der nächsten Jahre zeigen, hatte er genau dieses erkannt.

Seit dem Beginn der 1770er Jahre bemühte sich Frowein verstärkt um neue Absatzmärkte für seine Produkte. Dabei wird deutlich, auf wie vielen und vor allem auch weit entfernt liegenden Märkten die Wuppertaler Kaufleute agierten. Seine Akquise-Strategie verweist vor allem darauf, welche Märkte er für besonders vielversprechend hielt. Denn sein erstes Augenmerk galt dem lukrativen Handel mit der Iberischen Halbinsel. Hierher versuchte er unabhängig von Dritten Geschäftsverbindungen zu knüpfen. Dabei bediente er sich eines bewährten Musters, indem er über einen Bekannten in London (den bereits oben erwähnten Johann Rütger Siebel) Adressen von möglichen Geschäftspartnern für den iberischen Atlantikhandel einholte und sich gleichzeitig auf diesen als Referenz berief. In Briefen, mit denen er seine Dienste und Waren anbot, nahm er explizit auf „Westindien" Bezug und bewies mit seinem Angebot, die Bänder in dem für den Westindienhandel gewünschten Ellenmaß zu schneiden und entsprechend zu appretieren, auch bereits erste Marktkenntnisse.[30] Froweins Offerten stießen jedoch erst einmal auf keine Resonanz. Erst über die Vermittlung Amsterdamer Kaufleute, zu denen Frowein in den kommenden Jahren enge Beziehungen aufbaute, gelang es ihm, seine Waren im iberischen Atlantikhandel zu platzieren. Dabei bediente er sich sowohl der Kommissionäre in Amsterdam als auch in Sevilla und Cádiz. In Amsterdam spielte dabei vor allem der gebürtige Remscheider Carl Wilhelm Hoemann eine wichtige Rolle für Frowein, der im Jahr für circa 2.000 Gulden Bandwaren für Frowein absetzte. Ganz ohne Dritte, die für gewöhnlich eine Kommissionsgebühr von drei Prozent erhielten, ließen sich diese transatlantischen Geschäfte also nicht abwickeln. Aber immerhin war Frowein diesen Märkten ein Stück näher gerückt als der unbekannte Kaufmann, welcher den Weitervertrieb gänzlich seinen Remscheider Abnehmern überließ.

---

29 Die kaufmännische Solidarität innerhalb des Wuppertals schloss übrigens auch Personen ein, die von außerhalb zugezogen waren. Dies zeigen Beispiele wie das des Kaufmanns Conrad Kersten aus dem Hessischen oder von Johann Peter von Eynern, der aus dem Märkischen stammte. Beide konnten auf ähnliche Unterstützung zählen. Zu Kersten vgl. Detlef KRAUSE, Garn, Geld und Wechsel. 250 Jahre von der Heydt-Kersten & Söhne, Wuppertal 2004, zu Eynern s.u.

30 Vgl. beispielsweise FAF Nr. 1345, Brief an Pieter Herm. Khuyse, Utrecht, 22.6.1770.

Eine auch im geographischen Sinne weitere Expansion von Froweins Geschäftsfeldern folgte in den 1780er Jahren. Allerdings blieb er auch bei den Versuchen, Leinenband, Riemen und Schnüre aus Elberfelder Produktion jenseits des Atlantiks vor Ort zu verkaufen, auf Mittelsmänner angewiesen. Der Vorteil lag für ihn jedoch darin, dass sich so zum einen Einfuhrbeschränkungen, welche die spanische Krone nach ihrem Eintritt in den amerikanischen Unabhängigkeitskrieg auf Textilprodukte in englischer Manier erlassen hatte, umgehen ließen. Zum anderen konnten die überseeischen Kommissionäre vor Ort Retourfrachten einkaufen, die sich in Europa wiederum mit Gewinn verkaufen ließen. Wie sich allerdings herausstellte, war dies leichter gesagt als getan. Zwar fand Frowein Kommissionäre auf Curaçao, einer niederländischen Kolonie, auf St. Thomas, das zu Dänemark gehörte, und auf Saint-Domingue (heute Haiti), einer damals französischen Besitzung, aber kaum einer der Kommissionäre verstand es, die Bandwaren zu einem für Frowein akzeptablen Preis zu verkaufen. Schließlich bestand der Großteil der Kundschaft in diesen Orten aus Kaufleuten vom lateinamerikanischen Festland, welche die begehrten Manufakturwaren jenseits der strikten Vorgaben der spanischen Regierung in die spanischen Kolonien schmuggelten.[31] Der direkte Transatlantikhandel gestaltete sich für Frowein daher zu einem Verlustgeschäft, was zeigt, wie risikoreich der Fernhandel trotz der sich stetig weiterentwickelnden Handelsinstrumente weiterhin blieb.[32]

Zur Beantwortung der eingangs gestellten Frage lassen sich anhand des Beispiels von Abraham Frowein folgende Beobachtungen festhalten: Seine Praktiken belegen zum einen, wie wichtig die enge Gemeinschaft der Kaufleute innerhalb des Wuppertals gerade für die Etablierung eines Geschäftes und somit für die zahlenmäßig bedeutsame Ausweitung des Kaufmannsstandes war. Denn die von der Gemeinschaft geleisteten Hilfen beim Warentransport und Zahlungsverkehr wie auch beim Knüpfen von Geschäftskontakten zählten zu den Faktoren, die für eine erfolgreiche kaufmännische Tätigkeit unerlässlich waren. Schließlich garantierten sie unter anderem Verlässlichkeit und Kreditwürdigkeit und generierten somit Vertrauen.[33] Zum anderen verweisen Froweins Aktivitäten auf die vielfältigen Absatzmöglichkeiten, die einem binnenländischen Kaufmann offenstanden. Denn neben dem Messegeschäft und den in der Literatur vielfach erwähnten Handelsbeziehungen nach Frankreich und in die Niederlande, verweisen Froweins Bestrebungen auch auf geographisch weiterreichende Möglichkeiten. Sie belegen, dass es auch für

31 Zum Schmuggelwesen in der Karibik vgl. Wim KLOOSTER, Inter-Imperial Smuggling in the Americas, 1600–1800, in: Bernard BAILYN, Patricia L. DENAULT (Hg.), Soundings in Atlantic history. Latent structures and intellectual currents, 1500–1830, Cambridge 2009, S. 141–180, zu Curaçao außerdem Linda Marguerite RUPERT, Creolization and contraband. Curaçao in the early modern Atlantic world, Athens 2012.

32 Ich habe das detailliert dargelegt in Anne Sophie OVERKAMP, Of Tape and Ties. Abraham Frowein from Elberfeld and Atlantic Trade, in: Susanne LACHENICHT (Hg.) Europeans Engaging the Atlantic. Knowledge and Trade, 1500–1800, Frankfurt a.M. 2014, S. 127–150.

33 Vgl. hierzu Stefan GORISSEN, Der Preis des Vertrauens. Unsicherheit, Institutionen und Rationalität im vorindustriellen Fernhandel, in: Ute FREVERT (Hg.), Vertrauen. Historische Annäherungen, Göttingen 2003, S. 90–118; Xabier LAMIKIZ, Trade and trust in the eighteenth-century Atlantic world. Spanish merchants and their overseas networks, Woodbridge 2010; Sheryllynne HAGGERTY, „Merely for money"? Business culture in the British Atlantic, 1750–1815, Liverpool 2012.

binnenländische Produzenten möglich war, mehr oder weniger direkte Vertriebsmöglichkeiten bis nach Übersee aufzubauen. Dass sich die Geschäfte jenseits des Atlantiks eher schwierig gestalteten, war im Übrigen auch weniger der Entfernung geschuldet als den ungünstigen Zeitumständen, denn die 1780er Jahre sahen nicht nur den Amerikanischen Unabhängigkeitskrieg und den Vierten Seekrieg zwischen England und den Niederlanden, sondern auch starke Konjunkturschwankungen auf beiden Seiten des Atlantiks.[34] Wie die Etablierung von direkten Geschäftsbeziehungen mit Handelshäusern in den gerade unabhängig gewordenen USA in den darauffolgenden Jahren zeigt, war es Firmen wie Abr. & Gebr. Frowein nämlich durchaus möglich, auch über den Atlantik hinweg erfolgreich Handel zu treiben und so unmittelbar an dem dynamischsten Wirtschaftraum der Zeit teilzuhaben. Die Grundlage hierfür blieb jedoch das überzeugende Warenangebot der Wuppertaler Firmen, nicht nur was die wettbewerbsfähigen Preise anging, sondern vor allem auch hinsichtlich der Breite des Sortiments. Über dessen Ausdifferenzierung und Spezialisierung geben wiederum die Geschäftsbücher der Firma Johann Peter von Eynern Auskunft.

Johann Peter von Eynern (1735–1809) stammte aus der Grafschaft Mark und war in den 1760er Jahren ins Wuppertal gekommen, wo er bei der bedeutenden Barmer Firma Wuppermann & Söhne eine Anstellung gefunden hatte. 1768 heiratete er Maria Magdalena Egeldick, die Tochter eines Barmer Bauern und Bleichers, die nach der Auszahlung einer Erbschaft die nicht unbeträchtliche Summe von 1.100 Rtlr. als Kapital mit in die Ehe brachte.[35] Um 1770 gründete Johann Peter von Eynern zusammen mit einem Kompagnon, Peter Wolff, eine Firma, die auf die Herstellung von Wollband spezialisiert war. Die Erbschaft Maria Magdalena Egeldicks mag dazu auf Eynerns Seite die nötigen Mittel bereitgestellt haben. 1785 trennten sich die beiden Geschäftspartner und setzten nun die Geschäfte auf eigene Rechnung fort, jedoch beide mit einer Firma für wollene Bandartikeln.[36]

Wie aus den erhaltenen Unterlagen hervorgeht, hatte das Geschäft Johann Peter von Eynerns in den 1790er Jahren einen beträchtlichen Umfang erreicht.[37] Allein im Jahr 1794 bestellte er bei seinen Lieferanten im Thüringischen und Hessischen 111 Zentner mittelfeines und 59 Zentner extrafeines Wollgarn (sogenannter Sayett). Die Bestellmengen erhöhten sich in den folgenden Jahren noch; 1797 bestellte Eynern 96 Zentner mittelfeines und 132 Zentner extrafeines Garn. Der Mittler in diesem Geschäft war hauptsächlich das Bankhaus Gebr. Schmöle in Frankfurt/Main, die für Eynern den Wei-

34 Rupert, Creolization (wie Anm. 31), S. 173f., Haggerty, Merely for money (wie Anm. 33), S. 198ff.

35 Vgl. die Abschrift zum Übertrag des Egeldickschen Erbguts „Am Ufer“, HZW Bestand von Eynern Nr. 112 B.

36 In den Unterlagen Abraham Froweins erscheinen von Eynern & Wolff seit 1775 als Lieferanten für wollene Bandartikel. Frowein setzte auch nach der Trennung der beiden Associés die Geschäfte mit ihnen fort und bezog weiterhin ähnliche Artikel von ihnen. Vgl. FAF Nr. 1348, fol. 173; FAF Nr. 1351, fol. 162, 310.

37 Quellengrundlage der folgenden Ausführung ist vor allem das Briefkopierbuch, das Johann Peter von Eynern zwischen 1793 und 1800 führte. HZW Bestand von Eynern Nr. 132.

tertransport des Garns besorgten und über das Eynern auch seine Zahlungen abwickelte. Das Wollgarn musste im Übrigen wie das Leinengarn gleich bezahlt werden. Schmöles Dienstleistungen verweisen noch einmal auf die Bedeutung der Stadt am Main als Distributionszentrum für das Wuppertaler Gewerbe auch jenseits des Messehandels.

Das Markenzeichen seines Betriebs, mit dem Eynern sich auch gegen andere Wollbandproduzenten durchzusetzen wusste, war scharlachfarbenes Wollband, das mit südamerikanischer Cochenille gefärbt wurde. Der Farbstoff wurde aus der in Mittel- und Südamerika lebenden Cochenilleschildlaus gewonnen. Diesen exotischen Rohstoff, welcher zu den wichtigen Exportgütern der amerikanischen Kolonien gehörte, bezog Johann Peter von Eynern hauptsächlich über Amsterdam, ab 1799 dann über Hamburg. Die Herkunft des Stoffes wurde jedoch nicht weiter thematisiert, wichtig war es für Eynern einzig, gute Qualität zu einem günstigen Preis zu erhalten. Ähnlich wie auch Froweins fast beiläufig daherkommende Bezugnahme auf die richtigen Ellenmaße beziehungsweise passende Appretur für den westindischen Markt verweist dies einmal mehr auf die große Selbstverständlichkeit, mit welcher die für heutige Ohren durchaus exotisch anmutenden Orte und Waren von den Zeitgenossen gehandhabt wurden. Denn das Entscheidende für Eynern an dem Farbstoff war allein die schöne Qualität, die sich damit erzeugen ließ und die er auch nicht müde wurde, seinen Geschäftsfreunden anzupreisen. Auch der höhere Preis wurde allein mit Verweis auf die Farbqualität gerechtfertigt, nicht jedoch mit der exotischen Herkunft des Farbstoffes.[38]

Neben dem scharlachrotgefärbten Band gehörten auch einfaches Wollband (so genannten Bratten) in vielen verschiedenen Farben zu Eynerns Sortiment sowie gemustertes Wollband in verschiedenen Mustern und Breiten. Das erhaltene Musterbuch, eines der wenigen seiner Art, zeigt für das einfache Wollband immerhin 81 Farbvarianten an, was nicht zuletzt auf den hohen Stand des Wuppertaler Färbewesens hinweist.[39] Die Firma vertrieb auch Leinenband, eine einfache Sorte Seidenband (so genanntes Lothband) sowie Baumwollband; Artikel, die vermutlich zugekauft wurden. Die Grundlage des Geschäftes bestand aber aus den wollenen Bändern und es war vor allem dank dieser Spezialisierung, dass Johann Peter von Eynern sein Geschäft immer weiter ausdehnen konnte. Zusammen mit seinem ehemaligen Associé Wolff gehörte er neben Wilhelm Osterroth über mehrere Jahrzehnte zu den bedeutendsten Anbietern von Wollband im Wuppertal.[40]

Trotz der umfangreichen Bestellungen an Rohmaterial finden sich in der ersten Hälfte der 1790er Jahre in den erhaltenen Quellen kaum Hinweise auf Käufer von Eynerns Waren. Es überwiegen vielmehr Nachrichten über die Beschaffung der Rohstoffe. Erst ab 1797 sind größere Lieferungen nach Amsterdam und an Kunden in Frankreich do-

38 Wie aus einer Kostenkalkulation am Ende von Eynerns Briefkopierbuch hervorgeht, war das scharlachrotgefärbte Band fünfmal so teuer wie andersfarbiges (dunkelblau ausgenommen).

39 Das Musterbuch ist ausgestellt im Historischen Zentrum Wuppertal. Es ist datiert auf den Anfang des 19. Jahrhunderts.

40 Wolff, Osterroth und Eynern konnten es sich beispielsweise 1821 erlauben, einer Preisabsprache der übrigen Bandverleger nicht beizutreten, da sie mit ihrem Produkt eine Nische innerhalb der Wuppertaler Bandartikel belegten. Vgl. FAF Nr. 1528, Übereinkunft der Wuppertaler Bandverleger vom 13.12.1821.

kumentiert. Der Großteil der Kunden Eynerns lässt sich in seinem Briefkopierbuch dagegen nur zwischen den Zeilen beziehungsweise in Einzeldokumenten finden, denn die wirklich bedeutenden Geschäfte machte Johann Peter von Eynern mit Kunden in seiner unmittelbaren Umgebung – das heißt mit Kaufleuten in Elberfeld und vor allem in Barmen, und mit ihnen traf er viele Absprachen mündlich. Zu Eynerns Kunden gehörten Bandverleger wie Wuppermann & Springmann, Johann Gottfried Rübel, David Wuppermann, Caspar & Abraham Rübel, Bredt & Brass und weitere mehr, deren Bestellungen sich häufig auf etliche hundert Reichstaler beliefen.[41] Sie bestellten meistens Bratten, das heißt einfaches, ungemustertes Wollband, sowie wollene Strumpfbänder und gemustertes Wollband (Dobbel, Rosetten, Flammen) in vielen verschiedenen Breiten (angegeben in Nummern). Der Bestimmungsort bestimmte auch hierbei die Bandlänge, die Eynern den Kundenwünschen gemäß anpasste. Eynerns Kunden verließen sich außerdem darauf, dass er an gewissen Bandwaren einen ständigen Vorrat vorhielt, so dass sie auch kurzfristig von ihm bedient werden konnten.

Die Bedeutung, die Eynern mit seinen spezialisierten Artikeln innerhalb des Wuppertals besaß, zeigt sich auch in anderen Geschäftsbüchern. Abraham Frowein bestellte seit den 1770er Jahren regelmäßig Wollbänder, erst bei von Eynern & Wolff, nach dem Ende der Partnerschaft dann sowohl bei Eynern als auch dessen ehemaligen Associé Peter Wolff. Bis auf einen einzigen Brief ist allerdings in Eynerns Briefkopierbuch kein Hinweis auf seine enge Geschäftsbeziehung mit Abr. & Gebr. Frowein zu finden.[42] Die Geschäftsbeziehung zu Eynerns ehemaligem Arbeitgeber Wuppermann & Springmann ist dagegen im Briefkopierbuch besser dokumentiert und wird auch durch Unterlagen der Firma Wuppermann & Springmann bestätigt. In dem Inventar, das bei Wuppermann & Springmann 1780 angefertigt wurde, sind „von Einern & Wolff" mit 110 Rtlr. als Kreditoren verzeichnet, im darauffolgenden Inventar von 1793 hatte Wuppermann & Springmann sogar noch Außenstände in Höhe von 487 Rtlr. bei Johann Peter von Eynern. Im gleichen Inventar wurden beim Verzeichnis der vorrätigen Waren außerdem eine bestimmte Sorte Strumpfbänder (Nr. 60 Posamenterie), hergestellt von der Firma Eynern, aufgeführt.[43]

Der Verlag Johann Peter von Eynerns war somit deutlich stärker spezialisiert als beispielsweise derjenige Abr. & Gebr. Froweins: Er diente überwiegend anderen Wuppertaler Firmen als Lieferant und hatte sich damit eine ganz eigenen Position innerhalb der Wuppertaler Kaufmannschaft geschaffen. Zwar rechnete er nur mit einer Marge von etwa acht Prozent, doch rechnete sich das Geschäft für ihn vor allem aufgrund der Kostenvorteile, die auf engen Beziehungen zu seiner Kundschaft und den Möglich-

41 HZW Bestand von Eynern Nr. 132. Von Johann Gottfried Rübel etwa erhielt Eynern am 16.12.1797 eine Bestellung in Höhe von 747 Rtlr. Wuppermann & Springmann tilgte am 24.1.1798 die ausstehende Rechnung vom Juni 1797 mit einem Wechsel über 715 fl. Weitere Beispiele ließen sich anführen.

42 Am 6.1.1792 lieferte Eynern beispielsweise 15 Dutzend Nr. ½ Bratten und 6 Dutzend Posamentierstrumpfbänder im Wert von insgesamt 55 Rtlr. an Abr. & Gebr. Frowein. FAF Nr. 1353, fol. 662. Der einzige Brief von Johann Peter von Eynern an Abr. & Gebr. Frowein befindet sich als Abschrift in HZW Bestand von Eynern Nr. 132 (29.8.1798).

43 FAW 21-8 (nicht paginiert).

keiten einer vergleichsweisen engmaschigen Kontrolle beruhten. Auch gestaltete sich der örtliche Zahlungsverkehr, der meist über die beiden im Tal ansässigen Bankhäuser Gebr. Kersten und Achenbach & Brüninghaus lief, deutlich weniger kompliziert und störungsanfällig als der internationale Zahlungsverkehr, welcher unter anderem den Schwankungen der Wechselkursen unterlag und für den deutlich höhere Bearbeitungsgebühren anfielen. Und wie das Reüssieren der Firma auch während der wirtschaftlich schwierigen Kriegsjahre zu Beginn des 19. Jahrhunderts zeigt, war dem „Spezialistentum" langfristig Erfolg beschieden.[44]

3. Fazit

„Einer der ersten aus dem Leinengarn entsprossenen Nahrungszweige, bestand im Weben des Leinen und Wollenbandes, wozu weiterhin die Schürriemen und Schnüren gekommen sind. Diese Artikel stiegen in der Folge zur höchsten Wichtigkeit. [...] Frankreich, Italien, Spanien, Rußland, Amerika, fast die ganze bekannte Welt bezieht diese Waare in unglaublicher Menge", berichtete der Tagebuchschreiber Philip Andreas Nemnich 1808 über die Bandindustrie des Wuppertals.[45] Diese „unglaublichen Mengen" spiegeln sich auch in den Zahlen wider, welche der Elberfelder Kaufmann Gerhard Siebel für die französische Regierung 1807 zusammentrug, um ihr über die Bedeutung des bergischen Gewerbes Auskunft zu erteilen. So exportierte laut Siebel die bergische Textilindustrie Bandwaren im Wert von insgesamt neun Millionen Francs: Frankreich erhielt Exportgüter für vier Millionen Francs, auf die Iberische Halbinsel wurden Waren für anderthalb Millionen gesandt und nach „Amerika" für zwei Millionen. Etwas weniger bedeutende Absatzgebiete waren dagegen nach Siebels Aufstellung Holland, Deutschland und Italien mit Importen in Höhe von je einer halben Million Francs.[46]

Dass die Wuppertaler Bandindustrie eine herausragende Stellung unter den europäischen Gewerberegionen einnahm, ist eine altbekannte Tatsache. Im Unterschied zu den zeitgenössischen Autoren ist von den nachfolgenden Historikern jedoch häufig vergessen worden, welche große Rolle der weiträumige und vor allem auch transatlantische Absatz der Bandwaren für das dauerhafte Wachstum der Wuppertaler Schmalwarenindustrie gespielt hat. Der vorstehende Aufsatz hat es sich daher zur Aufgabe gemacht, aus neu erschlossenen Geschäftsbüchern die Geschäftsstrategien, Praktiken und Marktausrichtung dreier Wuppertaler Bandverleger zu rekonstruieren und in größere Zusammenhänge einzubetten.

Als erstes lässt sich festhalten, dass der Messehandel zwar nicht mehr als Zugpferd des Wuppertaler Wachstums gelten kann, dass ihm aber bis ins frühe 19. Jahrhundert

---

44 Vgl. hierzu das Bilanzbuch der Firma in STA W NDS 12.

45 Philipp Andreas NEMNICH, Chronik einer „der Kultur und Industrie gewidmeten Reise". Philipp Andreas Nemnichs Reisebericht aus dem Jahre 1808, in: Gerhard HUCK, Jürgen REULECKE (Hg.), ... und reges Leben ist überall sichbar! Reisen im Bergischen Land um 1800 (Bergische Forschungen 15), Neustadt an der Aisch 1978, S. 147–164, S. 151.

46 Landesarchiv NRW Großherzogtum Berg Nr. 5592. Zu Gerhard Siebel vgl. Marie-Luise BAUM, Gerhard Siebel, in: Wuppertaler Biographien 2 (1960), S. 115–124.

große Bedeutung für den Absatz von beträchtlichen Warenmengen auf einem dauerhaft hohen Niveau zukam. Dabei profitierten alt eingesessene wie auch sich neu etablierende Kaufleute von eingespielten Mechanismen und Abläufen, die sicherstellten, dass der Warenumschlag zuverlässig funktionierte und breite Käuferschichten, auch dank der Vermittlung reisender Messehändler, erreicht werden konnten. Die Messen blieben also für eine Durchdringung gerade des deutschen Marktes weiterhin unerlässlich. Der Handel auf ihnen erlaubte jedoch nur begrenzte Wachstumsmöglichkeiten für die Wuppertaler Verleger.

Für die beschriebene Ausdehnung des Wuppertaler Handels und den wahrhaft globalen Erfolg der Wuppertaler Schmalwarenindustrie war dagegen, zweitens, die Teilhabe am dynamischsten Wirtschaftsraum der Frühen Neuzeit unerlässlich – dem Atlantikhandel. Für die Wuppertaler Bandkaufleute bot sich hierbei zum einen eine Kooperation mit Kaufleuten aus den Nachbarorten Remscheid und Solingen an, von denen viele über ein gutes Vertriebsnetz auf die Iberische Halbinsel verfügten. Zum anderen gab es die Möglichkeit mithilfe von Kommissionären die Waren entweder über Amsterdam in den Transatlantikhandel einzuspeisen oder mit Maklern in Spanien und Portugal zusammenzuarbeiten. Viele der Kontaktpersonen hatten einen deutschsprachigen Hintergrund, doch war dies kein ausschlaggebender Grund für die Zusammenarbeit, wie die Versuche Abraham Froweins zeigen, auch jenseits des Atlantiks Geschäftsbeziehungen aufzubauen. Anhand seiner Unternehmungen wird deutlich, wie auch binnenländische Verleger-Kaufleute global agieren konnten und wie sehr die Option, Waren nach Übersee zu versenden, bereits im 18. Jahrhundert zur gängigen Geschäftspraxis geworden war.

Die herausragende Stellung der Wuppertaler Schmalwarenindustrie lässt sich jedoch, drittens, nur hinreichend erklären, wenn die örtliche Kooperationsbereitschaft und Zusammenarbeit unter den Kaufleuten mitberücksichtigt wird. Für den langfristigen Erfolg und die marktbeherrschende Stellung des Wuppertals im Bereich der Schmalwaren war zudem eine Ausdifferenzierung der Produktpalette und das Entstehen von „Spezialisten" vonnöten, welche das Schmalwarensortiment dauerhaft bereicherten. Dazu zählten der hier eingehender vorgestellte Wollbandverleger Johann Peter von Eynern genauso wie die Firma Caspar Engels Söhne, die im Bereich der Webspitzen eine Sonderstellung im Tal einnahm, oder die Firma Gebr. Bockmühl, deren Inhaber sich bei der Entwicklung von neuen Maschinen zur Herstellung von Riemen hervortaten.

Dank der ständigen Erweiterung der Produktpalette konnten die Wuppertaler Bandverleger ihrer internationalen Kundschaft ein nahezu komplett zu nennendes Sortiment an Schmalwaren bieten und damit die Vorrangstellung des Wuppertals auf diesem Gebiet behaupten. Denn wie dem eingangs zitierten Fabriken- und Manufakturen-Adresslexikon von Johann Christian Gädicke zu entnehmen ist, gab es innerhalb von „Teutschland und einigen angränzenden Ländern" neben den Produzenten des Wuppertals so gut wie keine Anbieter der beschriebenen Artikel. Allein in England existierte in Lancashire eine ähnlich bedeutende Schmalwarenindustrie, deren großer Erfolg ebenfalls auf der frühzeitigen Einführung der Bandmühle beruhte.[47] Somit mag

47 Alfred Powell WADSWORTH, Julia de LACY MANN, The Cotton Trade and Industrial Lancashire, 1600–1780. With a new introduction by Stanley CHAPMAN, Bristol 1999.

auch die oben angesprochene, außergewöhnlich hohe Kooperationsbereitschaft innerhalb der Wuppertaler Kaufmannschaft ihren Grund darin gehabt haben, dass sich nur durch die Zusammenarbeit Aller oder Vieler die Stellung des Wuppertals als „Vollsortimenter" für die vielen verschiedenen Schmalwaren halten ließ und das Entstehen von auswärtiger Konkurrenz weitgehend verhindert wurde. Die Verleger-Kaufleute im Sektor der Breitgewebe waren dagegen einem ganz anderen Konkurrenzausdruck ausgesetzt, was auf die besondere Stellung der Bandindustrie innerhalb der gesamten Wuppertaler Textilindustrie verweist.

Allerdings hatte die Bandindustrie gegen Ende des 18. Jahrhunderts den höchsten Grad an Ausdifferenzierung erreicht und wohl auch ihre Wachstumsmöglichkeiten ausgeschöpft. Wie ein Vergleich der zwei Statistiken, die für die Wuppertaler Textilindustrie im letzten Viertel des 18. Jahrhunderts vorliegen, zeigt, waren 1773/74 etwa 2.000 Bandstühle für die Wuppertaler Verleger in Betrieb.[48] Zwanzig Jahre später hatte die Zahl der Bandstühle zwar um ein knappes Viertel auf 2.450 zugenommen, doch relativiert sich dieser Zuwachs deutlich im Vergleich mit den Webstühlen für Breitgewebe. Denn von diesen waren im Wuppertal und in der näheren Umgebung 1792 mehr als doppelt so viele (7.600) in Betrieb als in den 1770er Jahren (3.500). Bedenkt man, dass für den Betrieb der Breitwebstühle nicht nur mehr Personen sondern auch größere Mengen an Rohstoffen benötigt wurden, so wird klar, dass das eingangs angesprochene rasante Wachstum der Wuppertaler Bevölkerung und Wirtschaft seit der Mitte des 18. Jahrhunderts vor allem der Breitweberei geschuldet war. Hinzu kommt, dass auch die Bemühungen um Mechanisierung, welche den Weg ins Industriezeitalter wiesen, vor allem dem Garnhunger der Breitweberei geschuldet war, da diese immer schon deutlich mehr Baumwollgarn verarbeitete als die Schmalweberei. Die Schmalweberei blieb dagegen bis weit ins 19. Jahrhundert den alten Produktionsweisen verhaftet.[49] Eine Ironie dieser Geschichte ist, dass es gerade die vergänglichen Modeartikel waren, die seit den 1840er Jahren Einzug in die Bandweberei hielten, welche die alten Produktionsformen weiterhin erhielten. Denn bei den häufig wechselnden Mustern lohnte es nicht, die komplizierten Bandwebstühle für die geringen Stückzahlen der Saison immer wieder neu einzurichten. Stattdessen setzten die Wuppertaler Bandhersteller weiterhin auf die bewährte Produktionsweise der Hausindustrie.

48 Ich beziehe mich hier auf Zahlen, die zusammengestellt sind bei W. GEBHARD, Bericht des Hof-Kammerrats Friedrich Heinrich Jacobi über die Industrie der Herzogtümer Jülich und Berg aus den Jahren 1773 und 1774, in: ZBGV 18 (1882), S. 1–148 und Carl Friedrich WIEBEKING, Beiträge zur Churpfälzischen Staatengeschichte vom Jahre 1742 bis 1792, vorzüglich in Rücksicht der Herzogtümer Gülich und Berg, Heidelberg, Mannheim 1793.

49 Vgl. Johann Viktor BREDT, Die Lohnindustrie dargestellt an der Garn- u. Textilindustrie von Barmen, Berlin 1905; Wolfgang KÖLLMANN, Sozialgeschichte der Stadt Barmen im 19. Jahrhundert, Tübingen 1960.

Abgeschnitten durch tiefe Täler

Verkehrs- und Handelsverhältnisse in Remscheid, der „Seestadt auf dem Berge", vom 17. bis zum 19. Jahrhundert

Horst A. Wessel

Das, was wir heute das Bergische Land[1] nennen, hat topografische Besonderheiten, die für die gewerbliche Entwicklung der Region im Städtedreieck Wuppertal, Solingen und Remscheid einerseits positiv, andererseits auch, insbesondere für den Verkehr[2], nachteilig und für die Einwohner zeitweise sogar existenzbedrohend waren. In Remscheid und in seiner Umgebung sind das schnell stömende Bäche, die Wasserkraft für den Betrieb von Blasebälgen, Poch- und Hammerwerken sowie Schleifmühlen lieferten. Zugleich gab es zu wenig landwirtschaftlich nutzbaren Boden, außerdem behinderten die schroffen Täler in starkem Maß den Verkehr mit der Außenwelt. Solange nur wenige Menschen in Remscheid und seiner Umgebung lebten, Erze und Holzkohle in ausreichender Menge im engeren Umkreis gewonnen werden konnten, fielen diese Nachteile nicht entscheidend ins Gewicht. Die sich bietenden Vorteile wurden bereits in der Frühen Neuzeit erst notgedrungen, weil die Landwirtschaft zu wenig zum Leben ließ, dann so erfolgreich genutzt, dass man schon lange vor der eigentlichen Industrialisierung von der „Kleineisenindustrie" im dicht besiedelten Solingen und Remscheid sprach.[3]

Die Remscheider Schmieden und Hammerwerke entwickelten sich über die Herstellung von Vormaterial bzw. Halbzeug u.a. für Solinger Klingenfabriken zu Spezialisten für Stahl-Werkzeuge. Allerdings wurden die Remscheider Erzeugnisse noch lange nicht mit der Nennung des Ursprungsortes ausgewiesen, sondern nach dem Markt- oder Umschlagsplatz als „Lenneper" oder „Kölnische Waren" bezeichnet.[4] Seit dem 16. Jahrhun-

1 Zum Begriff, seinem Inhalt und seiner Entwicklung vgl. die Einleitung zu Stefan GORISSEN, Horst SASSIN, Kurt WESOLY (Hg.), Geschichte des Bergischen Landes, Bd 1: Bis zum Ende des alten Herzogtums 1806 (Bergische Forschungen 31), Bielefeld 2. Aufl. 2016, S. 15–22.

2 Ralf BANKEN, Die Verkehrsentwicklung im Bergischen Land, in: Stefan GORISSEN, Horst SASSIN, Kurt WESOLY (Hg.), Geschichte des Bergischen Landes, Bd 2: Das 19. und 20. Jahrhundert (Bergische Forschungen 32), Bielefeld 2016, S. 311–334, hier S. 311.

3 Horst A. WESSEL, Aspirin, nahtlose Stahlrohre und eine Stadt, die zur Marke für Klingen wurde, in: Christian KIRK (Hg.), Wirtschaftsstandort Bergisches Städtedreieck. Chancen und Perspektiven einer Region, Wuppertal/Solingen/Remscheid 2004/2005, S. 164–173.

4 Philipp Andreas NEMNICH, Chronik einer „der Kultur und Industrie gewidmeten Reise". Philipp Andreas Nemnichs Reisebericht aus dem Jahre 1808, in: Gerhard HUCK, Jürgen REULECKE (Hg.), ... und reges Leben ist überall sichtbar! Reisen im Bergischen Land um 1800 (Bergische Forschungen 15), Neustadt an der Aisch 1978, S. 147–164, hier S. 157; Wilhelm ENGELS, Paul Legers, Aus der Geschichte der Remscheider Werkzeug- und Eisenindustrie, 2 Bände, Remscheid 1928; Wilhelm JANSSEN, Das Bergische Land im Mittelalter, in: GORISSEN u.a. (Hg.), Geschichte Bd. 1 (wie Anm. 1), S. 25–139,

dert übernahmen dann mehr und mehr Remscheider Kaufleute den Vertrieb der Remscheider Erzeugnisse.[5] Zu den frühen Werkzeugen gehörten Sägen, Sensen, Bohrer und Maschinenmesser sowie schließlich Feilen. Letztere machten dann Remscheid in aller Welt bekannt. Feilen waren das Universalwerkzeug; auf sie konnte vor dem Aufkommen passgenauer Massenprodukte niemand verzichten.[6]

Remscheider Werkzeuge wurden gemeinsam mit anderen Erzeugnissen europa- und weltweit vertrieben, und zwar von Remscheider Kaufleuten, von denen ein großer Teil immer seltener selbst produzierte, sondern allenfalls die Herstellung als Verleger organisierte, und ein weiterer Teil sich vorwiegend dem Handel widmete. Der Überseehandel wurde oft mit eigenen Seeschiffen betrieben; das erklärt den schmückenden Beinamen „Seestadt auf dem Berge".[7]

Jahrhundertelang kamen die Alt-Remscheider (die Stadt Remscheid ohne die heute dazu gehörenden Stadtteile Lennep und Lüttringhausen) damit zurecht, dass sie abseits der Verkehrswege lagen. Sie waren nach drei Seiten abgeschnitten durch tiefe Täler; zugänglich für leichte Wagen waren sie lange Zeit nur über den Höhenrücken bei Mixsiepen. Die alte Handels- und Heerstraße vom zentralen Handelsplatz Köln nach Dortmund, die sogenannte *Berliner Straße*, machte einen großen Bogen um das sumpfige Eschbachtal und damit um Alt-Remscheid. Zu einem wichtigen Etappenort dagegen entwickelte sich Lennep, das, abhängig von der Wagenbespannung und der Beladung, je etwa eine bzw. zwei Tagereisen von Köln und Dortmund entfernt lag. Die Wupper wurde in der Nähe von Beyenburg, einem weiteren Etappenort, überschritten.[8]

Zwar sprechen wir von einer Straße, sogar einer frequentierten Fernhandelsstraße, aber ein Verkehrsweg in unserem Verständnis war das nicht. Sie war, wie die meisten Straßen dieser Zeit, unbefestigt[9] – da waren die Römer, allerdings vornehmlich auf der linken Rheinseite, schon einmal viel weiter gewesen![10] Diese frühneuzeitlichen Handels- und Heerstraßen waren bis fast zum Ende des 18. Jahrhundert ohne festen Untergrund;

---

hier S. 119; Stefan GORISSEN, Gewerbe im Herzogtum Berg vom Spätmittelalter bis 1806, in: ebd., S. 407–467, hier S. 449.

5 Ebd.

6 Ewald WINTGEN, Der Export der Bergischen Werkzeugindustrie von den Anfängen bis zur Gegenwart, in: ZBGV 76 (1959), S. 41–181; Horst A. WESSEL, A. Mannesmann, Remscheid-Bliedinghausen. 1796–2014. Von der Feile zum hochpräzisen Maschinenelement, Remscheid 2014, S. 15–17, 79–96; ders., Ludovic LALOUX, La lime, l'outil majeur de la révolution industrielle, in: L. LALOUX, Arnaud PÉTERS (Ed.), Le travail en Europe occidentale des années 1830 aux années 1930, Valenciennes 2020, S. 269–285.

7 Heinrich KOCH, 75 Jahre Mannesmann. 1890–1965. Geschichte einer Erfindung und eines Unternehmens, Düsseldorf 1965, S. 9.

8 Hans Jürgen ROTH, Geschichte unserer Stadt Remscheid. Mit Lennep und Lüttringhausen, Remscheid 2008, S. 97–99.

9 Wilhelm ENGELS, Mittelalterliche Verkehrswege und neuzeitlicher Straßenbau im Remscheider Gebiet und Umgebung (Beiträge zur Geschichte Remscheids 4), Remscheid 1939.

10 Pierre GRIMAL, Römische Kulturgeschichte, München/Zürich 1960, S. 592; Heinz Günter HORN, Das Leben im römischen Rheinland, in: DERS., (Hg.), Die Römer in Nordrhein-Westfalen, Stuttgart 1987, S. 148–154.

für die Fahrbahn wurden meist Kies und Schotter[11] sowie auch gewerbliche Abfälle verwendet.[12] Nach der Frostperiode wiesen sie große Löcher auf; nach langem, schwerem Regen waren sie unpassierbar.[13] Nicht von ungefähr führten die Straßen, weil die Täler sumpfig waren, über die Höhen – was auch nicht ohne Schwierigkeiten für den Verkehr war.[14] Entsprechend häufig und laut waren die Klagen. 1555 hieß es über die Straße nördlich von Lennep, sie sei „verderbt" und „verwoust".[15]

In einem Bericht aus dem Jahre 1616 lesen wir: „Den 9. Dezember zogen wir aus Lennep einen überaus bösen Weg den Berg hinauf, so sehr tiefe hohle Wege hatte, die alle hart gefroren, also daß man den Wagen mit Bömen und Winden[16] mußte heraufer helfen, und war ein Wunder, daß wir Wagen und Pferde nicht ganz zu Schanden machten. Aber der liebe Gott half uns den Tag auch allgemach furt. Wir konnten die Heerstraße nicht halten wegen des tiefen[17] Weges, mußten durch die Äcker und Gärten fahren [...]."[18] Weil die Anwohner verpflichtet waren, mit Hand- und Spanndiensten für den Erhalt der Wege und Straßen Sorge zu tragen, hatten die Straßenbenutzer das Recht, bei Unpassierbarkeit „der bösen Wege halber" durch Äcker und Gärten zu fahren.[19]

Eine weitere historisch bedeutende Handelsstraße in der weiteren Umgebung war die *Westfälische Straße*, die von Düsseldorf über Elberfeld nach Schwelm verlief, Alt-Remscheid aber rechts liegen ließ. Die Güter wurden mit Wagen – zwei- oder vierrädrigen, mit Ochsen oder Pferden bespannten Karren –, auf Handwagen und Schubkarren oder auf dem Rücken von Tragtieren oder von Menschen befördert. Auf guten Straßen, die es hier nicht gab, konnten 15 bis 20 Zentner mit einer Geschwindigkeit von 20 bis 30 km

---

11 Der Reisebeschreibung von Heinrich Friedrich von Storch (1766–1835), gedruckt in: Klaus BEYRER (Hg.), Zeit der Postkutschen. Drei Jahrhunderte Reisen 1600–1900, Frankfurt a.M. 1992, S. 174, ist zu entnehmen, dass dies in Deutschland der Normalfall war: „Diese bestehen durchgehends nur aus zusammengestossenen Kieseln und anderen kleinen Steinen, die oft nur auf die Strasse geworfen werden, und die Pferde und Wagen ruinieren und den Reisenden verzögern. Der geringste Platzregen, der Schnee im Winter und eine häufige Passage verderben diese Wege sehr bald [...]."

12 Friedrich Wilhelm A. BRATRING, Statistisch-topographische Beschreibung der gesamten Mark Brandenburg, Bd. 3, Berlin 1809 (Nachdruck Berlin 1968), S. 76; Martin SCHARFE, Straße und Chaussee. Zur Geschichte der Wegsamkeit, in: Beyrer (Hg.), Zeit (wie Anm. 11), S. 137–149.

13 Fritz SÄLTER, Entwicklung und Bedeutung des Chaussee- und Wegebaues in der Provinz Westfalen unter ihrem ersten Oberpräsidenten Ludwig Freiherr von Vincke 1815–1844, Witten 1917, S. 26–27.

14 Fernand BRAUDEL, Sozialgeschichte des 15.–18. Jahrhunderts, Bd. 2: Der Handel, München 1986, S. 380–389; Hans HITZER, Die Straße. Vom Trampelfahrt zur Autobahn. Lebensadern von der Urzeit bis heute (Kulturgeschichte in Einzeldarstellungen), München 1971, S. 228 u. 237.

15 Zit. bei ROTH, Geschichte (wie Anm. 8), S. 98.

16 Das ist wohl so zu verstehen, dass man die Wagen mit Hilfe an Bäumen befestigter Seile den Hang hinaufzog; vielleicht stützte man auch von hinten die Wagen mit Baumstämmen ab.

17 Im Sinne von ausgefahren, d.h. mit tiefen Fahrspuren.

18 ROTH, Geschichte (wie Anm. 8), S. 98.

19 Vgl. z.B. das Wegereglement für Westpreußen von 1796, in: Wilhelm WENING, Das Straßenwesen in der Provinz Westfalen, Diss. Würzburg 1921, S. 43; zur Gefahr des Umschlagens siehe den Bericht von August Ludwig Schlözer, „Deutsche Zustände" von 1788, gedruckt in: BEYRER (Hg.), Zeit (wie Anm. 11), S. 176.

pro Tag bewegt werden.[20] Im Verkehr mit und von Alt-Remscheid mussten jedoch vielfach Pferde als Tragtiere eingesetzt werden, die mit Säcken beladen wurden. Das Transportgewicht war hier auf drei bis dreieinhalb Zentner begrenzt. Pro Treiber kann man von drei bis vier Pferden ausgehen.[21]

Zunächst blieb nichts anderes übrig, als diese Wege zu nutzen, um die Erzeugnisse auf die Märkte oder zu den Kunden zu bringen. Der Transport von Erz und Holzkohle, die in der Region selbst gefördert und gewonnen wurden, blieb lange Zeit auf die nähere Umgebung der Schmieden und Hammerwerke beschränkt. Mit fortschreitender Arbeitsteilung wechselten auch die Erzeugnisse während des Herstellungsprozesses mehrfach den Ort. Beispielsweise wurden die Feilenrohlinge bei den Schmieden von den Feilenhauern in Tragekörben, Kiepen oder durch „Li'ewermänken" abgeholt und nach der Bearbeitung zur Fertigstellung (Härten, Heften und Verpacken) zurückgebracht.[22] Durch diese Arbeitsteilung spezialisierten die Handwerker sich, einerseits wurden dadurch die Qualität der Produkte und andererseits auch die Fertigkeit und die Leistung der Hersteller gesteigert. Allerdings darf nicht außeracht bleiben, dass die Arbeitsleistung damals noch Familienarbeit war, und zwar im doppelten Sinne: Sie sicherte die Existenz der Familie, sie wurde jedoch zugleich – je nach Können und Leistungsfähigkeit – von möglichst vielen Mitgliedern der Familie erbracht. Die Produktion für einen überregionalen Bedarf sowie die Herstellung von Spezialartikeln in größeren Stückzahlen bedingten einander.[23] Andererseits hatte dies zur Folge, dass ein wachsender Teil der benötigten Nahrungsmittel sowie die Genussmittel zugeführt werden mussten – wachsend deshalb, weil die Bevölkerung zunahm und diese sich auch mehr leisten konnte.[24]

Die Lage veränderte sich nachteilig, als die Rohstoffquellen versiegten. Als Erstes waren die einheimischen Erzbestände erschöpft.[25] Weil es sich nicht lohnte, die Erze von auswärts über die schlechten Wege herbeizuholen, um sie hier mit der immer knapper und teurer werdenden Holzkohle zu verhütten, wurde die Roheisenerzeugung eingestellt. Stattdessen bezog man aus dem Märkischen, der Nordeifel und vor allem aus dem

20 Wolfgang ZORN, Neue Teile der Historischen Wirtschaftskarte der Rheinlande, in: Rheinische Vierteljahrsblätter 31 (1966/67), S. 222–350, hier S. 346; Ulrich Peter RITTER, Planung und Industrieförderung Preußens in der 1. Hälfte des 19. Jahrhunderts, 1. Teil, Hannover 1965, S. 251.

21 ENGELS, Verkehrswege (wie Anm. 9); H. M. WESERMANN, Taschenbuch für die Straßen- und Bergbaubeamten, Spediteurs und Landmesser zwischen dem Rheine und der Weser, Düsseldorf 1814, S. 553; DERS., Der Kunststraßenbau. Zur Beherzigung für Regierungen und Volk, Hamm 1821; ZORN, Neue Teile (wie Anm. 20), S. 346.

22 Horst A. WESSEL (Hg.), Die Geburtsstätte des nahtlos gewalzten Stahlrohres. Das Mannesmannröhren-Werk in Remscheid, die Erfinder und die Mechanische Werkstatt. Geschichte und Geschichten, Essen 2012, S. 20.

23 Siehe dazu GORISSEN, Gewerbe (wie Anm. 4), S. 418 und 429.

24 BERGISCHER VEREIN FÜR FAMILIENKUNDE (Hg.), Vollständige genealogische Auswertung der Kirchenbücher der evangelisch-lutherischen Gemeinde Remscheid 1680–1809, Wuppertal 2010; Carsten PICK, Das Remscheider Einwohnerbuch von 1831. Eine sozial- und familiengeschichtliche Quelle, in: RB 66 (2016), H. 1, S. 23–32.

25 Erwin STURSBERG, Geschichte des Hütten- und Hammerwesens im ehemaligen Herzogtum Berg (Beiträge zur Geschichte Remscheids 8), Remscheid 1964.

Siegerland Eisenluppen und Stahlkuchen. Letztere waren wegen ihres Mangangehalts besonders zäh und daher bei den Schmieden beliebt; sie wurden zu Feinstahl weiterverarbeitet. Die für den Transport um 1600 erbaute Straße (Luftlinie etwa 70 km), die beim Goldenbergshammer Alt-Remscheider Gebiet erreichte, erhielt nicht von ungefähr den Namen „Iserstrote". Sie führte aus dem Siegerland, nachdem sie sich vorher mit einer zweiten Eisenstraße von Betzdorf bei Drolshagen vereinigt hatte, über das oberbergische Gummersbach, Wipperfürth und Hückeswagen nach Remscheid und darüber hinaus.[26]

Sie war zeitweise eine der wichtigsten bergischen Straße überhaupt. Weil der Verkehr in beiden Richtungen so stark war, wurde sie so breit angelegt, dass die Verkehrsströme sich gegenseitig nicht behinderten. Allerdings war auch diese Straße trotz der schweren Lasten, die bei jedem Wetter auf ihr bewegt werden mussten, unbefestigt. Vielerorts ging, wovon manche Anwohner profitierten, nichts ohne Vorspann. Für eine Karre Eisen aus dem Siegerland ins Bergische rechnete man etwa 2½ Taler zusätzliche Kosten für den Vorspann.[27] Das Eisen wurde in speziellen schweren Karren, den „Hessenkarren", die rund 500 kg Ladung fassten, transportiert. Sie hatten der besseren Standfestigkeit wegen hohe Räder, die noch die gleichfalls hohen Aufbauten der Wagen überragten. Ihren Namen trugen diese Wagen, weil sie Richtung Hessen fuhren und von dort mit Eisen beladen zurückkamen. Die Fuhrleute waren keine Hessen[28], sie stammten aus dem Bergischen.[29]

Gegen Ende der Zeit des Herzogtums Berg waren die Bäche rings um Alt-Remscheid dicht mit Wasserhämmern besetzt. 1773 hatte man im Wupperviereck der Kirchspiele Remscheid, Cronenberg und Lüttringhausen 126 Eisenhämmer gezählt,[30] im Jahre 1791 waren es allein in der Remscheider Gemarkung 131 Wasserhämmer, 94 Reck- und 37 Breithämmer, die das bezogene Halbzeug weiterverarbeiteten. Diese benötigten pro Jahr schätzungsweise gut 6.000 t Halbzeug; das entsprach etwa 12.000 Ladungen, was bedeutete, dass werktäglich mindestens 40 mit Eisen beladene Wagen als Schwertransporte den langen und schweren Weg von Süden nach Norden nahmen und ebenso viele leere oder mit bergischen Erzeugnissen befrachtete Wagen in der Gegenrichtung unterwegs waren.[31] Zwar konnten die Hammerwerke, beispielsweise in langen Frost- oder Dürreperioden, zeitweise nicht betrieben werden, aber der Transportfluss war noch weitaus häufiger durch widrige Witterungseinflüsse gestört. Die Hammerwerke und die Schmieden mussten dann zwangsläufig ihren Betrieb einschränken oder sogar unterbrechen, selbst wenn ausreichend Wasserkraft zur Verfügung stand und auch genügend Holzkohle vorhanden war.

---

26 Hermann H. Holschbach, Das Verkehrsproblem des Bergischen Landes im Zeitalter der Industrialisierung und der Kampf um die Eisenbahn, Remscheid-Lennep 1960, S. 93–95; Banken, Verkehrsentwicklung (wie Anm. 2), S. 312.

27 Holschbach, Verkehrsproblem (wie Anm. 26), S. 25.

28 Gemeint ist wohl Hessen-Kassel, aber das Siegerland gehörte zum Fürstentum Nassau-Siegen, einem Nachbarterritorium von Hessen-Kassel.

29 Roth, Geschichte (wie Anm. 8), S. 100–101.

30 Klaus Müller, Das Herzogtum Berg von 1609 bis 1806, in: Gorissen u.a. (Hg.), Geschichte Bd. 1 (wie Anm. 1), S. 505–611, hier S. 572 (nach Friedrich Heinrich Jacobi).

31 Roth, Geschichte (wie Anm. 8), S. 101.

Um den Betrieb aufrechterhalten und zugesagte Liefertermine einhalten zu können, waren die Handwerker bereit, für das Vormaterial einen höheren Preis zu entrichten. Das machten sich einige Schmiede, angefangen mit Peter Clarenbach aus Lüttringhausen und seinem Schwiegersohn, dem aus dem Siegerland stammenden und in Lüttringhausen wohnenden Johannes Flender, zunutze. Ende des 17. Jahrhunderts entstanden unmittelbar an der *Eisenstraße*, an der Kräwinklerbrücke und im Dörpetal, Eisenlager.[32] Diese füllten bei günstiger Gelegenheit ihre Bestände auf, um sie bei Lieferstockungen mit einem zusätzlichen Gewinn zu verkaufen. Nach und nach kontrollierten und monopolisierten diese weite Teile des gesamten Eisenhandels. 1715 klagten die Remscheider Eisenverarbeiter dagegen wegen angeblicher Preistreiberei vor dem Handwerksgericht.[33]

Klagen über die schlechte Verkehrsanbindung erhoben die Remscheider nicht erst in preußischer Zeit. Bereits vorher waren immer wieder Eingaben an den Landesherrn mit der Bitte gemacht worden, diesen „elendigen Zustand" zu verbessern.[34] Ende des 18. Jahrhunderts hatte man die herzogliche Verwaltung in Düsseldorf gebeten, man möge endlich den Anschluss an die Eisenstraße bis Bergisch Born chausseemäßig ausbauen – vergeblich. Auch und insbesondere für das Bergische Land trifft die Aussage zu: „In vieler Beziehung war die Situation im deutschen Straßenbau also selbst Anfang des 19. Jahrhunderts noch wie im Mittelalter."[35]

Während der französischen Zeit – Remscheid war gerade nach französischem Recht Stadt geworden – wurde der damalige Bürgermeister Johann Gottlieb Diederichs im Vertrauen auf das Wohlwollen und die Unterstützung durch den neuen Landesherrn 1808 selbst aktiv. Zur nachhaltigen Verbesserung der Alt-Remscheider Verkehrslage plante er gleich mehrere leistungsfähige Anschlüsse über Neuenhof nach Lennep zum einen an die Siegerländer Eisenstraße in Bergisch Born, zum anderen nach Lüttringhausen an die alte Fernhandelsstraße zur Nordsee; eine weitere Straße sollte nach Wermelskirchen gebaut werden, um von dort aus das bergische Mülheim, Köln und die Rheinhäfen zu erreichen; eine dritte sollte in nördliche Richtung über Ronsdorf zur Kohlenstraße, eine vierte über Hasten nach Elberfeld mit Anschluss an die alte Fernhandelsstraße nach Düsseldorf, eine fünfte über die Schüttendelle, Vieringhausen und Müngsten nach Solingen und weiter zum Rhein und schließlich eine sechste über Bliedinghausen Ehringhausen und Burg auf einem anderen Weg nach Solingen und den Rheinhäfen, insbesondere Hitdorf, gehen.[36]

Neben der Straße nach Lennep war dem Fernhandelskaufmann Diederichs an der Straße über die Schüttendelle nach Solingen in besonderer Weise gelegen; denn dort war sein Unternehmen angesiedelt. Da es jedoch an Geld für einen derart umfassenden Straßenbau mangelte, mussten Prioritäten gesetzt werden. Bei der Festlegung prallten unterschiedliche Interessen aufeinander. Je nach Standort favorisierte jeder eine andere Verbindung. 1809 begann Diederichs mit dem Ausbau der Solinger Straße nach Müngsten. Um das Projekt zu finanzieren, ließ er im äußeren Stadtgebiet zehn Mautstellen er-

32 Ebd., S. 102.

33 HOLSCHBACH, Verkehrsproblem (wie Anm. 26), S. 93.

34 MÜLLER, Herzogtum (wie Anm. 30), S. 568.

35 HITZER, Straße (wie Anm. 14), S. 228; vgl auch BANKEN, Verkehrsentwicklung (wie Anm. 2), S. 311.

36 ROTH, Geschichte (wie Anm. 8), S. 106f.

richten.[37] Das führte zu einem scharfen Protest insbesondere seitens der in Ehringhausen wohnenden Kaufleute und zu einer Klage wegen Amtsanmaßung.

Die Regierung in Düsseldorf ließ daraufhin das Bauvorhaben unterbrechen. Immerhin waren in der Zwischenzeit die Solinger Straße nach Müngsten und die auf Gerstau nach Hasten und Elberfeld mit einer Breite von etwa acht Meter auf zwei Kilometer planiert. Anschließend begannen einige Unternehmen, die an der Straße nach Müngsten ihren Sitz hatten, mit dem Weiterbau. Auf Antrag wurde ihnen für die Wegstrecke von einer Stunde und sieben Minuten für 15 Jahre die Mauterhebung zugestanden. Der Bau, insbesondere die dafür notwendigen Felssprengungen, erforderte jedoch derart hohe Investitionen, dass er noch während der französischen Zeit zum Stillstand kam.[38]

Von der Chaussee von Müngsten nach Solingen berichtete der Unternehmer Carl Arnold Arns in seinem Tagebuch unter dem 24. September 1820. An genanntem Tag war der preußische Minister für Handel und Gewerbe, Friedrich Ludwig Hans Graf von Bülow (1774–1825)[39], in Remscheid und hatte bei dieser Gelegenheit auch den Unternehmer Johann Arnold Halbach (1745–1823) zu Müngsten besucht, der hier seit 1772 ein Werk zur Herstellung der sog. Blauen Sensen betrieb. Dabei hatte der Minister versprochen, die bereits ab 1809 unter dem Bürgermeister Diederichs begonnene Straße vom Dorf Remscheid (Marktplatz) nach Müngsten bis Solingen mit staatlicher Unterstützung zu verlängern."[40] Unter Chaussee verstand man damals eine Straße mit festem Unterbau und einer Drainage, um Frostschäden zu vermeiden, sowie einer glatten Oberfläche, zunächst noch mit Kies oder Schotter, ab etwa 1820 nach dem Verfahren des schottischen Erfinders John Loudon Macadam (1756–1836) mit zusätzlich aufgebrachten und eingewalzten kleinen Steinen. Dadurch wurde nicht allein die Haltbarkeit erhöht, sondern auch der Rollwiderstand verringert, die Zulademöglichkeit und die Transportgeschwindigkeit erhöht. Später hat man, um die Staubentwicklung zu vermindern, die obere Lage mit Bitumen gebunden.[41]

Um 1800 und besonders nach 1815, nachdem die Region als Teil der Rheinprovinz preußisch geworden war, verlor die alte Eisenstraße an Bedeutung. Es entstanden, weil man die Vorteile für Verkehr und Handel sowie die Wirtschaft insgesamt erkannt hatte, befestigte Straßen, die man auch als „Kunststraßen" bezeichnete. Diese zogen trotz der erhobenen Abgaben den Verkehr an sich, weil mehr Personen und Güter, meist das Doppelte an Last, schneller transportiert werden konnten. Schon zur Zeit des Herzogtums Berg war die erste Kunststraße in der Region entstanden. Dabei handelte es sich um die in den Jahren 1780 bis 1790 erbaute Straße zwischen Hückeswagen und Bergisch-Born. Übrigens baute man später auch zwischen Siegen und Hagen eine neue, nun befestigte Straße, die sogenannte *Märkische Eisenstraße*.

---

37 Bis in die 1840er Jahre wurden in der Regel Abgaben nur für die Benutzung von Staatsstraßen erhoben.

38 ROTH, Geschichte (wie Anm. 8), 107f.

39 Dieser stammte aus dem alten mecklenburgischen Adelsgeschlecht derer von Bülow; er war ein Vetter des Reformers Karl August von Hardenberg und 1813 als dessen Nachfolger preußischer Finanzminister. Zuvor hatte er in französischen Diensten im Großherzogtum gestanden.

40 Walter LORENZ, Tagebuch des Carl Arnold Arns in Remscheid 1800–1865 (Beiträge zur Geschichte Remscheids 12), Remscheid 1981, S. 16: Eintragung zum 24.9.1820.

41 SÄLTER, Entwicklung (wie Anm. 13), S. 27.

Bleiben wir jedoch noch zunächst in der Zeit, bevor das Bergische Land preußisch wurde, um zu sehen, wie sich die Region und insbesondere Remscheid wirtschaftlich entwickelt hatte und auf welchem Stand sich die Verkehrsverhältnisse befanden. Dies veranschaulicht ein Bericht aus dem ersten Jahrzehnt des 19. Jahrhunderts, also der französischen Zeit. Philipp Andreas Nemnich (1764–1820), ein in Dillenburg geborener und in Hamburg lebender Schriftsteller, der mehrfach in England gewesen war und die fortschrittliche englische Industrie gut kannte, bereiste 1808 das Bergische Land und war auch in Remscheid. Er zeigte sich erstaunt über die Fortschritte, die hier gemacht worden waren.

Früher war der Distrikt, der hauptsächlich von der kargen Landwirtschaft hatte leben müssen, nur von *wenig Menschen bewohnt* gewesen; nun lebten hier[42] *nahezu an 6.000 Menschen.* [...] *nun war Remscheid ein Dorf mit ungefähr 100 Häusern, und zur Kirchengemeinde gehörten im Umkreis von zwei bis drei Stunden zahlreiche Hofschaften.* [...] *Früher gab es nur ein paar Hammerwerke, die anfänglich bloß für Solingen arbeiteten. In der Folge machte man verschiedene Kleinschmiedearbeiten, die 1676 zuerst in Holland, und etwas weiterhin in Brabant einigen Absatz fanden. Es geschahen allmähliche Fortschritte. Im Jahre 1740 wurden schon ganz Frankreich, Brabant und Holland, und bald darauf auch England, Spanien, Russland, Dänemark und Schweden, und überhaupt alle Gegenden der Ostsee, von Remscheider Kaufleuten bereist.* [...] *Die vielerlei Eisen- und Stahlarbeiten sind unter dem Namen Remscheider Waren bekannt.* [...] *Im Kirchspiel Remscheid gibt es ungefähr 90 Handlungs-Fabrikhäuser*[43] [...]. *Ein Teil dieser Kaufmannschaft beschäftigt sich damit, den einzelnen für sich bestehenden Fabrikanten*[44] *die von denselben verfertigten Artikel abzukaufen, und solche ins Ausland zu versenden. Ein anderer Teil hält selbst große Fabriken von Sensen, Sägen, Feilen und Plantage-Gerätschaften. Ein dritter Teil endlich besitzt eigene Breit-, Reck- und Stahlraffinierhämmer und versorgt mit den Produkten derselben die einheimischen und ausländischen Eisen- und Stahlfabriken. Die gesamten Kaufleute halten beständig größere und kleinere Waren-Magazine, nach dem Umfang des Vertriebs.* [...] *Schon seit mehreren Jahren kann auf den in und um Remscheid fließenden 18 Bächen keine neue Anlage mehr Statt finden, so sehr ist das Ganze besetzt.*[45] *Es stehen auf den genannten Bächen: 37 Breithämmer, 97 Reckhämmer, 44 Schleifmühlen oder Kotten und 16 Sensen-Reckhämmer und Klippwerke.*[46]

Zwei Jahre später, 1810, inspizierte der französische Kommissar und Finanzminister des Großherzogtums, Jacques Claude Beugnot (1761–1835),[47] im Auftrag von Napoleon I. das Bergische Land und kam gleichfalls nach Remscheid. Er sah manches, wie die schwierige

42 Im Dorf und in den umliegenden Hofschaften.

43 Legt man die zuvor im Bericht genannten ungefähr 100 Häuser zugrunde, dann bestand die Ortschaft zu 90 % aus den Gebäuden der Handelsherren.

44 Das ist die alte Bezeichnung für die Produzenten, die Hersteller.

45 D.h., dass die zur Erzeugung der Wasserkraft erforderliche Fließgeschwindigkeit bis zum Letzten ausgenutzt und kein Platz zur Anlage weiterer Mühlenteiche mehr vorhanden war.

46 Klippwerke waren Hammerwerke, die im letzten Produktionsschritt die Sensen kalt bearbeiteten. Zitat: NEMNICH, Chronik (wie Anm. 4), S. 157ff.

47 Dieser war bis 1813 faktisch der Statthalter Napoleons im Großherzogtum Berg; Bettina SEVERIN-BARBOUTIE, Das Großherzogtum Berg (1806–1813), in; GORISSEN u.a. (Hg.), Geschichte Bd. 2 (wie Anm. 2), S. 23–74, hier S. 34.

Beschaffung von Eisen und Steinkohle, weniger dramatisch und teilweise etwas romantisch verklärt. Sein Ansprechpartner in Remscheid war unzweifelhaft einer der Handelsherren. Das mag erklären, warum er die Schwierigkeiten bei der Beschaffung von Eisen und Kohle gering schätzte und als Probleme lediglich die Absatzstockung infolge der neuen Grenzen, der Kontinentalsperre und der kriegerischen Auseinandersetzungen mit England erkannte. Beugnot, der im Statthalterpalais in Düsseldorf residierte, näherte sich Remscheid bezeichnenderweise von Lennep her. Auch ihm fiel der Widerspruch zwischen der Kargheit und Unfruchtbarkeit der Landschaft, die keine auskömmliche Landwirtschaft zuließ, und der Anwesenheit von bemerkenswert vielen Menschen ins Auge. Ferner wird in seinem Bericht deutlich, dass die Produktion hier anders organisiert war, als es bis zur Aufhebung der Zünfte durch die Franzosen allgemein üblich war. Im Eisengewerbe gab es nicht einmal Ansätze einer im 18. Jahrhundert als verkrustet und unbeweglich angesehenen Zunftorganisation. Zwar ist für 1600 ein Zunftprivileg zum Schutz der Sensenschmiede nachgewiesen, aber dieses blieb wegen der in Remscheid vorherrschenden Spezialisierung unwirksam. Auch gab es kleine Berufsgruppen, Handwerkervereinigungen und einen mittels Handwerksgericht mehr oder weniger wirksam praktizierten Zeichenschutz. Das eingetragene und damit geschützte Zeichen war jedoch nicht zur Kennzeichnung eines bestimmten Erzeugnisses vorbehalten, sondern konnte für mehrere oder sogar sämtliche Produkte eines Herstellers verwendet werden. Bezeichnenderweise hat die Zeichenordnung die Aufhebung der Zünfte und der Handwerksbruderschaften überlebt.[48]

Es ist nicht ausgeschlossen, dass es gerade die topografischen Besonderheiten der Region waren, die das Entstehen einer derartigen Organisation verhindert haben. Es fehlte lange der städtische Kern mit einem zünftig organisierten Handwerk. Bevor dafür die Voraussetzungen gegeben waren, hatten zum einen die nicht ausreichende Landwirtschaft und später insbesondere die Nutzung der Wasserkraft zur Entstehung vieler Einzelgehöfte bzw. Hofschaften sowie auch eine Kaufmannschaft, die als Verleger auftrat, zu einer stark arbeitsteiligen Produktion, die große ländliche Bereiche einbezog,[49] geführt. Diese passte nicht zu einer zünftigen Ordnung. Zünfte im strengen Sinne sind in Remscheid nur für die Bäcker, Metzger und Schuster nachgewiesen.[50] Eine strikte Stadt-Land-Trennung, da ist sich die Forschung einig, existierte in der Remscheider Region weder im Spätmittelalter noch in der Frühen Neuzeit. Bis weit in das 19. Jahrhundert hinein blieb die Produktion im Eisengewerbe spezialisiert und handwerklich.[51]

---

48 Müller, Herzogtum (wie Anm. 30), S. 542 und 572; Horst A. Wessel, „Und keiner dem anderen sein Zeichen nachschlagen solle …". Bergische Warenzeichenpraxis im 18. und 19. Jahrhundert – Anspruch und Wirklichkeit, in: Karl Hardach (Hg.), Internationale Studien zur Geschichte von Wirtschaft und Gesellschaft, Teil 2, Frankfurt a.M. 2012, S. 1201–1229.

49 Ansätze dazu stellte Janssen, Bergische Land (wie Anm. 4), S. 119–122, bereits im Spätmittelalter fest. Die Bezeichnung von Stefan Ehrenpreis, Das Herzogtum Berg im 16. Jahrhundert, in: Gorissen u.a. (Hg.), Geschichte Bd. 1 (wie Anm. 1), S. 213–357, hier S. 229, vom „dichter besiedelten Remscheid" ist missverständlich.

50 Gorissen, Gewerbe (wie Anm. 4), S. 429.

51 Ebd., S. 424–429; Müller, Herzogtum (wie Anm. 30), S. 568; Rudolf Boch, Das Bergische Land im 19. Jahrhundert (1814–1914), in: Gorissen u.a. (Hg.), Geschichte Bd. 2 (wie Anm. 2), S. 171–267, hier S. 206–208.

Beugnot hielt in seinem Tagebuch fest:

> *Auf dem höchsten der Berge, und ohne dass man ahnte warum, hat sich der Hauptort dieser gewerbefleißigen Ansiedlung, die kleine Stadt Remscheid gebildet. Wenn man von dort oben aus über diese bergige Einöde blickt, so erkennt man, dass überall und an den Bergen die Häuser und Kotten von Arbeitern hier und dort verstreut liegen* [...]. *Die Nähe der Kohle und des Eisens*[52] *hat Remscheid entstehen lassen und bestimmt den Charakter seiner Industrie. Dort verwandelt man das Eisen für den Alltagsgebrauch in alle möglichen Formen und Gestalten. Dort werden Schrauben, Muttern, Winden, Pflugeisen, Sägen, Sensen, Werkzeug vom Schmiedeamboss bis zur Uhrmacherfeile, Schlösser, Türbeschläge, usw. usw. hergestellt. Inmitten dieser Wüste hatte diese Fabrikation recht gute Möglichkeiten zu gedeihen. Sie bezieht aus dem Großherzogtum selbst, und zwar aus ziemlich naher Entfernung, Eisen von ausgezeichneter Qualität, und sie verschafft sich Steinkohle zu recht niedrigem Preis. Alle Bergschluchten führen Wasserläufe, und leicht können sich dort Hammerwerke niederlassen. Da jeder Arbeiter für sich wohnte, bearbeitete er schließlich nur noch einen Artikel, so dass sich die Arbeitsteilung ganz natürlich ergab. Nun hat in einem solchen Fabrikationszweig die Arbeitsteilung auf die Vervollkommnung der Handarbeit unmittelbar einwirken müssen; denn jeder der abgelegenen, für sich hausenden Arbeiter musste sich in seiner kleinen Ansiedlung bereitwillig mit allen Mitteln ausrüsten, die ihm die Alltagsarbeit gut und schnell erledigen halfen. Schließlich war der Arbeiter durch keinerlei kaufmännische Unternehmungen abgelenkt. Er verkaufte seine Produkte an Ort und Stelle an Kaufleute, die in Remscheid ansässig waren und die es übernahmen, die in Frankreich, Spanien, Deutschland und selbst in Amerika zu vertreiben.* [...] *Die Lage, in der sich der europäische Handel befindet, hat dies alles aus dem Gleichgewicht gebracht. Der amerikanische Markt wurde dem Remscheider Handel verschlossen. Von drei Schiffen, die man zurückerwartete, wurde eines konfiziert, und ein zweites musste über einen Vertrag mit einem französischen Korsaren zurückgekauft werden.*[53] *Spanien ist ihm versperrt, Frankreich hat seine Zolltarife in eine Höhe getrieben, die einem Einfuhrverbot gleichkommt; die Fabrikation geht täglich zurück* [...].[54]

Was Beugnot als mit „aus dem Gleichgewicht gekommen" bezeichnete, bedeutete für das Remscheider Gewerbe und den Handel einen Überlebenskampf. Um 1800 hatten die Remscheider Kaufleute über ein dicht geknüpftes Netz von Handelsbeziehungen verfügt, das Frankreich, Spanien und Portugal, außerdem Skandinavien, Italien und

---

52 Diese standen dort inzwischen nicht mehr zur Verfügung – und doch existierte der Ort nicht nur, sondern wuchs!

53 Das könnte sich auf das Handelshaus Peter Johann Diederichs & Söhne an der Schüttendelle beziehen; dieses hat zwischen 1804 und 1813 insgesamt 15 Seeschiffe samt Ladung im Wert von fast 300.000 Taler verloren und ist in der Folge 1818 in Konkurs gegangen; LORENZ, Tagebuch (wie Anm. 40), 12, 73–74.

54 Jaques-Claude BEUGNOT, Reisetagebuch des kaiserlichen Kommissars Beugnot, in: HUCK/REULECKE (Hg,), reges Leben (wie Anm. 4), S. 165–191, hier S. 185f.

Russland sowie Nordamerika umspannte.[55] Nach der Besetzung durch die Franzosen hatten sie zunächst ab 1796 von einem günstigen Zolltarif, dem auch die 1798 am Rhein errichtete Zollgrenze nicht entgegenstand, profitiert. Erzeugung und Absatz waren gewachsen. Doch dann wurde der Zolltarif 1801 abgeschafft. Remscheid sah sich von seinen Hauptabsatzgebieten abgeschnitten; der Handelskrieg mit England ab 1806 und 1810 der Verlust des Zugangs zum Meer durch die Eingliederung der Niederlande und des norddeutschen Küstengebiets in das *Empire* verschärften die Situation noch.[56] Viele Unternehmen, darunter auch die Firma A. Mannesmann, planten eine Verlegung auf das rechte Rheinufer. Das wurde 1803 untersagt. Arnold Halbach gründete 1810 ein Zweigunternehmen in Philadelphia, um der Kontinentalsperre zu entgehen. 1811 reiste eine Delegation Elberfelder und Barmer Kaufleute nach Paris, um die französische Regierung um die Vereinigung von Berg mit Frankreich zu bitten.[57]

Über seine Fahrt von Remscheid nach Burg, vermutlich an einem schönen Frühlings- oder Frühsommertag, hielt Kommissar Beugnot fest:

> *Die Straße führt im Bogen an der Flanke der Berge entlang, die das Tal oder vielmehr die Schlucht von Remscheid umgeben. Je weiter man in dem kleinen Tal vorwärts kommt, desto mehr gewinnt die Natur ihre Farben wieder: man durcheilt verschiedene Gegenden, und keiner gebricht es an landschaftlichem Reiz. Hier ist es ein Wasserfall, der bei einem Kotten von den Felsen niederstürzt und dahin rauscht. Dort ruhen Schafherden wie verloren in der Weide, die von Bächen und Bäumen in unregelmäßige Teile zergliedert wird. Und bei jedem Schritt: diese sanften Szenen der Frische, des Schattens, der Ruhe, diese an die Schweiz gemahnende Einsamkeit, die den Wanderer vom Glück träumen lässt. Fährt man weiter, so werden die landschaftlichen Wirkungen eindrucksvoller und man glaubt sich in der Nähe der Alpen. Aber das Besondere in diesem zweiten Teil des Tales ist der Lärm der Hämmer, der von den Hängen widerhallt, diese fortwährende Bewegung, die dort ein Vorrecht der Natur zu sein scheint.*[58]

Das Remscheider Gewerbe hatte die Standortbedingungen zum eigenen Vorteil und dem der Bevölkerung optimal nutzen können. Herausforderungen, wie sie insbesondere das Auslaufen der Erzgewinnung in der näheren Umgebung darstellte, waren durch das Aufgeben der Roheisenerzeugung und die Verarbeitung von auswärts bezogenem Halbzeug gemeistert worden. Gleichzeitig hatte man die sich damit bietende Chance, durch Spezialisierung einen Mehrwert zu erhalten und eine herausragende Stellung auf dem Markt zu behaupten, bestmöglich genutzt. In einer Zeit, in der die durch günstige Standortqualitäten und gute Verkehrsverbindungen aufkommende englische Konkurrenz den Wettbewerb nicht allein durch die Qualität der Erzeugnisse, sondern auch durch billige Preise erschwerte, war man im Bergischen Land, insbesondere in Remscheid, gezwun-

55 Müller, Herzogtum (wie Anm. 30), S. 571 (mit Verweis auf Konrad Frohn).

56 Severin-Barboutie, Großherzogtum (wie Anm. 47), S. 34 und 61.

57 Müller, Herzogtum (wie Anm. 30), S. 571 und 598; Wessel, A. Mannesmann (wie Anm. 6), S. 20.

58 Beugnot, Reisetagebuch (wie Anm. 54), S. 188.

gen, für eine deutlich bessere Verkehrserschließung und Anbindung an die Fernstraßen und die Verschiffungshäfen zu sorgen.

Über leistungsfähige Kommunikationseinrichtungen verfügte man auch anderen Orts nicht. Weil Fahrposten gute Verkehrswege benötigen, machten die seit der zweiten Hälfte des 17. Jahrhunderts entstehenden Postlinien um Alt-Remscheid einen Bogen. Elberfeld war seit 1719 mit Deutz und seit 1748 mit Düsseldorf verbunden, Solingen seit 1781 mit der Hauptstadt des Herzogtums.[59] In Remscheid wurden Nachrichten durch die Handelsleute, die Metzger, die in der näheren und weiteren Umgebung Vieh aufkauften und nach Remscheid trieben, oder durch private Boten übermittelt. Die großherzogliche Verwaltung unternahm Anstrengungen, dem Postwesen eine allgemeine Verbreitung zu verschaffen. Zwar hielt sich der Erfolg in Grenzen, aber für Alt-Remscheid kam immerhin eine Botenpost mit Elberfeld zustande. Sie verließ Elberfeld werktäglich um 7.00 Uhr in der Frühe und machte sich um 14.00 Uhr von Remscheid aus auf den Rückweg.[60]

Als das Bergische Land preußisch wurde, verfügte Alt-Remscheid trotz weltweiter Verkehrs- und Handelsbeziehungen noch über keine leistungsfähigen Verkehrsverbindungen; beispielsweise gab es noch keine ausgebaute Straße nach Westfalen, die von Remscheid aus direkt zu erreichen gewesen wäre. Die Beförderungskosten waren zu hoch. Sie waren in Verbindung mit der geringen Leistungsfähigkeit der vorhandenen Verkehrsmittel immer weniger in der Lage, unter einem konkurrenzfähigen Preisanteil den ständig wachsenden Verkehr zu bewältigen. Weil sämtliche Rohstoffe und ein rasch wachsender Anteil der Nahrungsmittel sowie alle Genussmittel herangebracht und die exportorientierten Fertigwaren abgefahren werden mussten, wurden die nicht ausreichenden und sich laufend verschlechternden Verkehrsprobleme für das Bergische Land und insbesondere für Alt-Remscheid, existenzbedrohend.

Hinzu kamen die Handelsrestriktionen durch die innerdeutschen und innereuropäischen Zollschranken. Zwar hatte Preußen 1818 alle Zollschranken innerhalb des Königreichs beseitigt,[61] aber der neue große Binnenmarkt konnte vor allem von den Gewerben in den westlichen Grenzgebieten wegen der unzulänglichen Verkehrsmittel noch nicht erschlossen werden. Außerdem waren die einseitig landwirtschaftlich geprägten östlichen Teile Preußens kein Ersatz für die in West- und Südwesteuropa ausgefallenen Absatzgebiete.[62]

Der Remscheider Handelsvorstand richtete im Mai 1820 ein langes Gesuch an den preußischen Staatskanzler Karl August von Hardenberg, in dem er besonders über das französische Vorgehen klagte: „Nie ist die Not größer, nie das Bedürfnis schleuniger Hilfe dringender gewesen wie jetzt."[63] Während Frankreich früher weit mehr als die

59 MÜLLER, Herzogtum (wie Anm. 30), S. 569.

60 Hans GASPERS, Personenposten im Bergischen Land. Ihre Geschichte und Bedeutung, in: Unsere bergische Heimat 5/1956.

61 W. E. LINDNER, Das Zollgesetz von 1818 und Handel und Industrie am Niederrhein, Diss. Bonn 1911.

62 Wilhelm TREUE, Wirtschaftszustände und Wirtschaftspolitik in Preußen 1815–1825 (VSWG Beihefte 31), Stuttgart/Berlin 1937, S. 229.

63 GSTA PK, Rep. 74 K XII 1, vol. 1.

Hälfte der Remscheider Unternehmen ausschließlich beschäftigt hätte, sei man nun mit Kräften bemüht, Remscheider Unternehmen zur Übersiedlung nach Frankreich zu bewegen oder sie in Remscheid „zu Grund zu richten". Dazu würden die Zölle erhöht, die Einwanderung und die Gründung von Fabriken gefördert.[64]

Dem Wunsch der Remscheider Kaufleute, mit Frankreich einen Handelsvertrag abzuschließen, entsprach Hardenberg nicht. Er mahnte zur Geduld; denn Frankreich würde sich durch sein Vorgehen selbst schaden und „die Bergischen Fabriken, welche [...] seit Jahrhunderten bestanden haben, werden die Rückkehr [...] zu Grundsätzen, wie sie seinem eigenen wohlverstandenen Interesse angemessen sind, ohne begründete Besorgnis für ihre Existenz erwarten können".[65] Darauf wollten und konnten sich die Remscheider nicht verlassen. Sie orientierten sich um und erschlossen sich andere Absatzgebiete. Josua Hasenclever baute seine Handelsverbindungen von Buenos Aires bis nach Boston aus und wandte sich nach Rio de Janeiro und Bahia. 1824 schrieb er: „Mexiko, Kolumbia und Brasilien werden mit der Zeit herrliche Länder für Europa werden."[66]

Das Unternehmen A. Mannesmann bediente die Überseemärkte durch fremde Handelsunternehmen und konzentrierte sich beim Direktabsatz auf Kontinentaleuropa. Auf Empfehlung von Geschäftsfreunden aus Lüttich und Luxemburg bereiste Arnold Mannesmann die iberische Halbinsel bearbeitete mit großen, auch körperlichen Anstrengungen Spanien und Portugal für den regelmäßigen Absatz seiner Feilen und vieler anderer Artikel, darunter sogar tausende von in Köln gemalten Heiligenbildern. Sein Nachkomme Dr. Fritz Mannesmann erinnerte sich später an diese Reisen „in eisigen Schneestürmen in elenden Postkutschen über die Sierra Nevada" sowie an Übernachtungen „in schlechten Herbergen." Es war für Arnold Mannesmann eine Erholung, wenn er von einem spanischen Seehafen aus mit dem Schiff über die Niederlande nach Hause zurückkehren konnte. 40 Jahre lang, bis 1874, nahm er diese Reisestrapazen auf sich. Dann zwang ihn seine angegriffene Gesundheit, das „spanische Geschäft" nur noch schriftlich zu betreiben und die Reisen nach Belgien und Luxemburg seinem ältesten Sohn zu überlassen.[67]

Bereits im ersten Drittel des 18. Jahrhunderts war der Mangel an Holzkohle[68] so groß gewesen, dass nur noch derjenige die Genehmigung zum Betrieb eines Hammerwerks erhielt, der gesicherten Nachschub an Holzkohle nachweisen konnte, ohne die Waldbestände rings um Alt-Remscheid nachhaltig zu schädigen. Als Nemnich und Beugnot in der französischen Zeit Remscheid besuchten, war die Holzkohle knapp und vor allem

---

64 Ebd.; vgl. Martin Kutz, Deutschlands Außenhandel von der Französischen Revolution bis zur Gründung des Zollvereins (VSWG-Beihefte 61), Wiesbaden 1974.

65 Treue, Wirtschaftszustände (wie Anm. 62), S. 227.

66 Josua Hasenclever, Erinnerungen aus meinem Leben, (Remscheid) 1915, S. 8; Adolf Hasenclever, Josua Hasenclever. Erinnerungen und Briefe, Halle an der Saale 1922, S. 148 u. 170; vgl. Michael P. Zerres, Hasenclever. Quellen zur Geschäftstätigkeit eines Handelshauses, Frankfurt a.M. 1978.

67 Schreiben von Dr. Fritz Mannesmann an Walter Schlieper vom 28. Februar 1960; Salzgitter AG-Konzernarchiv/Mannesmann-Archiv, M 20.006; vgl. Horst A. Wessel, Tüchtige Handwerker – geniale Ingenieure – wagemutige Unternehmer. Vier Generationen der Familie Mannesmann in Remscheid (1768–1950), Essen 2019, S. 31–33.

68 Einen Mangel an Holzkohle, die auch auf dem Kölner Markt verkauft wurde, hat Janssen, Bergische Land (wie Anm. 4), S. 118, bereits für das ausgehende Mittelalter festgestellt.

teuer geworden; die Remscheider Schmiede waren in wachsendem Umfang auf Steinkohle angewiesen. Das war für die Region schwierig; denn die Kohlenreviere lagen im Norden an der Ruhr. Dorthin führten keine leistungsfähige Straßen. Bei Nemnich erfahren wir:

> *Remscheid, ein überhaupt armer und unfruchtbarer Distrikt, besitzt weder Eisenerze noch Steinkohlen. Die letzteren müssen aus der Grafschaft Mark, in einer Entfernung von 5 bis 6 Stunden zu Pferde, und auf den schlechtesten Wegen, hierher transportiert werden, wodurch dieses Material sehr teuer zu stehen kommt* [...] *Das Eisen kommt aus Siegen und den Rheinhütten, in (Form) dort gefertigter Stangen, welche dann in den zahlreichen Remscheider Raffinier-Reckhämmern, zum Gebrauch der Kleinschmiede, angemessen bearbeitet werden. Der auf den Remscheider Raffinier-Hämmern zu veredelnde Rohstahl wird aus verschiedenen Gegenden bezogen. Vorzüglich bedient man sich des Siegenschen Loher*[69] *Stahls; dann auch des Kölnischen*[70]*, Plettenberger und Freudenberger Stahls. Die Enneper Straße*[71] *liefert ebenfalls Rohstahl. Der Loher Stahl* [...] *ist der beste; er besitzt eine vorzügliche Härte und Geschmeidigkeit. Er eignet sich besonders zu Schneidwaren, als: Messer, Meissel und vornehmlich Sensen. Der Freudenberger Rohstahl kommt dem Loher an Qualität am nächsten. Der Kölnische Rohstahl, aus dem sog. Kölnischen Sauerlande, und der Plettenberger haben viel Härte und Sprödigkeit und eignen sich, nach einer gehörigen Bearbeitung und Auswahl der Sorte, besonders zu Feilen. Durch vielfältige Erfahrung, und bei einer genauen Kunde der verschiedenen Rohstahlsorten, besitzen die Remscheider eine vorzügliche Geschicklichkeit, die ausgewählten Arten in ihren Raffinier-Stahlhämmern so zu verbinden und ineinander zu verschweißen, dass die für jedes Werkzeug am besten geeignete Qualität produziert wird.*[72] *Je nach Verwendungszweck gibt es Messerstahl, Sensenstahl, Sägenstahl, Feilenstahl, Kutschfederstahl usw. Der Münzstahl (zur Herstellung) von Münzstempeln ist der feinste Stahl.*[73]

Der preußische Staatsrat Kunth kam zu Beginn des Jahres 1816 in einem Untersuchungsbericht über die Straßenverhältnisse zu dem Ergebnis: „Bei besseren Straßen hätte Remscheid sich schon längst zu einem zweiten Birmingham entwickelt“[74] – Birmingham war das Zentrum der überragenden englischen Werkzeugindustrie!

---

69 Lohe, ein Dorf im ehemaligen Fürstentum Siegen.

70 Aus dem Sauerland, dem ehemaligen Herzogtum Westfalen.

71 Ein bereits in der vorindustriellen Zeit verdichtetes eisengewerbliches Gebiet am Fluss Ennepe in der ehemaligen preußischen Grafschaft Mark; die preußische Verwaltung hatte eine Chaussee bauen lassen. In großherzoglicher Zeit bildete die Region eine Mairie, in der darauf folgenden preußischen Zeit das Amt Enneperstraße; vgl. Alfred Stolle, Das Verkehrswesen im Ennepe-Ruhrkreis, Diss. Köln 1933, Emsdetten 1934.

72 Zum Werkzeugstahl siehe Karl Roesch, 1000 Jahre Werkzeugstahlerzeugung im Bergischen Land (Heimatkundliche Hefte des Stadtarchivs Remscheid 15), Remscheid 1983.

73 Nemnich, Chronik (wie Anm. 4), S. 158.

74 Zit. bei Treue, Wirtschaftszustände (wie Anm. 62), S. 103.

Letztlich führte jedoch kein Weg an der Ablösung der Holzkohle durch Steinkohle vorbei. Die nächsten Bergwerke befanden sich in Sprockhövel und in Haßlinghausen. Diese waren zwar in Luftlinie weniger als 20 km entfernt, aber es gab zunächst keine für Wagen passierbare Verbindung. Außerdem musste die Wupper überschritten werden. Beide lagen vor der Eingliederung des Bergischen Landes im Preußischen Staat, weil sie märkisch waren, im Ausland. Zu den hohen Transportkosten kamen daher noch Zollabgaben hinzu.

Analog zur Zufuhr von Roheisen bildete sich für den Steinkohleimport sogenannte Kohlenstraßen heraus: von Haßlinghausen über Schwelm und Beyenburg bzw. über Barmen und Ronsdorf nach Alt-Remscheid; von Sprockhövel über Elberfeld nach Remscheid. Die heutige Hochstraße in Remscheid hieß früher Kohlestraße.[75] Allerdings ist auch hier die Bezeichnung Straße, zumindest für die letzte Etappe bis zum damaligen Siedlungsrand, irreführend; denn ab Ronsdorf bzw. Cronenberg führte die Strecke bis Mitte des 19. Jahrhunderts durch enge Hohlwege und schmale Pfade sowie über steile Abhänge zu den Schmieden und Hammerwerken. Wagen konnten hier fast gar nicht zum Einsatz kommen. Die Kohle wurde in Säcke abgefüllt und mit einem Gewicht von zwei bis drei Zentner auf dem Rücken von Pferden transportiert. Hunderte von Kohletreibern („Kollprüßen“) waren mit ihren Pferden werktäglich auf diesen Routen mit einer Durchschnittsgeschwindigkeit von etwa 3 km/h unterwegs.[76]

Legt man die von Hans Jürgen Roth mitgeteilten Zahlen zugrunde[77], so hatten bereits Ende des 18. Jahrhunderts die 131 Feuerbetriebe in Alt-Remscheid einen Bedarf von insgesamt knapp 1.500 Zentner Kohlen pro Tag. Rechnet man pro Tragtier drei Zentner, dann kommt man auf etwas weniger als 489 Pferdetransporte auf dem Weg zu den Gruben bzw. dem späteren Zwischenlager an der Ruhr und zurück nach Alt-Remscheid pro Tag. Da bei einer Geschwindigkeit von gut 3 km/h für die Wegstrecke mehr als 5 Stunden benötigt wurden, dürfte einschließlich der Pausen täglich nur eine Tour möglich gewesen sein; demnach wären pro Tag auf diesen Strecken im Durchschnitt 69 Pferde pro Streckenkilometer unterwegs gewesen – eine schier unendliche Karawane! Wenn man nur drei Stunden für eine Wegstrecke rechnet, dann kommt man unter denkbar günstigen Verhältnissen auf zwei Touren pro Tag und „nur“ die Hälfte an Pferden; aber auch das wäre noch erstaunlich viel. Allerdings hatten Remscheid, Cronenberg, Solingen und Burg im ersten Drittel der 1830er Jahre nach der amtlichen Feststellung des Landratsamts einen Kohlenbedarf von nicht weniger als 43.000 t Kohlen.[78] Rechnet man davon die Hälfte auf Remscheid, so liegt man nicht viel unter dem uns so hoch erscheinenden Wert.

Wie dem auch sei – so war auf längere Sicht der englischen Konkurrenz nicht beizukommen. Das erkannte auch die preußische Verwaltung und investierte in den Bau von Kunststraßen und später von Dampfeisenbahnen. Es ging ihr darum, Alt-Remscheid

75 Vgl. ROTH, Geschichte (wie Anm. 8), S. 103–105; BANKEN, Verkehrsentwicklung (wie Anm. 2), S. 312.

76 Vgl. ROTH, Geschichte (wie Anm. 8), ebd.

77 Ebd., S. 104.

78 Friedrich HARKORT, Die Eisenbahn von Minden nach Cöln, Hagen 1961, S. 22; vgl. Hans HÖRING, Die Entwicklung wirtschaftspolitischer Aufgaben und Meinungen im Wuppertal von 1800–1871, Wuppertal-Elberfeld 1930, S. 51.

möglichst rasch in das Verkehrsnetz einzubinden und aus seiner Sacklage zu befreien. Dazu sollten zunächst die Straßen auf den Abschnitten 1. Trecknase-Birgderkamp-Ehringhausen-Burg, 2. Birgderkamp-Gerstau und 3. Vieringhausen-Müngsten ausgebaut werden. Die Verbindungsstraßen innerhalb von Alt-Remscheid, also zu den Höfen, sollten erst später planiert und befestigt werden.[79]

Die Anfang der 1830er Jahre fertig gestellte sieben Kilometer lange Straße nach Wermelskirchen ebnete dem Verkehr nach Köln und zu den Rheinhäfen den Weg. Die nach Radevormwald erlaubte endlich einen leistungsfähigen Verkehr ins Märkische und ins Sauerland. Die für den Kohletransport wichtige Straße nach Ronsdorf konnte erst 1845 fertiggestellt werden; die schnellere Verbindung zum Rhein durch das Wuppertal von Sonnborn über Opladen ließ noch länger auf sich warten. Dabei wurden für den Bau nicht allein öffentliche Gelder verwendet. Überall standen bis etwa Mitte der 1870er Jahre Barrieren bzw. Schlagbäume, an denen für die Benutzung eine Gebühr erhoben wurde, beispielsweise in Birgderkamp und in Preyersmühle.[80]

Normalerweise sollten die Straßen keine Steigungen von mehr als knapp 6 %[81] haben. Weil sich das in der Remscheider Region nicht immer realisieren ließ, wurden ausnahmsweise auch Steigungen von bis zu 12 %, also mehr als das Doppelte, erlaubt. Auf jeden Fall sollte nach Möglichkeit kein teurer und zeitaufwendiger Vorspann erforderlich sein. Auch jetzt noch musste ein Teil der Straßenbau- und -unterhaltungsarbeiten von den anliegenden Gemeinden durch Hand- und Spanndienste unentgeltlich übernommen werden. Die Kosten beliefen sich auf 20.000 bis 50.000 Taler für die Meile neuer Straße und von 500 bis 1.000 Taler für den Unterhalt.

Für das Bergische Land blieben zunächst die großen westöstlich verlaufenden Fernstraßen, allen voran die *Berliner* und die *Westfälische Straße*, von Bedeutung. Sie gehörten zu den verkehrsreichsten im preußischen Staat. Beispielsweise passierten die Hebestelle Mettmann auf der *Westfälischen Straße* 1836 täglich 504 Wagen mit einer Ladung von zehn Zentnern und Beyenburg auf der Kölnischen Straße 305 Wagen. Das war gegenüber 1833 eine Steigerung um fast 60 %. Den Löwenanteil unter den transportierten Waren stellten die Nahrungs- und Genussmittel. Allein das Bergische hatte wegen seiner wenig ertragreichen Landwirtschaft, seiner gleichzeitig weiterhin wachsenden Bevölkerung und seines Wohlstands einen außerordentlich hohen Bedarf.

Man schätzt, dass die jährliche Getreidezufuhr fünf bis sechs Mio. Scheffel[82] betrug. Mehr als die Hälfte davon wurde von auswärtigen Märkten bezogen, insbesondere von

---

79 Vgl. Paul THIMME, Straßenbau und Straßenbaupolitik in Deutschland zur Zeit der Gründung des Zollvereins 1825–1833 (VSWG Beihefte 21), Stuttgart/Berlin 1931; Karl ZIMMERMANN, Die Straßenbaupolitik Preußens und seiner Nachbarn westlich der Elbe bis zum Zollverein 1815–1835, in: Rheinische Vierteljahrsblätter 2 (1932), S. 184–204; Rudi GADOR, Die Entwicklung des Straßenbaues in Preußen 1815–1875 unter besonderer Berücksichtigung des Aktienstraßenbaues, Diss. FU Berlin 1966.

80 Preußen erhob 1 bis 3 Silbergroschen je Fahrzeug; auf längeren Strecken wurde die Gebühr mehrfach fällig. Teilweise erinnern noch heute Gemarkungsbezeichnungen und die Namen von Bushaltestellen daran.

81 8 Zoll je Rute, d.h. 20,9 cm je 3,76 m.

82 Dabei handelte es sich um (Berg-)Scheffel mit einem Gewicht von jeweils 1,2 Zentner.

Neuss, Mülheim am Rhein, Herdecke und Witten. Nicht weniger groß waren mit 20.000 Ohm[83] die Ölmengen, die fast ausschließlich der Fruchtmarkt Neuss bereitstellte. Auch Fleisch und Mastvieh kamen vom Niederrhein über Wesel und Neuss, Wein nach wie vor über Köln sowie nun auch über Hitdorf, Kolonialwaren über Duisburg und nun vermehrt über Düsseldorf. Selbst nach der Inbetriebnahme der Düsseldorf-Elberfelder Eisenbahn ging der Verkehr auf der *Westfälischen Straße* erst nur unmerklich zurück, auf der *Berliner Straße*, weil die Eisenbahnverbindung auf sich warten ließ, wuchs das Verkehrsaufkommen zunächst noch an.[84]

Auf guten Chausseen vermochten vierrädrige Wagen mit Mehrfachbespannung das Doppelte und sogar Dreifache gegenüber früher, bis zu 120 Zentner Last zu ziehen, einspännige kaum mehr als zuvor; zweirädrige Karren konnten maximal mit bis zu 16 ½ Zentner beladen werden. Weil die Schwerlastwagen den Unterbau der Straßen in Mitleidenschaft zogen, beschränkte seit 1839 eine Verordnung „Betreffend den Verkehr auf den Kunststraßen" das zulässige Gesamtgewicht je nach Felgenbreite der Räder und Jahreszeit bei vierrädrigen Fahrzeugen auf 100 bis 170 Zentner, bei zweirädrigen auf etwa die Hälfte dieser Werte. Das war gegenüber dem ersten Drittel des 19. Jahrhunderts ein Zuwachs um das Vierfache.[85] Die Tagesleistung betrug 28 bis 30 km. Die Post war mit 11 bis 16 Minuten pro Kilometer etwas schneller; sie schaffte mit dem drei- oder vierspännig fahrenden Wagen die Strecke von Köln nach Berlin in 3 Tagen und 8 Stunden. Im Überlanddienst verkehrten große zwölfsitzige Kutschen („Diligences"). Die Strecke Elberfeld-Köln wurde von der Normalpost in einem Tag bewältigt. Von Düsseldorf aus verkehrte täglich eine Postkutsche ins Bergische Land mit dreimal wöchentlichem Anschluss nach Berlin.[86]

Die Verbindung nach Elberfeld erhielt schließlich für die Stadt eine besondere Bedeutung. Das hing mit der Inbetriebnahme eines ganz neuen Verkehrsmittels, der Dampfeisenbahn, zusammen. Diese ging 1841 auf der Strecke Düsseldorf-Elberfeld als erste Eisenbahn im Westen in Betrieb. Da sie einige Jahre lang die einzige Eisenbahnverbindung in der Nähe blieb, zog sie den Verkehr auch aus dem größeren Umkreis an.[87] Bald verkehrten zwischen Remscheid und Elberfeld sechs Postkutschen pro Tag in beide Richtungen. Wer den Schnellwagen nehmen wollte, der musste vorab reservieren. Häufig begleiteten den normal verkehrenden Wagen noch mehrere Beiwagen. Nach Fertigstellung

83 Ein Ohm entsprach in Preußen 137,4 Liter.

84 HÖRING, Entwicklung (wie Anm. 78), S. 51; ZORN, Neue Teile (wie Anm. 20), S. 346–348.

85 Friedrich Wilhelm von REDEN, Erwerbs- und Verkehrs-Statistik des Königstaats Preußen in vergleichender Darstellung, Bd. 3, Darmstadt 1854, S. 2242; GADOR, Entwicklung (wie Anm. 79), S. 29.

86 Vgl. Heinrich STEPHAN, Geschichte der preußischen Post von ihrem Ursprunge bis auf die Gegenwart. Nach amtlichen Quellen, Berlin 1859; Wilhelm Hermann MATTHIAS, Über Posten und Post-Regale, Bd. 1, Berlin/Posen/Bromberg 1832, S. 265–270; K ZIMMERMANN, Straßenbaupolitik (wie Anm. 79), 180; Martin DAMMER, Hans SUER (Hg.), 100 Jahre OPD Düsseldorf. Ein Rückblick auf die Geschichte des Post- und Fernmeldewesens am Niederrhein, Düsseldorf 1949, S. 38.

87 Vgl. Horst A. WESSEL, Die Düsseldorf-Elberfelder Eisenbahn und ihre Bedeutung für die Standortqualitäten Düsseldorfs und seiner Umgebung, in: Peter HENKEL (Hg.), Die Stadt Gerresheim vor der Eingemeindung (1909). Ihr Beitrag zur Düsseldorfer Stadtentwicklung (Studien zur Düsseldorfer Wirtschaftsgeschichte 7), Düsseldorf 2010, S. 49–70.

der Straße nach Müngsten erhielt Remscheid eine weitere Postlinie – es war die, die am längsten betrieben wurde, nämlich bis 1897, bis zur Fertigstellung der Müngstener Brücke. Die Fahrt nach Langenfeld, wo der Wagen entlang der Rheinschiene erreicht wurde, dauerte bei guter Witterung drei Stunden, in den Frostperioden wesentlich länger.[88]

Die Kommunikationsverbindungen waren immer noch nicht besser als die Postverbindungen allgemein. Nachrichten konnten zunächst nicht schneller verbreitet werden, als ein Expressreiter unterwegs war. Zwar gab es ab 1834 eine optische Telegrafenverbindung von Berlin über Köln nach Koblenz, die sogar die Region berührte – Stationen waren in Radevormwald und Buchholzen/Wermelskirchen[89] –, aber dieser Telegraf diente systembedingt[90], nur der Übermittlung staatlicher und militärischer Nachrichten. Eine öffentliche elektrische Telegrafenverbindung erhielt Remscheid erst 1863 als Station der Linie Elberfeld-Solingen; das war 14 Jahre nach der Einführung der elektrischen Telegrafie in Preußen.

Das öffentliche Telegrafenwesen entwickelte sich langsam. Das Verlangen nach einer schnellen Nachrichtenübermittlung wuchs mit den intensiver und leistungsfähiger werdenden Verkehrs- und Versorgungs- bzw. Absatzverflechtungen. Für Remscheid erlangte das moderne Kommunikationsmittel besondere Bedeutung, nachdem 1855 der Westeuropäische Telegrafenverein gegründet worden war und sich drei Jahre später mit dem bereits seit 1849 bestehenden Deutsch-Österreichischen Telegrafenverein zusammengeschlossen hatte. Nordamerika wurde mittels Telegrafenseekabel dauerhaft 1866 angeschlossen. Der Welttelegrafenverein war bereits ein Jahr zuvor gegründet worden.[91]

Lennep war immer noch hinsichtlich seiner Verkehrsanbindung weitaus besser gestellt als Alt-Remscheid. Erst dreimal wöchentlich, bald werktäglich gingen von Lennep aus reitende Boten in schließlich neun Richtungen, auch nach Remscheid, ab. Daneben gab es die fahrende Post, die auch Personen beförderte. Sie verkehrte erst einmal, ab der Mitte des Jahrhundert zweimal werktäglich. Ferner fuhr einmal pro Woche eine zweispännige Kutsche von Elberfeld über Lüttringhausen und Lennep sowie Olpe und Siegen nach Wetzlar. Diese Verbindung wurde ab 1823 von einem zweimal wöchentlich fahrenden Eilwagen bedient. Er verließ Elberfeld um die Mittagszeit und erreichte Wetzlar planmäßig am Abend des nächsten Tages. 25 kg Gepäck waren im Fahrpreis inbegriffen; wer nur Handgepäck mit sich führte, erhielt eine Ermäßigung von 25 %. Wer nach Düsseldorf wollte, der fuhr bis Elberfeld und erreichte in drei Stunden mit einem Wagen, der acht Personen Platz bot,

88 Vgl. ROTH, Geschichte (wie Anm. 8), S. 110–112.

89 LAV NW, Regierung Düsseldorf Präsidium, Nr. 1486, Bl. 1, Schreiben des Oberpräsidenten der Rheinprovinz an den kgl. Regierungspräsidenten zu Düsseldorf vom 8. Mai 1833; ebd., Bl. 2, Schreiben des Regierungspräsidenten an die Landräte zu Elberfeld, Lennep, Opladen vom 11. Mai 1833.

90 Zwei Telegramme pro Tag – ein Verkehr war nur bei gutem Wetter möglich – waren das Maximum.

91 Vgl. Horst A. WESSEL, Der Einfluss des Militärs in der staatlichen Telegrafie, in: Archiv für deutsche Postgeschichte 1979, H. 1, S. 86–98, hier bes. S. 86–87; DERS., Die Entwicklung des elektrischen Nachrichtenwesens in Deutschland und die rheinische Industrie. Von den Anfängen bis zum Ausbruch des Ersten Weltkrieges (Zeitschrift für Unternehmensgeschichte, Beiheft 25), Wiesbaden 1983, S. 141–145; DERS. Grenzüberschreitende Kommunikation mittels Telegraf und Telefon, in: DERS. (Hg.), Strom ohne Grenzen. Internationale Aspekte der Elektrotechnik (Geschichte der Elektrotechnik 23), Berlin/Offenbach 2008, S. 67–102, hier S. 73–75.

sein Ziel. Mit der Dampfeisenbahn ging es ab 1841, trotz der Schwierigkeiten an der Steilstrecke Erkrath-Hochdal noch weitaus schneller. Reisende nach Köln nahmen ab Lennep donnerstags um 6.00 Uhr in der Frühe einen gefederten sechssitzigen Wagen.[92]

Die Post war teuer. Die normale Personenpost kostete pro (preußische) Meile[93] acht bis neun Silbergroschen, die Schnellpost zehn Silbergroschen[94]. Demnach bezahlte man für die Fahrt von Elberfeld nach Köln 1 Taler und 10 Silbergroschen. Bei Briefen und Paketen spielte neben der Entfernung auch das Gewicht eine Rolle. Musste die Sendung zugestellt werden, dann war zusätzlich ein Bestellgeld zu entrichten. In der Regel wurden zunächst die eingegangenen Sendungen durch Anschlag bekannt gegeben und vom Empfänger selbst abgeholt. Weil jedoch der Briefverkehr immer größeren Umfang annahm, wurde zu Beginn des Jahres 1825 die Zustellpflicht eingeführt; das Bestellgeld in Höhe von einheitlich ½ Silbergroschen wurde unabhängig vom Porto beim Empfänger kassiert. Das bedeutet allerdings nicht, dass die Hofschaften oder die Einzelgehöfte ab dem genannten Jahr versorgt worden wären. Zwar wurde die Landzustellung in Preußen ab 1824 versuchsweise an einigen Postanstalten eingeführt. Aber nicht an jedem Tag. Zweimal pro Woche wurde ein Bote über Land geschickt, der die eingegangene Post zustellte und die zu verschickende Post einsammelte. Allgemein bestand die Landzustellung erst ab 1846; Pakete wurden nur von wenigen Postämtern zugestellt.[95]

Verkehrserleichterungen sowie insbesondere die Konkurrenz durch die Eisenbahn führten zu mehrmaliger Reduzierung der Portosätze und Personentarife. Schließlich kostete die Beförderung eines Briefes noch ein bis drei Silbergroschen.[96] Das war offensichtlich im Ortsverkehr nicht allein von Remscheid immer noch zuviel; denn private Botendienste vermochten immer noch mit der staatlichen Post zu konkurrieren. Deshalb ermäßigte die Post in den Kreisen Elberfeld, Solingen und Lennep noch einmal das Briefporto.[97] Bei Paketen ermäßigten sich beim Eisenbahntransport die Beförderungskosten um etwa die Hälfte. Die Personentarife blieben jedoch in etwa gleich.[98] In „Deutschland. Ein Wintermärchen", das der in Düsseldorf geborene Dichter Heinrich Heine anlässlich seiner letzten Reise durch Deutschland in den 1840er Jahre geschrieben hat, heißt es:

> *Von Cöllen bis Hagen kostet die Post fünf Thaler sechs Groschen preußisch.*
> *Die Diligence war leider besetzt, und ich kam in die offene Beyschais'.*
> *Ein Spätherbstmorgen, feucht und grau. Im Schlamme keuchte der Wagen;* [...].[99]

---

92 Vgl. Dammer/Suer (Hg.), 100 Jahre (wie Anm. 86).

93 Landmeile/geographische Meile; in Preußen 7,532 km.

94 30 Silbergroschen waren ein Taler, die größte Silbermünze; mit Einführung der Mark-Währung im Jahre 1871 hatte der Taler einen Kaufwert von drei Mark.

95 Vgl. Dammer/Suer (Hg.), 100 Jahre (wie Anm. 86), S. 68–73.

96 Stephan, Geschichte (wie Anm. 86), S. 728, 747 und 754.

97 Beiträge zur Geschichte der Post in Westfalen, Münster (1969), S. 86.

98 Stephan, Geschichte (wie Anm. 86), S. 749 und 754; Ludolf von Camphausen, Zur Eisenbahn von Cöln nach Antwerpen, Cöln 1835, S. 7.

99 Heinrich Heine, Werke in fünf Bänden, Bd. 2: Deutschland – Ein Wintermärchen, Berlin/Weimar 1967, S. 113.

Solange die englische Konkurrenz nicht auf die von den Remscheider Herstellern bedienten Märkte drängte, waren die Transportkosten zwar von Bedeutung, aber nicht entscheidend gewesen. Immerhin machten diese beim Verkaufswert der hochwertigen Remscheider Erzeugnisse nur den kleineren Teil aus. Auch beim Absatz über große Entfernungen blieb noch so viel übrig, dass Produzenten und Händler samt Familien den Lebensunterhalt sichern konnten. „Denn jedes Erzeugnis einer bestimmten Gegend kann mit Gewinn nur so weit versandt werden, dass sein ursprünglicher Verkaufspreis – unter Hinzurechnung der Transportkosten – die Preise gleicher Waren am Bestimmungsorte nicht übersteigt."[100] Zwischen Düsseldorf und Elberfeld, einer Strecke mit hohem Frachtaufkommen in beiden Richtungen und einem entsprechend großem Angebot an Verfrachtungsmöglichkeiten, rechnete man sechs Silbergroschen pro Zentner und Meile.[101] Auf der mit Pferden betriebenen Kohlenbahn im Deilbachtal waren acht bis neun Silbergroschen pro Scheffel zu zahlen.[102]

Wiederholt ist deutlich geworden, dass die Transportkosten nicht allein für die Beschaffung der Rohstoffe und Halbzeuge sowie für den Absatz der Fertigerzeugnisse, sondern auch für den Bezug der Nahrungs- und Genussmittel relevant waren. Zwar stiegen die Lohneinkommen im 19. Jahrhundert, aber bis in die 1870er Jahre nur nominell, während die Reallöhne sogar fielen. 1835 lag das durchschnittlice Lohneinkommen je Erwerbsperson bei 80 bis 100 Taler, dagegen 1873 bei 270 Taler und das bei Arbeitszeiten von bis zu 15 Stunden pro Tag. Erst ab 1895 stiegen die Realeinkommen deutlich an. Die Agrarpreise hatten sich im Zeitabschnitt von 1835 bis 1873 jedoch verdoppelt.[103] Zumindest in dieser Zeit hatten die fallenden oder nur unzureichend gestiegenen Realeinkommen die zusätzlichen Lebenshaltungskosten nicht ausgleichen können.

Da zwar sukzessive die nach Remscheid bzw. aus der Stadt hinausführenden Straßen in einen guten Zustand gebracht wurden, nach wie vor aber große Gefälle zu bewältigen waren, kann man für die Mitte des 19. Jahrhunderts nicht davon ausgehen, dass die Fuhrwerke die Maximalbeladung bewältigen konnten. Es konnte jedoch bedeutend mehr und auch schneller als früher transportiert werden – und das zu wesentlich niedrigeren Preisen. Der Fuhrlohn[104] von Wald nach Alt-Remscheid für 30 Zentner Ladung betrug 1814 bei immer noch schlechter Straße 12 ½ Taler; das waren etwas mehr als 2 Taler pro Stunde Transportweg; dagegen waren für die gleiche Fuhre nach Köln auf guter Straße im Durchschnitt nur 1 ⅓ Taler zu zahlen.[105]

Auf die Entwicklung der Stadt wirkten sich die verbesserten Verkehrsverhältnisse positiv aus; denn vom Verkaufspreis für die Remscheider Erzeugnisse blieb mehr übrig.

---

100 Johann Georg von VIEBAHN, Statistik und Topographie des Regierungsbezirks Düsseldorf, Düsseldorf 1836, S. 148.

101 Ebd., S. 181.

102 Ein (Berg-)Scheffel hatte 1,2 Zentner.

103 Friedrich-Wilhelm HENNING, Handbuch der Wirtschafts- und Sozialgeschichte Deutschlands, Bd. 2: Deutsche Wirtschafts- und Sozialgeschichte im 19. Jahrhundert, Paderborn u.a. 1996, S. 738–742 und 1099.

104 Einschließlich Wege- und Brückengelder.

105 WESERMANN, Taschenbuch (wie Anm. 21), S. 17.

Mehr Menschen konnten jetzt durch eine Tätigkeit in der gewerblichen Produktion und im Handel ihren Lebensunterhalt sichern. 1808 hatte die Stadt mehr als 5.000 Einwohner gezählt, zwei Jahre später waren es nach einer genauen Zählung 6.847, 1831 jedoch schon 9.410. Die eigentliche Stadt um die Kirche herum zählte damals 1.460 Einwohner. Dazu kamen 79 Hofschaften, beispielsweise Bliedinghausen mit 405 Einwohnern und Stachelhausen mit 411 Einwohnern.[106] Etwa die Hälfte der in der Gemarkung lebenden Menschen arbeitete gewerblich, fast die andere Hälfte im Handel; die Landwirtschaft spielte nur als Nebengewerbe eine Rolle.[107]

Da war es gut, dass eine im Vergleich zu früher bessere, d.h. schnellere und vor allem preiswertere Versorgung der Einwohner aus auswärtigen Quellen möglich wurde. Remscheid musste inzwischen mehr als die Hälfte des Getreides und seines Bedarfs an Fleisch sowie fast sämtliche Genussmittel von auswärtigen Märkten beziehen. Auch die Roh- und Hilfsstoffe sowie Halbzeuge stammten fast vollständig von außerhalb, das Roheisen außer wie zuvor aus dem Siegerland auch aus der Eifel sowie im wachsenden Umfang aus England – das nach dem neuen Schmelzverfahren mit Steinkohlen gepuddelte englische Material war fast um die Hälfte billiger als das mit Holzkohle gewonnene Halbzeug. Hier spielte außerdem der Transport mit Schiff und Bahn eine Rolle. Nicht vergessen dürfen wir in dem Zusammenhang den erleichterten Absatz der Remscheider Erzeugnisse.[108]

Der Hinweis auf das preiswerte englische Halbzeug mahnte, in den Anstrengungen zur Verbesserung der Standortbedingungen durch noch leistungsfähigere Verkehrsverbindungen nicht nachzulassen. In Köln hatte das Handelshaus A. J. M. Moritz mit Erfolg den Vertrieb von englischem Eisen übernommen. 1829, wenige Jahre nachdem in Deutschland die ersten Puddelwerke in Betrieb gegangen waren, war die Menge des von Köln rheinabwärts versandten deutschen Eisens „um ein Vielfaches geringer“ als die rheinaufwärts gehenden Eisenwaren. Das englische Eisen war noch an der Ruhr um die Hälfte billiger als das Siegener Holzkohleeisen aus den Siegener Hütten.[109] Im Fürstentum Siegen, in dem um 1820 noch Dreiviertel des gesamten deutschen Stahlverbrauchs erzeugt wurde, ging die Zahl der Eisengruben, der Eisenhämmer und Feuer bis 1839 deutlich zurück.[110] 1831 entstand der Verein der Stahlwerkbesitzer im Siegerland, der sich u.a. um einen Zollschutz bemühte.

Die Handelskammer machte in den 1830er Jahren immer wieder auf die wenig leistungsfähigen Verkehrsverbindungen aufmerksam. Zunächst ging es um mehr ausgebaute Stra-

106 Zu den Hofschaften siehe Erwin STURSBERG, Remscheid und seine Gemeinden. Geschichte, Wirtschaft, Kultur, Remscheid 1969.

107 VIEBAHN, Statistik (wie Anm. 100), S. 145.

108 Ebd., S. 144, 148, 165, 181 und 189; REDEN, Erwerbs- und Verkehrsstatistik (wie Anm. 85), B. 2, S. 1178; M. von EGIDY, Darstellung der gewerblichen und statistischen Verhältnisse zur Beurteilung der künftigen Frequenz (der Bahn von Cöln nach Minden), in: Rhein. Eisenbahngesellschaft, Vorarbeiten und Verhandlungen zur Weiterführung der Rhein. Eisenbahn von Cöln bis an die Landesgrenze nach Minden, (Cöln) 1841, S. 26; Handelsarchiv, S. 187–200.

109 Hans KRUSE, Das Siegerland unter preußischer Herrschaft, Siegen 1915, S. 94.

110 Adolf SCHUCHARD, Die Entwicklung des Siegerländer Erzbergbaus und der Eisenindustrie, Düsseldorf 1926, S. 13.

ßen. Hier konnte man mit Unterstützung durch die Provinzialregierung, die seit 1807 über einen eigenen Straßenbaufonds verfügte, wesentliche Verbesserungen erreichen.[111] Innerhalb der kommunalen Grenzen tat sich noch lange viel zu wenig. Dabei vergab der Staat seit etwa Mitte des 19. Jahrhunderts Prämien für den Bau von Kommunalstraßen; außerdem durften seit 1850 Abgaben für die Benutzung erhoben werden, die zumindest einen bedeutenden Teil der Unterhaltungskosten abdeckten. Allerdings musste der größte Teil der finanziellen Lasten für Bau und Unterhalt von den Kommunen getragen werden.[112]

Das Morsbachtal mit seinen vielen Kotten war auch noch in der zweiten Hälfte des 19. Jahrhunderts nur auf schlechten Wegen zu erreichen. Der umfangreiche Lastverkehr wurde zu Fuß oder mit kleinen Eselskarren bewältigt. Der Remscheider Moritz Böker (1853–1933) erinnerte sich, als Kind allabendlich eine ganze Karawane dieser Fahrzeuge gesehen zu haben.[113] Selbst in Alt-Remscheid begann man erst um die Wende zum 19. Jahrhundert mit der Pflasterung. Nach ausgiebigen Regengüssen waren manche Straßen, wie der Remscheider General-Anzeiger 1906 schrieb, eine „Laawermott". Wenn es nicht regnete, wurden sie zur Staubwolken aufwirbelnden „Sandwüste".[114]

Nachdem bis etwa 1850 der Anschluss an das inzwischen chausseemäßig ausgebaute Fernstraßennetz erreicht war, bemühte man sich verstärkt um einen Eisenbahnanschluss bzw. die Einbindung in das entstehende Eisenbahnnetz. Die Eisenbahn war von Anfang an schneller als der Verkehr über die Straße – auch über gut ausgebaute Chausseen. Denn wegen der Langsamkeit der traditionellen Verkehrsmittel mit Tieren als Antrieb ließ sich eine wesentliche Verbesserung für den großen Verkehr nicht erreichen. Der Transport über die Schiene bedeutete zugleich eine Kostenreduzierung um mehr als 40 % gegenüber dem auf der Straße. Zwar hatten sich die Kosten für den Transport auf der Straße von etwa 3 g Silber je t/km auf 1,8 – 2,2 g Silber verringert, aber die Eisenbahn verlangte für die gleiche Menge über die genannte Strecke nur 0,2 g Silber.[115] Damit war die Anbindung an das Schienennetz für die Remscheider Industrie in Anbetracht des zunehmenden Wettbewerbs inzwischen zu einer Lebensfrage geworden.[116]

Viel wichtiger als die Düsseldorf-Elberfelder Eisenbahn wäre für Remscheid eine Eisenbahnverbindung von den Kohlerevieren in Sprockhövel und Dortmund nach Elberfeld und darüber hinaus bis Remscheid gewesen. Denn die vorhandenen Straßen standen auch jetzt noch hinsichtlich ihrer Verkehrswertigkeit weit hinter denen zurück, die ins Rheintal bzw. dem Rhein entlang führten. Die hohen Transportkosten für Kohlen erschwerten die Wettbewerbsfähigkeit der Remscheider im Vergleich mit den englischen Herstellern entscheidend:

---

111 Rolf MÖRCHEN, Die Entwicklung des rheinischen Steinstraßenbaus unter besonderer Berücksichtigung der letzten 100 Jahre, Emsdetten 1936.

112 Otto von MÜLMANN, Statistik des Reg.-Bez. Düsseldorf (Gewerbestatistik von Preußen, III. Teil), Bd. 2, Iserlohn 1867, S. 657; LIEBRECHT, Topographisch-statistische Beschreibung nebst Ortsverzeichnis des Reg.-Bez. Arnsberg (Düsseldorf) 1868, S. 126.

113 Zit. bei ROTH, Geschichte (wie Anm. 8), S. 124.

114 Remscheider General-Anzeiger vom 16. Mai 1898 u. vom 9. Januar 1906.

115 HENNING, Handbuch (wie Anm. 103), S. 204.

116 Vgl. HOLSCHBACH, Verkehrsproblem (wie Anm. 26).

> *Englisches Eisen, das zu Schiff den Rhein herauf kam, kostete in den 1830er Jahren am Rhein fast 50 % weniger als Siegerländer Eisen, und 1834 waren englische Metallknöpfe im Wuppertal billiger als hier erzeugte, obwohl ihre Einfuhr durch den Zoll erschwert wurde und die unsrigen Fabrikanten etwa dieselben Lohn- und Rohstoffkosten hatten wie ihre englischen Konkurrenten […]. (Dies) beruhte allein auf den hohen Beförderungskosten, besonders für Steinkohle.*[117]

Remscheid hatte um 1840 einen Kohlenverbrauch in Höhe von etwa 280.000 Scheffel[118], Lennep von 133.000, Lüttringhausen von 105.000 und Burg von 17.000.[119]

Eine kleine Verbesserung beim Kohlentransport brachte Anfang der 1830er Jahre der Bau der 7,3 km langen, jedoch 60.000 Taler teuren Deilbachtalbahn/Prinz-Wilhelm-Bahn. Dabei handelte es sich um eine Pferdeeisenbahn von Hinsbeck (Essen-Kupferdreh) nach Nierenhof (Langenberg). Sie wurde gegen den Widerstand u.a. der Kohlentreiber durch eine von dem Pionier Friedrich Harkort (1793–1880) und Langenberger Kaufleuten initiierte Aktiengesellschaft gebaut,[120] weil man nicht mehr länger auf den Bau einer Eisenbahn mit staatlichen Mitteln warten wollte bzw. konnte. Gegenüber drei bis vier Zentnern mit einem Tragtier und 15 Zentnern auf einer einspännigen Karre zog ein Pferd auf einer Schienenbahn je nach Streckenprofil 85 bis 120 Zentner.[121] Auf Betreiben der Aktionäre der Bahn wurde von Neviges nach Elberfeld eine Kunststraße gebaut, damit die Kohlen vom Endpunkt der Bahn in Nierenhof leichter ins Wuppertal gebracht werden konnten. Bereits während des Pferdebahnbetriebs fiel der Kohlenpreis in Elberfeld um 30 %. Diese Bahn wurde 1844 auf Normalspur und Dampfbetrieb umgestellt und in den folgenden Jahren bis Vohwinkel verlängert.[122]

Die Hoffnungen, die Trasse der Rhein-Weser-Eisenbahn[123] würde wenigstens über Elberfeld geführt werden, hat sich ebensowenig erfüllt wie später bei der Köln-Mindener Eisenbahn. Während erstere nicht über die Planung hinauskam, wurde die zweite aus Kostengründen über Düsseldorf und Duisburg nach Dortmund gebaut. Immerhin hatte man in Elberfeld seit 1841 die Möglichkeit, die Eisenbahn bis Düsseldorf zu nutzen; dort fand man später Anschluss an die in rascher Folge entstehenden überregionalen Linien.[124]

117 Gaspers, Eisenbahn (wie Anm. 68), S. 3.

118 Es handelte sich um (Berg-)Scheffel, die ein Gewicht von jeweils 1,2 Zentner hatten.

119 Ludwig Henz, Bericht über Projekt und Vorarbeiten zu der Anlage einer Eisenbahn von Elberfeld über Hagen nach Witten, Elberfeld 1836, S. 112–118; Egidy, Darstellung (wie Anm. 108), Anlage XII.

120 Banken, Verkehrsentwicklung (wie Anm. 2), S. 316.

121 Harkort, Eisenbahn (wie Anm. 78), Tafel 1.

122 Banken, Verkehrsentwicklung (wie Anm. 2), S. 320.

123 Gustav Braumüller, Die Rhein-Weser-Bahn über Düsseldorf und die Anlage des Bahnhofs daselbst, Düsseldorf 1843.

124 Vgl. Emil Bürger, Deutschlands Eisenbahnen i.J. 1844 nach den offiziellen Berichten der respectablen Eisenbahndirektionen und anderen zuverlässigen Quellen, Karlsruhe 1844; Martin Flachskampf, Der Güterverkehr des Düsseldorfer Wirtschaftsgebietes mit dem Auslande, Düsseldorf 1932.

Die Bergisch-Märkische Eisenbahn schuf dann seit 1849 endlich die Verbindung von Köln über das Bergische Land nach Dortmund sowie noch später in das Siegerland.[125]

Die Eisenbahnen verdrängten die Straßen als Träger des Fernverkehrs. Diese Veränderung vollzog sich innerhalb sehr kurzer Zeit. Das Fuhrgewerbe musste sich umstellen auf Transporte im Zustell- und Abholverkehr. Auch die Post, die ja die Beförderung von Personen weitgehend und den von Stückgütern zu einem großen Teil besorgt hatte, sah sich zu einer Umstellung gezwungen. Da sie eine staatliche Einrichtung war und die Eisenbahngesellschaften einer Genehmigung durch den Staat bedurften, vermochte man die Erteilung der Konzession an ein unentgeltliches Nutzungsrecht für die Post zu knüpfen. Das sah anfangs so aus, dass die Kutschen auf ein Eisenbahnfahrgestell („Plateau-Wagen") gesetzt wurden und die Strecken samt Fahrgästen in erheblich kürzerer Zeit zurücklegten.[126] Außerdem erhielt die Post eine Grundentschädigung und eine bestimmte Zugfrequenz zugesichert.[127] Letztlich übernahm jedoch die Eisenbahn den Personen- und auch – bis zum Aufkommen des Automobils – den Gütertransport vollständig. Je dichter das Eisenbahnnetz wurde, desto mehr Postkutschen- und Postfuhrdienste stellten ihren Betrieb ein. Überdies verkehrten seit 1849 im Zug Bahnpostwagen, in denen Postbeamte während der Fahrt die Postsendungen bearbeiteten.[128]

Für Remscheid hatte das sich entfaltende Eisenbahnnetz positive Auswirkungen im Fernverkehr. Da der Anteil der Frachtkosten am Wert der Handelswaren sank, wurde das Versorgungs- bzw. Absatzgebiet größer. Das hatte bei der Beschaffung von Roh- und Hilfsstoffen sowie Gütern des täglichen Bedarfs an Nahrungs- und Genussmitteln Vorteile, beim Absatz der Erzeugnisse aber gelegentlich auch Nachteile, weil man nun mit anderen Herstellern konkurrierte. Für die leichtere und preiswertere Beschaffung von Grundnahrungsmitteln liefert die statistische Literatur ein anschauliches Beispiel: Die Fracht auf Steinstraßen war nach Friedrich Wilhelm von Reden in den 1850er Jahren mit einem Silbergroschen pro Zentner und Meile für Getreidefuhren relativ gering, und doch betrug diese Fracht bei fünf Meilen Entfernung schon 6,6 % vom Wert bei Weizen und 9,1 % bei Roggen. Auf den Eisenbahnen kostete die Fracht damals drei Pfennige. Es konnte also hier dieselbe Menge bei gleichen Kosten über eine viermal so lange Strecke, nämlich 20 Meilen, transportiert werden; umgekehrt hätten bei einer Fuhre über 20 Meilen Steinstraße 26 bzw. 36 % des Warenwertes für den Transport aufgewandt werden müssen.[129]

Im weiträumigen Stadtbereich und seiner Umgebung bis Elberfeld und Lennep war man jedoch nach wie vor auf die alten, schwerfälligen und wenig leistungsfähigen Verkehrsmittel angewiesen. Eigene Projekte, die eine Bahnverbindung von Elberfeld oder

125 Vgl. Das Bergisch-Märkische Eisenbahnunternehmen. In seiner Entwicklung und während der ersten 25 Jahre des Betriebes, (o.O.) 1875.

126 Beyrer, Zeit der Postkutschen. Ein Überblick, in: Ders. (Hg.), Zeit (wie Anm. 11), S. 9–23, hier S. 20.

127 Friedrich Wilhelm R. Kind, Entwicklung und Ausdehnung der Eisenbahngesellschaften im nordrhein-westf. Kohlengebiet, Leipzig 1908, S. 61–63.

128 Dammer/Suer (Hg.), 100 Jahre (wie Anm. 86), S. 66, 73 u. 130, Anlage 13.

129 Reden, Erwerbs- und Verkehrs-Statistik (wie Anm. 85), Bd. 3, S. 2239.

von Solingen nach Remscheid bezweckten, ließen sich wegen der geländebedingt hohen Kosten nicht realisieren. In diesem Zusammenhang ist der Vorschlag des Lehrers Heinrich Voßnack aus Reinshagen zu nennen, der 1847 eine Eisenbahnstrecke von Elberfeld durch das Wuppertal nach Köln mit Nebenlinien nach Solingen und Remscheid anregte.[130] Um wenigstens nicht ganz den Anschluss zu verlieren, engagierte man sich schließlich – auch finanziell – für den Bau einer Linie von Remscheid über Lennep und Lüttringhausen nach Rittershausen bei Oberbarmen. 1865 begann man mit den Erdarbeiten am Birgderkamp.[131] Wegen des schwierigen Geländes – bei Barmen musste eine Steilstrecke gemeistert werden – konnte die Eisenbahn erst im Herbst 1868 in Betrieb genommen werden.[132]

Von Lennep aus, das sich wie bei den Straßen und Postverbindungen auch beim Eisenbahnnetz zum Knotenpunkt herausbildete, konnte man bald mit der Bahn über Hückeswagen das Oberbergische, über Wermelskirchen Köln, über Krebsöge Beyenburg und Dahlerau bzw. Radevormwald und das Märkische erreichen. Nicht immer ließen es die Geländeverhältnisse zu, eine Eisenbahn in Vollspurbreite zu bauen. Von Ronsdorf fuhr seit den 1890er Jahren eine schmalspurige Dampf-, später elektrische Bahn ins Morsbachtal bis Müngsten und von Wermelskirchen durch das Eschbachtal bis Burg.[133] Die Anfuhr von Kohle sowie Eisen- und Stahlhalbzeug war nun wesentlich besser, wenn auch noch nicht optimal gelöst.

Wer nach Remscheid oder von dort heraus mit der Eisenbahn reisen wollte, war gezwungen, den Weg über die Station Lennep zu nehmen. Erst von dort aus hatte er die Möglichkeit, seine Ziele im Westen, im Süden, Norden oder Osten anzusteuern. Alt-Remscheid war bis weit in die 1890er Jahre für die Eisenbahn das, was es so lange zu seinem Schaden für die Straßenverbindungen gewesen war: eine Sackgasse oder in zutreffender Formulierung ein Sackbahnhof. Nach Westen kam man nicht über den Bahnhof Remscheid hinaus. Es fehlte zum großen Leidwesen vor allem der Gewerbebetriebe die Verbindung nach Solingen und damit direkt nach Köln bzw. Düsseldorf. Diese wäre schon längst hergestellt worden, wenn nicht ein Übergang über die Wupper, der die Strecke von Remscheid nach Solingen von 44 auf 11 km verkürzt hätte, technisch so überaus schwierig und finanziell aufwändig gewesen wäre.

Ein entsprechender Antrag zur Baugenehmigung war 1882 vom zuständigen Ministerium wegen der technischen Undurchführbarkeit des Vorhabens abgelehnt worden. Weil die Wirtschaft die Verbindung jedoch dringend benötigte, brachten die Stadtverordnetenversammlungen und die Handelskammern der Städte Solingen und Remscheid 1886 eine gemeinsame Entschließung zugunsten des Projekts ein. Daraufhin bewilligte der Landtag 1890 den außerordentlich hohen Betrag von 5 Mio. Mark für den Bau

---

130 BANKEN, Verkehrsentwicklung (wie Anm. 2), S. 322.

131 Vgl. ROTH, Geschichte (wie Anm. 8), S. 114.

132 Vgl. BANKEN, Verkehrsentwicklung (wie Anm. 2), S. 323.

133 Die Vohwinkel-Lenneper Eisenbahn, mit einer Zweigbahn nach Burg in ihrer Notwendigkeit und Ausführbarkeit dargestellt, Berlin 1944; Kurt KAISS, Der Balkanexpress. Die Eisenbahnverbindung Remscheid-Lennep-Opladen, Leichlingen 2006; Wolfgang REIMANN, Rolf LÖTTGERS, Unsere Remscheider Straßenbahn 1893–1969, Remscheid 1981.

einer Eisenbahnbrücke über die Wupper. Wie notwendig Remscheid diese Verbindung brauchte, das zeigt auch die Übernahme der Garantie für die Grunderwerbskosten durch die Stadt in Höhe von mehr als 3 Mio. Mark, von denen Remscheid schließlich knapp 1 Mio. Mark aus dem eigenen Etat finanzieren musste.

1894 begann man mit den Bauarbeiten, am 22. März 1897 wurden sie mit dem Einschlagen des letzten Niets in die Brückenkonstruktion beendet. Mit 107 m Höhe war die *Kaiser-Wilhelm-Brücke*, wie sie bis 1918 genannt wurde, die höchste Eisenbahnbrücke weltweit; sie ist bis heute die höchste in Deutschland. Ihre Bedeutung war vor allem für den Güterverkehr groß – für den Personenverkehr, insbesondere die Berufspendler, ist sie nach wie vor sehr wichtig. Remscheid war fortan kein Sackbahnhof mehr, sondern an Solingen-Ohligs und an Elberfeld angeschlossen – und von dort in die Welt![134]

Als kurzes Resümee können wir festhalten: Die topografischen Besonderheiten, die bei zunehmender Arbeitsteilung und damit erst regionalem sowie schließlich weltweitem Wettbewerb sich negativ für die Remscheider Wirtschaft auswirkten und wiederholt die Existenz der Industrie und der davon Abhängigen in Frage stellten, konnten schließlich trotz der zeitweise für unüberwindlich gehaltenen technischen Schwierigkeiten gemeistert werden.

Obwohl die Ressourcen an Rohstoffen, zuerst Erze, dann auch Holzkohle, erschöpft waren, fand man Auswege aus der Versorgungskrise durch den Bau von Wegen und Straßen, von Kohlenbahnen mit Pferdebetrieb und schließlich von Dampfeisenbahnen. Grundlage für all das – sonst hätte sich aller Aufwand nicht gelohnt – war das Spezialwissen und die außerordentliche Fertigkeit, die sich die Remscheider bei der Bearbeitung von Stahl und der Herstellung sowie dem weltweiten Vertrieb von Werkzeugen erworben hatten, weitergaben sowie ständig erweiterten und immer wieder verbesserten!

Schließen möchte ich mit einigen Ausschnitten aus einer Statistischen Beschreibung des Jahres 1845:

> *Remscheid, eine schöne Stadt von 1.900 Einwohnern, Sitz eines Handels- oder Fabrikengerichts, mit Pallästen reicher Kaufleute, auf einer rauhen, von 18 Bächen durchschnittenen Höhe, ist der ursprüngliche Sitz der großen Metallwerkstatt und der Hauptsitz der Industrie in Eisenwaaren, mit Ausnahme der Solinger Artikel, höchst merkwürdig*[135] *durch die Menge von Eisen- und Stahlhämmern und Fabriken. Eine besondere Menge von Schlossern, Feilenhauern, Messer- und Nagelschmieden sind in dieser volkreichen Gemeinde vorhanden.*
> *Das vorhandene Gefälle wird von 24 Sensen- und Amboshämmern möglichst benutzt; die Schmieden verfertigen über 800 Arten gröbere und feinere Eisen- und Stahlwaaren. Die höchst wichtige Gewerbthätigkeit in einem Umkreise von drei Stunden verschafft dieser sonst einsamen und wildromantischen Gegend ein recht reges Leben. Viele Gegenstände in diesem Gewerbzweige verfertigen die Remscheider schon besser als die*

134 Vgl. Adolf von BERG, Die Thalbrücke bei Müngsten und die Strecke Remscheid-Solingen, Remscheid 1997; Kurt KAISS, Die Eisenbahnlinie Solingen-Remscheid, Leichlingen 2001; REMSCHEIDER GENERAL-ANZEIGER (Hg.), 100 Jahre Müngstener Brücke, Remscheid 2006.

135 Hier im wörtlichen Sinne als „des Merkens würdig" gemeint.

> *Engländer, und die zahlreiche angesehene Kaufmannschaft treibt mit ihrer Waare einen ausgebreiteten Handel direkt nach allen Weltgegenden.*
> [...] *In der Gemeinde Remscheid befinden sich auch Messingfabriken und Gelbgießereien. Zur Stadt gehört eine sehr ausgedehnte Gemeinde, die aus mehr denn 80 Weilern und einzeln zerstreut liegenden Häusern besteht. Schön gebaute Häuser der Kaufleute liegen, mannigfach gruppiert, an und auf den Bergen und in den engen Thälern des an malerischen Gebirgspartien und Fernsichten reichen Bezirks. Unter den Ortschaften (Weilern) der Gemeinde, welche sich durch ihre schöne Bauart und Industrie, so wie durch ihre romantische Lage besonders auszeichnen, erwähnen wir Ehringhausen, mit Pallästen, hat eine Seifenfabrik. Ein großes Verdienst hat sich der hier wohnende Kommerzienrath Josua Hasenclever um die Industrie erworben. Dan. Hasenclever ebendaselbst legte am Eschbache ganz nach englischer Art ein Eisenwalzwerk und eine Schleiferei an.*

Auch von zwei Straßen ist aus besonderem Grund die Rede:

> *Eine rühmliche Erwähnung verdienen hier besonders zwei in Felsen gehauene Straßen, welche beide an der sogenannten Preyersmühle, an dem Barrierhaus (½ Stunde von Wermelskirchen) beginnen, von welchen die eine sich bald in zwei Straßen, beide nach Remscheid führend, verzweigt; die andere aber ihre Richtung nach Burg nimmt und von dort aus über Ehringhausen auch nach Remscheid etc. führt. Diese Straßen sind von der größten Wichtigkeit für die Interessen der zahlreichen Anlagen, und verschönern diese Gegenden auf die entsprechende Weise.*[136]

136 P. W. Mebus, Statistische Beschreibung der Kgl.-Preuß. Rheinprovinz, mit geschichtlichen kurzgedrängten Anmerkungen, Köln 1845, S. 288–289.

Johann Stephan Anton Diemel und Heinrich Wilhelm Anton Pottgießer

Elberfelder Ärzte zwischen Revolution und Restauration, Romantik und Biedermeier

Michael Wiescher

Die zweite Hälfte des 18. Jahrhunderts und der Beginn des 19. Jahrhunderts waren durch die Gedankenwelt der Aufklärung geprägt, die mit rasanter Entwicklung von Technik und Wissenschaft einherging. Aus Alchemie wurde Chemie, aus dem Handwerk der Wunddoktoren und Barbiere Medizin. Wie im ersten Teil beschrieben,[1] reflektierte diese Entwicklung auch im pietistisch geprägten Elberfeld Denken und Geisteshaltung der bürgerlichen Bevölkerung, die zuvor hauptsächlich durch Lehren und Predigten von Pastoren der Reformierten Kirche beeinflusst war. Aufgeklärte Ärzte wie Johann Heinrich Jung (genannt Jung-Stilling), Dr. Johann Simon Gottlieb Dinckler und Dr. Karl Wilhelm Nose bewirkten mit Unterstützung des aufgeklärten Bürgertums durch Einführung und Stützung der Lesegesellschaft eine graduelle Änderung im Denken und weckten das Interesse an naturwissenschaftlichen und technischen Fragen.

Die Ärzte in Elberfeld waren Vorreiter und Vertreter der Naturwissenschaften – eine Rolle, die ihnen allmählich die fortschreitende Trennung von Medizin und Naturwissenschaften im beginnenden 19. Jahrhundert nahm. Die Ärzte vertraten anfangs durch Beobachten, Sammeln und Katalogisieren die Rolle von Naturforschern, was vielleicht am besten die Tätigkeit des Arztes und Mineralogen Karl Wilhelm Nose (1753–1835) bestätigt. Eine neue Generation von Naturwissenschaftlern war indessen auch im Bergischen Land herangewachsen, die ihre Rolle eher im Messen und Berechnen von beobachteten Phänomenen sah. Diese Generation legte die Beobachtungsgrundlagen für die Naturwissenschaften, wie wir sie heute kennen, und entfernte sich weit von der naturwissenschaftlichen Welt, wie sie Johann Wolfgang von Goethe verstand und Leute wie Karl Wilhelm Nose im Bergischen Land betrieben. Ein Vertreter dieser neuen Welt im Bergischen Land war zum Beispiel Johann Friedrich Benzenberg (1777–1846), der sich ausführlich mit der Beobachtung von Meteoren und der Bestimmung ihrer Höhenlage außerhalb der Atmosphäre befasste und Experimente zur Bestimmung der Erdrotation durchführte. Er ließ Bleibälle aus Kirchturmhöhe zu Boden fallen und vermaß die Falllinie. Unter französischer Herrschaft entwickelte er Theorie und Methodik des Katasters und der Landvermessung, wandte sich aber später unter dem Druck der Ver-

1 Michael Wiescher, Elberfelder Ärzte zwischen Aufklärung und Naturwissenschaft, in: ZBGV 104 (2018), S. 95–123.

hältnisse der Politik und den Wirtschaftswissenschaften zu.[2] Ein jüngerer Vertreter der neuen Naturwissenschaften war Julius Plücker (1801–1868) aus Elberfeld, der zuerst als Mathematiker in Berlin, Halle und Bonn lehrte.[3] Des Kollegen-Gezänks müde geworden, wandte er sich der beobachtenden Naturwissenschaft zu und wurde nicht nur zum Mitbegründer der Spektroskopie, sondern zeichnete auch für die erste Beobachtung der Kathodenstrahlen verantwortlich, womit er die neue Ära der Atom- und Quantenphysik einläutete.[4]

Sahen sich die Ärzte zunächst als Träger dieser intellektuellen Entwicklung, wandten sich die folgenden Generationen im Verlauf des 19. Jahrhunderts doch von den rein naturwissenschaftlichen Fragen ab. Neue technologische Entwicklungen, wie die der Dampfmaschine, führten zur industriellen Revolution und damit zu einer radikalen Änderung der Lebensbedingungen in der Bevölkerung. Das stellte die Ärzteschaft vor neue Herausforderungen – von medizinischen Problemen bis zu sozialen Fragen. Wie sehr die Elberfelder Ärzte diese Entwicklung mittrugen, soll an zwei Beispielen untersucht und demonstriert werden: Johann Stephan Anton Diemel (1763–1821) war ein Arzt der Revolutions- und Übergangszeit der napoleonischen Jahre im Bergischen Land. Mit der Gründung einer öffentlichen Parkanlage auf der Hardt in Elberfeld zeigte er einen Ansatz sozialen-politischen Denkens. Heinrich Wilhelm Theodor Pottgießer (1766–1829) interessierte sich als Mediziner dieser Übergangszeit ebenfalls für Naturwissenschaften. Er veröffentlichte zahlreiche medizinische Artikel, aber auch Arbeiten zu Astronomie, Musikologie und Instrumentenbau. Er entwickelte als einer der Ersten einen mathematisch-naturwissenschaftlichen Ansatz zur Konstruktion von Instrumenten, insbesondere von Flöten. Vielleicht war er der Letzte der vom Gedanken der Aufklärung berührten Mediziner seiner Generation in Elberfeld. Beide Ärzte standen für den Wandel, den das Denken der Ärzteschaft im napoleonischen Zeitalter erfuhr. Ihr Beispiel reflektiert das Spektrum der Elberfelder Ärzteschaft in dieser Zeit des Übergangs von der Gedankenwelt der Französischen Revolution und des Empire zum restaurativen Zeitalter des Biedermeiers.[5]

---

2 Dajana Baum, Johann Friedrich Benzenberg (1777–1846) (Schriften zur neueren Landesgeschichte 79). Düsseldorf 2008.

3 Michael Wiescher, Julius Plücker, Familien- und Studienjahre. Sudhoffs Archiv 100 (2016), S. 52–82.

4 Michael Wiescher, Julius Plücker – Kaufmann? Nein danke! Der Bonner Mathematiker und Physiker Julius Plücker (1801–1868), in: Bonner Geschichtsblätter 67 (2017), S. 169–206.

5 Andere Elberfelder Ärzte von Bedeutung in dieser Zeitperiode waren Karl Guérard (1765–1828), der in Duisburg studiert hatte und als Arzt und Stadtphysikus in Düsseldorf und Mettmann praktizierte, bevor er gleichzeitig mit Dr. Pottgießer zu dessen Entsetzen nach Elberfeld übersiedelte. Als Elberfelder Wundärzte sind neben Anton Diemel zu nennen: Jakob Lucas (1766–1826) und der Stadtaccoucheur Wienand Gottfried Willig (1758–1833), der 1787 als städtischer Geburtshelfer durch einen Kaiserschnitt lokale Berühmtheit erlangte. Seit 1784 praktizierte auch der Wundarzt Johann Jacob Meyer (*1757) in Elberfeld. Georg Wilhelm Grollmann ließ sich 1795 in Elberfeld nieder, verstarb aber schon am 12. Februar 1802 im Alter von 34 Jahren. Als letzter soll der Wundarzt Samuel Willich (*1768) erwähnt werden, der sich 1797 in Elberfeld niederließ. Vgl. Wilhelm Rees, Bergische Ärzte, Wuppertal

Johann Stephan Anton Diemel

Johann Stephan Anton Diemel (1763–1821) war nach dem stillen Dinckler und dem ehrgeizigen Nose ein Vorreiter seiner Zeit. Hatten sich Dinckler und Nose auf Fragen der Physik, Astronomie und Mineralogie beschränkt, so zog es Diemel zur Biologie, die allerdings zu der Zeit noch in ihren Ursprüngen des Sammelns, Katalogisierens und Klassifizierens steckte. Er lebte in einer Zeit, in der Naturkunde und Naturwissenschaft noch nicht getrennt waren. Pioniere wie Alexander von Humboldt legten mit ihren Reisen und Sammlungen aus fernen Ländern die Basis für die Theorie der Evolution der Arten durch Charles Darwin. Ähnlich wie seine Kollegen Dinckler und Nose kann Diemel deswegen als einer der Pioniere der modernen Naturwissenschaft gelten, der heute weitgehend vergessen ist. Jedoch liegt zu ihm eine kurze Biografie aus dem Jahr 1969 vor,[6] die wichtige Anhaltspunkte liefert.

Johann Stephan Anton Diemel wurde am 6. Dezember 1763 in Soest als Sohn des Schuhmachers Johann Dietrich Diemel und seiner Frau Anna Maria Paake geboren. Er hatte wohl an der Universität Duisburg im Herzogtum Kleve (von 1614 bis 1795 zu Brandenburg/Preußen) Medizin studiert, wofür es jedoch keine rechten Belege gibt.[7] Dies mag daran liegen, dass er nicht promoviert wurde und seinen Lebensunterhalt als einfacher Wundarzt und Chirurg verdiente. Ihm fehlten die akademischen Würden, die in der damaligen Gesellschaft für den sozialen Aufstieg wichtig waren. Diemel gehörte der etwas weniger geachteten Berufszunft der Barbiere und Wundärzte an. Er arbeitete fast 40 Jahre in Elberfeld als Wundarzt und starb auch dort. Unmittelbar nach seinem Studium siedelte er sich zwischen 1784 und 1785 in Elberfeld an und praktizierte damit zeitgleich mit Dr. Dinckler und Dr. Nose. Als Wundarzt war er geachtet. Auch wenn er nicht so bravourös operierte wie sein Kollege Willig,[8] wurde ihm doch sein Einsatz für die Armen zeitlebens hoch angerechnet. 1785 heiratete Diemel in Elberfeld Maria Christiane Schramm, mit der er in den darauffolgenden Jahren mehrere Kinder hatte. Ein Sohn, Johann Jacob Diemel, wurde 1786 geboren, ein zweiter Sohn, Carl Diemel, 1792. Die Tochter Wilhelmina Rosetta Diemel kam 1796 zur Welt.

Anton Diemel war wie seine beiden Kollegen ein Vertreter der Aufklärung. In seinem Bestreben, Bildung zu vermitteln, beschränkte er sich nicht nur auf die gehobene Bürgerklasse, die die Lesegesellschaft und wenig später die zweite Lesegesellschaft in El-

---

1931, S. 21f. Ilse OTTMER, Zur Geschichte des Gesundheitswesens der Stadt Elberfeld bis zum Jahre 1870. Diss. Medizinische Akademie Düsseldorf 1940 (STA W, AkIX 831).

6 Gerhart WERNER, Johann Stephan Anton Diemel, in: Wuppertaler Biographien, 8 / Beiträge zur Geschichte und Heimatkunde des Wuppertals 16 (1969), S. 45–48.

7 Diese Vermutung geht auf Otto Schell zurück. In der Tat kann Diemel in den Matrikeln der Universität Duisburg nicht gefunden werden, auch nicht in den Matrikeln anderer Universitäten im deutschsprachigen Raum. Die Duisburger Matrikel listen nur seinen Sohn Carl Diemel zum Wintersemester 1810/11 auf. Vgl. Otto SCHELL, Zur Geschichte der Chirurgie am Niederrhein, in: Archiv für Geschichte der Medizin 8 (1915), S. 429–438.

8 LÖWENSTEIN, Geschichtliches von den Aerzten und dem Aerzte-Verein Elberfelds, in: Gesundheits- und Wohlfahrtspflege der Stadt Elberfeld, Elberfeld 1910, S. 363–373.

berfeld, die *Harmonie*, besuchte. Vielmehr dachte er weiter und wollte Aufklärung und Bildung auch anderen Gesellschaftsschichten vermitteln. Er scheint keinen Anteil an den Veranstaltungen der Lesegesellschaften gehabt zu haben, denn die Listen der Vortragenden führen Diemel in den Jahren 1785 bis 1795 nicht auf.[9] Dagegen unterstützte er mit zahlreichen Beiträgen zu medizinischen, botanischen und geologischen Fragen das 1788 durch Christian Wilhelm Jahn gegründete *Bergische Magazin*, das als erster Versuch einer Tagespresse in Elberfeld gelten kann. Dies war möglich geworden, nachdem 1786 Johann Konrad Eyrich die erste Buchpresse im Ort installiert hatte. Von 1788 bis 1789 veröffentlichte Diemel im Magazin und diente im letzten Jahr auch als Redakteur der Zeitschrift. Sie prangerte soziale Missstände an, etwa den schon damals unter der Bevölkerung in erschreckender Weise verbreiteten Alkoholkonsum, an den sogar vier- bis fünfjährige Kinder gewöhnt wurden. Ziel der Zeitschrift war auch die Bekämpfung und Lösung des Armenproblems. Mitte der 1790er Jahre zogen die der Bettlerzunft angehörigen Menschen samstags durch die Straßen, angeführt von einem sogenannten Bettelvogt. 1780 hatte Elberfeld unter seinen 8.695 Einwohnern mehrere hundert Arme. Die Zeitschrift propagierte die Einrichtung von Armenhäusern – eine Forderung, die aber erst ein halbes Jahrhundert später verwirklicht wurde.

Mit seinem Engagement für brennende soziale Fragen der Stadt unterschied sich Diemel erheblich von seinem Zeitgenossen Dr. Nose, der stets die Anerkennung der gehobenen Gesellschaftsschicht suchte und sich nach seiner Assistenzzeit in Wien wenig um die Belange der unteren Klasse kümmerte. Diemels Bestrebungen gingen in eine andere Richtung. Er kann deshalb als erster Arzt in Elberfeld gelten, der sein naturwissenschaftliches Interesse dem Kampf gegen soziale Nöte unterordnete. Neben großen Themen prangerte er im Bergischen Magazin aber auch andere Missstände in der Stadt an, etwa durch kleine polemische Gedichte und Satiren, Diemel galt als guter Schreiber. In einem Beitrag zum *Bergischen Magazin*, den *Dialogen* schrieb er: *Freund, wer etwas in der Welt wirken will, das Einfluß auf seine Zeitgenossen haben soll, der muß mit Feuer, mit Enthusiasmus wirken, sonst wirds Pfuschwerk!*[10]

Abb. 1: *Johann Stephan Anton Diemel (1766–1821) im ausgehenden 18. Jahrhundert (Historisches Archiv Wuppertal)*

9 Vgl. Wilhelm CRECELIUS, Zur Geschichte des Wupperthals. Die geschlossene Lesegesellschaft in Elberfeld, in: ZBGV 1 (1863), S. 54–104.

10 WERNER, Johann Stephan Anton Diemel (wie Anm. 6), S. 47.

Die Zeitschrift wurde nach zwei Jahren aufgrund wirtschaftlicher Schwierigkeiten eingestellt. Diemel zürnte in seinem Epilog mit der Leserschaft: ‚*Gelehrte Abhandlungen waren keine brauchbaren Sachen fürs Blatt, besonders wenn sie sich über die Naturlehre und Naturgeschichte des Menschen erstreckten, und dann den seichten Köpfen ein Ärgerniß waren – Moral – ach gehen Sie doch weg! Die ist vom Teufel‘. Schmeicheleyen, Possen und Anekdoten, dies sind die Modewaren für den frivolen Geschmack dieses Jahrhunderts, die beste buchhändlerische Spekulation, und die besten Mittel sich Beyfall zu erwerben!* Eine Beobachtung, die auch heute noch zutrifft. An anderer Stelle schrieb er: ‚*Ist das zuviel getan: wenn man sich selbst zu bilden sucht; wissenschaftliche Vergnügungen dem elenden Langeweil erregenden Alltagszeug vorzieht –? Andern auch dadurch reine Vergnügungen verschafft, das Laster lächerlich macht, die Sitten verbessern hilft, Tugend in lebendigen Vorstellungen darstellt.*[11] Diese Aussagen zeigen einen Idealisten, der in den zwei Jahren vor Ausbruch der Französischen Revolution für den aufgeklärten, besseren Menschen kämpfte.[12]

Die Jahre der französischen Revolution und der Revolutionskriege bis zum Frieden von Lunéville 1801 waren durch die Auswirkungen der politischen Ereignisse bestimmt, die in der französischen Besetzung der Stadt Elberfeld gipfelten. Die Debatten in den Lesegesellschaften verlagerten sich – nach der Besetzung von Elberfeld 1795 durch französische Truppen auch unter Teilnahme zahlreicher französischer Offiziere[13] – von den Bildungsthemen aus Geistes- und Naturwissenschaften auf die täglichen Fragen von Politik und Wirtschaft – insbesondere unter dem Gesichtspunkt zunehmender wirtschaftlicher Schwierigkeiten aufgrund der französischen Zoll- und Handelspolitik. Mit dem Frieden von Lunéville übernahmen die bayerischen Kurfürsten wieder die Regentschaft, bis 1806, mit der offiziellen Auflösung des Heiligen Römischen Reiches, das Herzogtum Berg als Großherzogtum Berg unter dem Großherzog Joachim Murat unter französische Kontrolle kam.

In diesen Jahren der politischen Unruhen setzte Diemel getreu seine medizinische Tätigkeit fort. Seine Einstellung zu den französischen Besatzern und Behörden ist nicht bekannt, doch er beobachtete, wie sich seine frühen Vorschläge aus dem Bergischen Magazin allmählich durchsetzten, zum Beispiel die Errichtung eines Theaters in Elberfeld, an dem nach 1806 regelmäßig Aufführungen stattfanden. Jedoch hatte sich Anton Diemel in dieser Zeit, vielleicht bedingt durch die politischen Entwicklungen, schon anderen Themen zugewandt.

Zeitlebens war er an der Botanik und Mineralogie interessiert gewesen. Seinen Kollegen Nose begleitete er in den letzten zwei Jahrzehnten des 18. Jahrhunderts auf zahlreichen mineralogischen Exkursionen.[14] Ob diese Wanderungen oder schon sein vorheriges Studium der Medizin sein Interesse an der Botanik geweckt hatten, kann nicht mehr

11 Johann Stephan Anton DIEMEL, Epilog, in: Bergisches Magazin 1 (1789), S. 618–620.

12 Vgl. Otto SCHELL, Zur Geschichte der Chirurgie am Niederrhein, in: Archiv für Geschichte der Medizin 8 (1915), S. 436.

13 Vgl. CRECELIUS, Geschichte (wie Anm. 9).

14 Franz Wilhelm SCHELL, Geschichte der Botanik im Bergischen, oder an der rechten Niederrhein-Seite, in: Allgemeine botanische Zeitung 2 (1833), S. 337–352.

nachvollzogen werden. Es gibt jedoch Argumente für beide Möglichkeiten. Deswegen ist es wahrscheinlich, dass sowohl die Studienerfahrungen als auch der Verkehr mit dem brillanten und belesenen Kollegen Nose seine Entwicklung und Interessen beeinflussten.

Als Anton Diemel vermutlich zwischen 1780 und 1784 an der Universität Duisburg studierte, hielt dort Johann Gottlob Leidenfrost (1715–1794) die medizinischen Vorlesungen. Leidenfrost hatte weitgefächerte Interessen. Das belegt sein umfangreiches Publikationsverzeichnis. Als ältestem Professor der Medizin unterstand ihm auch die Leitung des Botanischen Gartens, hortus medicinalis, der gut instand gehalten wurde.[15] Er demonstrierte den Studenten die verschiedenen Arten heimischer und wohl auch fremdländischer Heilpflanzen. Möglicherweise traf Diemel auch Blasius Merrem, der 1784 an die Universität Duisburg kam und die Ordnung von Pflanzen[16] und Amphibien nach dem System des schwedischen Botanikers Carl Linnaeus (1707–1778) betrieb. Anton Diemel benutzte genau diese Ordnungsstruktur zur Kategorisierung und Katalogisierung seiner Pflanzenentdeckungen. Ebenso dürfte ein Kommilitone, der junge Konrad Jakob Carstanjen (1763–1840) freundschaftlichen Einfluss auf die Interessenbildung von Anton Diemel gehabt haben. Carstanjen wurde später Professor für Medizin und legte großen Wert auf Botanik und botanische Ausflüge.

Auf der anderen Seite wiederum kann man auch in Noses Schriften und Bemerkungen zu gemeinsamen Wanderungen mit Anton Diemel dessen Sinneswandel von der Mineralogie hin zur Botanik erkennen. 1789, Diemel war 26 Jahre alt, berichtete Nose in den Orographischen Briefen über das Siebengebirge: *Bey Oberdollendorf trennten wir uns, Herr Diemel ging der Haart zu, der ich im vorigen Briefe nur kurz erwähnte, und berichtete folgendes, ‚Durch einen Hohlweg ging es einen vierhundert Schritt hohen schiefrigen Sandstein-Hügel hinauf, dessen Schichten ihre Richtung gegen den Petersberg haben. Auf ihn erhebt sich eine sanfte, allmählig gegen die Haart ansteigende sechshundert Schritt große Fläche deren genauere Untersuchung Damm, Erde und Gesträuch verhinderte. Einige hier und da ausstehende Grenzsteine waren von Basalt. Nunmehr bildet das Gebirge eine rundliche, isolirte, gedehnte Kuppe an deren nordwestlicher dicht und hochbebuschter Seite keine entblöste Stellen wahrzunehmen waren. Verschiedentlich ragten einige Basalt-Blöcke hervor, allein in einer Lage die die genauere Bestimmung verhinderte. Steigt man an der östlichen Seite dieser Kuppen hinab nach dem Petersberge zu, von dem die Haart nur durch ein kleines Thal, worin der Heisterbach fließt, getrennt ist, so gelangt man an eine Stelle, wo man Tras zu graben versucht hat.‘*[17]

Wenig deutet in diesem Bericht von Diemel auf ein Interesse an der Botanik. Er schien Gesträuche und Büsche mehr als Hindernis für die Untersuchung der Basaltlagen zu betrachten. Dieser Eindruck wird einige Seiten später noch weiter verstärkt, wo Nose einen weiteren Bericht Diemels zitierte. *Herr Diemel lieferte davon folgende Beschreibung. ‚Eine viertel Stunde vom Himmerich nach Gilgenberg zu, fand sich links am Wege eine kleine –*

15 Vgl. Emil Pauls, Naturwissenschaft und Medizin an der Universität in Duisburg, in: Festschrift der 70. Versammlung der deutschen Naturforscher und Ärzte, Düsseldorf 1898, S. 157–160, 169–170.

16 Vgl. Blasius Merrem, Handbuch der Pflanzenkunde nach dem linneischen System, Marburg 1809.

17 Karl Wilhelm Nose, Orographische Briefe über das Siebengebirge und die benachbarten zum Theil vulkanischen Gegenden beyder Ufer des Nieder-Rheins. Frankfurt am Mayn 1789, S. 82f.

aus Porphyr, Thon, und Grauwacke, Schieferstücken und Blöcken bestehende namenlose kleine Kuppe. Ein Stück davon, von einem Blocke abgeschlagen ist etwas verwittert doch noch dicht, der Grund grünlich-bläulich, auch wohl gelbgrün; die zu Tage gelegen gewesene Oberfläche ist durchaus mit einem trocknen hier und da glatten, schimmernden lederbraunen Ueberzuge bedeckt, und so ist auch tief hinein der häufig inliegende beträchtlich große crystallinische Feldspath fast durchaus gefärbt: das giebt dieser Gebirgsart ein fremdes Ansehen. Etwas Blende und Glimmer enthält sie ebenfalls.[18]

Ganz anders klingt es jedoch sechs Jahre später in einem Bericht über einen gemeinsamen Ausflug von Nose und Diemel ins Breisgau mit dem Ziel, die dort vorliegenden vulkanischen Strukturen zu studieren. Dabei wurden insbesondere die von Diemel auf der Reise identifizierten Pflanzen aufgelistet. *Bey dieser Gelegenheit mögen einige, von Herrn Diemel in den Gegenden des Niederrheins aufgefundenen Pflanzen, hier auch angeführt werden. Centaurea montana im Siebengebirge. Vertrasoum phoeniceum, zwischen Nieder-Zißen und Laach (wie alle folgenden, auf der westlichen Rhein-Seite) Atropa belladonna am Laacher Ofen auf dem Wege nach Waßenach. Rhamnus infectorius, am Laacher Ofen. Dictamnus albus (Fraxinella) bey Wernerseck. Cistus oelandicus am Bausenberge u.s.w. Pisum arvense bey Franken und Waldorf. Genista sagittalis bey Nieder-Zißen. Astragains cicer bey Waßenach, Tönnigßtein. Achillea odorata, zwischen Nieder Zißen und Laach. Isoëtes lacusticus im Laacher See. Marchantia stellata zwischenden Spaltungen im Traß. (Die einzige Pflanze aus der vier und zwanzigsten Klasse, die in den Traß Höhlen gefunden wurde.)*[19]

In dieser Zeit der Wanderungen und Exkursionen mit Nose begann Anton Diemel, sich für Botanik zu interessieren. Er hatte sich ausreichend kundig gemacht, um im Februar 1791 eine öffentliche Vorlesung zum Thema *medicinisch-chirurgische Botanik* in der Elberfelder Zeitung anzubieten. Seine pflanzlichen Interessen erstreckten sich wohl auf die Anwendbarkeit in der Medizin. Doch hatte dieser Aufruf unerwartete Folgen. Der Präsident der Regensburgischen Botanischen Gesellschaft, Johann Jakob Kohlhaas (1747–1811), las die Anzeige und schlug schon im Mai 1791 Diemel als Ehrenmitglied seiner Gesellschaft vor. Daraufhin wurde Diemel im Juni 1791 einstimmig als Ehrenmitglied der Regensburgischen Botanischen Gesellschaft aufgenommen: *Die botanische Gesellschaft in Regensburg, hat neulich Hr. Diemel, Wundarzt in Elberfeld zu ihrem Mitgliede ernannt. Hr. Diemel hält botanische Vorlesungen und giebt die in seiner (kräuterreichen) Gegend wildwachsenden Pflanzen, sorgfältig getrocknet und aufgeklebt, heftweise heraus, beydes nach dem Linneischen System.*[20] Diemel bedankte sich für die Ehrung in einem Brief an Kohlhaas vom Juni 1791.[21]

Diese Vorlesungen hielt Diemel anscheinend über mehrere Jahre hinweg und verdiente so unter den wirtschaftlich schwierigen Bedingungen der Jahrhundertwende zu sei-

18 Ebd., S. 159f.

19 Karl Wilhelm NOSE, Beobachtungen über die vulkanischen Hügel des Breisgaus, in: Sammlung einiger Schriften über vulkanische Gegenstände und den Basalt, Frankfurt am Main 1795, S. 74.

20 Paulus USTERI (Hg.), Annalen der Botanick, Zweytes Stück, Zürich 1791, S. 223f.

21 Universitätsbibliothek Regensburg: Regensburgische Botanische Gesellschaft, Altes Archiv, Sig. ARBG–1,2,7.

nem schmalen Einkommen als Wundarzt Hörergelder hinzu. In einer Anzeige von 1804 heißt es: *Dieser verdienstvolle Mann* [Diemel] *wird von anfangs Januar bis zum April über animale und vegetabilische Chemie, und dann bis zum Ende des Jahres wieder über Botanik seine Vorlesungen anfangen. Er besitzt eine niederrheinisch-westfälische Flora, die beinahe ganz fertig ist, und kennt genau jedes Vegetabil und Fossil seines Landes.*[22]

Dies alles geschah in einer Zeit, in der die Stimmung im Lande gut mit einem Satz in den Tagebuchaufzeichnungen seines Kollegen Dr. Pottgießer ausgedrückt worden war: *Hierzu kam nun das französische Revolutionsfieber, das Getümmel naher Armeen, das Flüchten der Emigranten – Gegenstände, die in jeder Gesellschaft besonders in der fleißig besuchten Sozietät, stehende Artikel einer lebhaften, leidenschaftlichen Unterhaltung wurden, den einen ärgerten, den anderen ängstigten, den dritten erfreuten, jeden beunruhigten. Die Musen flohen –.*[23] In diesen Jahren wandte sich Nose von der Medizin ab – und der Philosophie zu. Er unternahm mit Diemel und anderen Kollegen seine Exkursionen, bis er sich aus Elberfeld in seine Burg in Endenich bei Bonn zurückzog und seine Pflanzensammlung aufbaute. Die Jahre der politischen Unruhe waren jedoch nicht vorüber.

Im März 1806 erhielt das Herzogtum Berg mit Joachim Murat, dem Schwager Napoleons, einen neuen Herrscher. Bayern hatte seine bergischen Besitztümer gegen das näher gelegene Herzogtum Ansbach-Bayreuth eingetauscht. Im darauffolgenden Jahr entschloss sich Anton Diemel, seine wachsende Sammlung lokaler Pflanzen auszuweiten. Er suchte ein brachliegendes Stück Land zur Gründung eines botanischen Gartens. Was ihn dazu bewog, bleibt unklar. Botanische Gärten, insbesondere solche mit Heilpflanzen, gehen zurück auf die Klostergärten des Mittelalters. Aber über die Jahrhunderte haben sie sich von der ursprünglichen Bestimmung als Küchengarten weiterentwickelt. In der Zeit wissenschaftlicher Katalogisierung von Mineralien und Sternen, von Pflanzen und Tieren kommt den botanischen Gärten eine neue besondere Rolle zu, nämlich die Darstellung der Pflanzenwelt in neu geordneter Form. Die wissenschaftliche Diskussion kreiste darum, welches Katalogisierungssystem wohl das beste sei.

Hinter Diemel standen keine wissenschaftlichen Wohltäter und Förderer, die ihm hätten helfen konnten, seinen Traum zu verwirklichen. Er schaffte es, indem er sein Herzensanliegen mit dem Argument verknüpfte, ein derartiges Projekt diene dem Wohlergehen der Öffentlichkeit. Diemel legte mit Unterstützung anderer Bürger dem Stadtrat nahe, die brachliegende Hardt zur Aufforstung zu nutzen, um dem wachsenden Holzmangel der Bürger zu begegnen und ihnen auch einen Ort der Ruhe und Muße zu bieten. Der Stadtrat stimmte am 26. September 1807 zu: *Dass, wo eine solche Anlage bey dem hierselbst herrschenden Holzmangel nicht allein nützlich, dabei auch der Hardter Boden zu anderst füglich nicht gebraucht werden könne, sodann auch diese Anlage zum Vergnügen des Publikums gereiche.*[24]

22 Monatsschrift des Bergischen Geschichtsvereins 14 (1907), S. 158, und Moritz SCHWAGER, Bemerkungen auf einer Reise durch Westphalen, Leipzig, Elberfeld 1804, S. 267.

23 Heinrich Wilhelm Theodor POTTGIESSER, Die Übersiedlung Dr. Pottgießers nach Elberfeld im Jahre 1796, MBGV 23 (1916), S. 22–54.

24 Das muss eine der letzten Amtshandlungen des alten Stadtrates gewesen sein, denn am 31. Dezember 1807 wurde der alte Rat entlassen und die neue französische Kommunalverwaltung eingeführt.

Die Geschichte der Hardt und der Entwicklung des Volksgartens und später Botanischen Gartens ist wohlbekannt, ausführlich dargestellt[25] und auch vor kurzem in einer sehr schön angelegten Veröffentlichung der breiteren Öffentlichkeit zugänglich gemacht worden.[26] Ich will mich deswegen nur auf Anton Diemels Anteil daran beschränken. Seine Idee war es sicherlich nicht, brachliegendes Land kurzzeitig für den Holzbedarf nutzbar zu machen. Selbst die Idee, einen Volkspark zum Vergnügen der Bürger in Nachahmung öffentlicher Fürstengärten zu schaffen,[27] erscheint in dieser Zeit politischer Unruhe und Fremdherrschaft nicht unbedingt einleuchtend. Es war wohl ein langfristig angelegter Plan, ein „natürliches", ursprüngliches Waldgebiet aus lokalen Baumarten zu schaffen, in dem sich der neue romantische Gedanke des deutschen Waldes widerspiegeln sollte.[28] Aber es war auch der Gedanke, diesen Wald in der Zeit der wachsenden Unterdrückung der Deutschen durch Napoleon und seine Armeen als Symbol für den deutschen Bürger anzulegen. Es handelte sich also möglicherweise nicht nur um einen biologisch-ökologischen und sozialen Gedanken, sondern um eine revolutionär-konservative Idee, wie sie in jenen Tagen der Romantik weit verbreitet war.

Die napoleonischen Jahre waren Jahre der Zäsur: Aus unpolitischen Bürgern wurden national denkende Deutschtümler gemacht. Die Romantik, von den Brüdern Friedrich (1772–1829) und August Wilhelm Schlegel (1787–1845) mit auf den Weg gebracht, war die intellektuelle Antwort auf das paneuropäische, von Frankreich dominierte Europa, das, aus der französischen Revolution hervorgegangen, Napoleon und seiner Verwaltung vorschwebte. Die romantische Bewegung, obwohl auch in anderen europäischen Ländern vertreten, war in Deutschland eine nationale Bewegung, die sich in allen Aspekten des kulturell gesellschaftlichen Lebens widerspiegelte. Es war eine Bewegung der Wiedererkennung Deutschlands, eine Bewegung, die sich zwischen 1795 und 1815 von den großen europäischen Ideen der Aufklärung und Klassik abwandte. In dieser Bewegung spielte die Identifizierung mit den vielfach schon verschwundenen Wäldern eine wichtige symbolische Rolle.

Der Wald auf der Hardt war schon im Dreißigjährigen Krieg abgeholzt und zum Brachland geworden, auf dem Ziegen grasten und ein Steinbruch betrieben wurde. Jedoch bereits 1807, im Jahr des Ratsbeschlusses, entstanden dort erste bequeme Fußwege und Pro-

25 Rose Wörner, 200 Jahre Parkanlage Hardt in Wuppertal, in: Rheinische Heimatpflege 44 (2007), S. 161–177, ebenfalls Dirk Fischer, Diemel-Denkmal im von Bürgern für Bürger ab 1807 angelegten Volksgarten, in: Nord-West-Stadt-Nachrichten 7 (2017), H. 1, S. 1–6.

26 Antonia Dinnebier (Hg.), Felsen, Palmen, Ausichtstürme. Gartendenkmal Hardt – Wuppertals grüne Anlagen, Wuppertal 2013.

27 Diemel war seiner Zeit damit durchaus voraus. Denn Parkanlagen, die der Erholung der städtischen Bevölkerung dienten und von Gemeinden finanziert wurden, sogenannte „Volksgärten", kamen anderswo erst einige Jahrzehnte später in Mode. Wörner, 200 Jahre (wie Anm. 23).

28 Das romantische Bild des deutschen Waldes ergibt sich aus dem verklärten Bild der siegreichen Schlacht des Germanen Arminius gegen die römischen Legionen des Varus, in dem der Wald den siegreichen Germanenscharen einen besonderen Vorteil bot. Vgl. Simon Schama, Landscape and Memory, New York 1996, S. 100–109. Die sich daraus ergebene Waldessehnsucht der Romantiker spiegelte sich dann insbesondere in den romantischen Märchen wider – etwa in Der blonde Eckbert von Ludwig Tieck, den Märchen der Brüder Grimm oder den Gedichten Joseph von Eichendorffs.

menaden; Eichen, Buchen, Birken, Linden, Ahorn, Kastanien und Nadelgehölze wurden gepflanzt. Es war also kein Nutzwald, denn für einen solchen wären schon nach damaliger Ansicht schnell wachsende Gehölze und Monokulturen erforderlich gewesen. Entsprechend wurde der Zweck des Waldes und des Forstwesens war definiert: *Die Waldungen so zu behandeln, daß in ihnen die größte und brauchbarste Holzmenge mit den wenigsten Kosten erzogen und richtig benutzt werde.*[29] Auf der Hardt dagegen galt das Hauptziel einen Mischwald in seiner vermuteten ursprünglichen Vielfältigkeit herzustellen.

Die Geldmittel für eine solche Anlage wurden durch Spenden wohlhabender Mitbürger aufgebracht. Die Sammlung dieser Gelder oblag Diemel und einer Gruppe von Mitinteressenten. 1810 bestätigt das der Bericht des Kaiserlichen Kommissars Beugnot: *Diese Arbeiten werden durch Aktien oder Subskriptionen finanziert, und einem Verwaltungsbeamten des Großherzogtums bleibt nichts anderes zu tun, als diesen Wetteifer der Freizügigkeit zu beobachten.*[30] Diese Freizügigkeit war jedoch eine finanzielle Herausforderung, denn die neue französische Regentschaft brachte erhöhte Steuern mit sich. Die später folgende neue Zollpolitik trieb die Stadt und ihre Bürger an den Rand des fiskalischen Abgrunds. Unter diesen Bedingungen erforderte das Sammeln solch großer Summen Argumente, die über die von den Stadtvätern vorgebrachten Gründen der Holznot und Bürgerbefriedigung weit hinausgegangen sein müssen.[31] Es kann durchaus der Gedanke des romantischen Waldes in dieser „undeutschen Zeit" gewesen sein, der als Motivation diente. Darauf deutet auch hin, dass dieser ‚deutsche' Wald 1810 um ein „romantisches Wächterhaus" ergänzt wurde, das als Einsiedelei mit einem Türmchen gestaltet war.[32] Die seit 1815 vom Elberfelder Bürgermeister Johann Rütger Brü-

---

29 Heinrich COTTA, Anweisungen zum Waldbau, Dresden 1816 (Einleitung).

30 Reisetagebuch des kaiserlichen Kommissars Beugnot (1810), in: Gerhard HUCK, Jürgen REULECKE (Hg.), ... und reges Leben ist überall sichtbar! Reisen im Bergischen Land um 1800 (Bergische Forschungen 15), Neustadt an der Aisch 1978, S. 176.

31 Die mit solch freiwilligen Spenden für öffentliche Projekte verbundenen Schwierigkeiten im Jahre 1807 sind in Verbindung mit der Errichtung des Elberfelder Armenhauses wohlbekannt. Ein Decret des Großherzogs vom 3. November 1806 hatte eine Central-Armen-Commission geschaffen, die ohne ihre Bestimmung erreichen zu können, doch Ordnung in die Erhebung der freiwilligen Beiträge gebracht hatte, indessen diese Verrichtung einer allgemeinen Armenanstalt anvertraut war. [...] Ihr sollten alle Beiträge und andere Mittel, auch die kirchlichen, zum Unterhalte der Armen, übergeben werden, um ihre Vertheilung unter die Armen ohne Unterschied des kirchlichen Bekenntnißes zu erhalten. [...] Allein die ganze wohlgemeinte Einrichtung mußte scheitern, weil die getheilten Ansichten der Bürgerschaft einen so nachtheiligen Einfluß auf das Unterzeichnen der Beiträge hatte daß, da der größte Theil der Unterstützung jener Kasse zur Last fiel, diese dafür zu schwach sich befand. Kaum für sechs Monate hatte man Rath zu schaffen gewußt, und die städtische Verwaltung sah in dieser Verlegenheit keinen andern Ausweg, als das Fehlende auf die Steuerpflichtigen zu vertheilen. [...] Es bedarf keiner Erwähnung, mit welcher Mühe und mit welchem Widerspruch die Erhebung dieser Armensteuer verknüpft war, da sie erzwungen war und die Unterstützung der Armen manchmal zwangsweise eingetrieben werden mußte, daß die Zahlenden selbst darüber der Armuth zugeführt wurden. Johann Friedrich KNAPP, Geschichte, Statistik und Topographie der Städte Elberfeld und Barmen im Wupperthale, Iserlohn/Barmen 1835, S. 118f.

32 Dies ist insofern bemerkenswert, als in der vermuteten Vorlage für die Anlage, das 1785 erschienene Buch von Christian Cay Lorenz HIRSCHEFELD, Theorie der Gartenkunst, Bd. 5, Leipzig, 1785,

Abb. 2: *Die Hardt in einer Darstellung von Georg Stietz um 1834 mit Blick auf Elberfeld. Es ist eine durchaus romantische Anlage. Man erkennt den fast zwanzig Jahre vorher angepflanzten Wald, durch den sich ein schmaler Pfad hinauf auf die Höhe hin zum romatischen Wächterhaus schwingt, das rechts oben auf halber Höhe der Hardt errichtet worden war. (Aus der Sammlung des Bergischen Geschichtsvereins)*

ning (1775–1837) herausgegebenen Annalen wiesen in der Tat wiederholt auf den durch bürgerschaftliches Engagement entstandenen romantischen Landschaftsgarten auf der Hardt hin. Der Ausklang der Romantik, das Verschwinden Napoleons und der Beginn des Biedermeiers machten die romantischen Argumente für die Bewaldung der Hardt hinfällig. Geblieben ist der Gedanke an die Errichtung eines öffentlichen Lustgartens, wofür Anton Diemel noch heute Dankbarkeit gezollt wird.

Für seine botanische Tätigkeit verlieh ihm die Universität Heidelberg 1817 die Ehrendoktorwürde. Im selben Jahr, kurz vor Weihnachten, wurde von Diemel der Grundstein für ein Suitbert-Denkmal auf der Hardt gelegt.[33] Dies war von ihm initiiert worden, um damit die Christianisierung des Bergischen Landes durch den angelsächsischen Missionar zu feiern – Diemels letzter Beitrag zur Gestaltung der Hardt.

Gegen Ende seines Lebens litt Diemel unter einer schweren Krankheit. In seinen letzten Jahren hatten ihn viele Schicksalsschläge heimgesucht. Sein Sohn Carl wurde kurz

S. 68–74, in den Kupfertafeln nur klassizistische Gebäude zeigt, wie sie auch in Elberfeld über die folgenden Jahrzehnte errichtet wurden. Das Wächterhaus auf der Hardt ist eine Ausnahme.

33 Suitbert (637–713) hielt sich entgegen dieser Ansicht mehr auf der linksrheinischen Seite auf. Die Christianisierung der rechtsrheinischen Länder geschah erst später nach Gründung des Klosters Werden.

Abb. 3: *Die Einweihung des ersten Suitbertus-Denkmals auf der Hardt 1818. Dargestellt ist Dr. Diemel, der das Denkmal verschiedenen ungenannten Honoratioren der Stadt Elberfeld zeigt. (Aus: Die Stadt Elberfeld. Festschrift zur Dreijahrhundert-Feier, 1910)*

nach der Promotion zum Arzt in Duisburg zur Großen Armee Napoleons eingezogen und blieb 1812 in den Schlachten an der Beresina verschollen, seine Frau war um 1816 verstorben, ebenso seine Tochter Rosetta, die sich bei einer Freundin mit Typhus identifiziert hatte.[34] Er selbst wusste, dass er nicht mehr lange zu leben hatte, und diktierte am 6. März 1821 unter Zeugen sein Testament: *Ich, Johann Stephan Anton Diemel, berechne, daß mein Leben von keiner langen Dauer sein kann, sondern ein Lungenschlag ein schnelles Ende machen wird; so soll Folgendes als mein letzter Wille gelten* [...][35] In der Tat, es war ein schnelles Ende: Diemel starb am 31. März 1821 in der Schönen Gasse 17 zu Elberfeld.

Am nächsten Tage erschien in den beiden Elberfelder Zeitungen[36] folgende Todesanzeige: ‚*Nach vielen Leiden, mit außergewöhnlich seltener Kraft erduldet, starb gestern morgen Vormittag der Herr JOHANN ANTON DIEMEL, Doktor der Weltweisheit* [Philosophie] *und praktischer Wundarzt hierselbst im sechszigsten Lebensjahr. Was er für unsere Stadt getan, wie er für sie, für Frohe und Leidende wirkte, das wissen alle Mitbürger, die ihn in seinem beinahe 40jährigen tätigen Wirkungskreise kannten. Seinen Körper übergeben wir dem*

Abb. 4: *Johann Stephan Anton Diemel in einer Miniatur des frühen Biedermeiers kurz vor seinem Tode 1821. (Sammlung Antonia Dinnebier)*

34 Löwenstein, Geschichtliches (wie Anmerkung 8), S. 367.
35 Ebd., S. 367.
36 Allgemeine Zeitung und Provinzial-Zeitung, Elberfeld, 1821.

Scholl der Erde, der Ruhestätte der Christen. Aber auf jener Höhe, die er durch unermüdeten Fleiß, durch rastloses Streben, zum Vergnügen seiner Mitbürger umgeschaffen und zu angenehmen Spaziergängen veredelt hat, werden dankbare Bürger ihm ein Denkmal errichten und dadurch es öffentlich ehren, was er getan, wie er unter uns lebte. Elberfeld, den 1. April 1821.

Der Oberbürgermeister.[37]

Heinrich Wilhelm Theodor Pottgießer

Heinrich Wilhelm Theodor Pottgießer (1766–1829) kam am 21. August 1766 in Voerde bei Hagen als Sohn des Kaufmanns Christoph Johann Pottgießer und dessen Frau Maria Katharina geborene Höfinghaus zur Welt. Ein kurzer Abriss seines Werdeganges ist in der Musikliteratur zu finden.[38] Nach mehreren Jahren Privatunterricht durch Hauslehrer wurde er 1782 im Alter von 16 Jahren am 1543 gegründeten Akademischen Gymnasium[39] in Dortmund eingeschult. Zu der Zeit atmete der Unterricht an dieser Schule den Geist der Aufklärung; naturwissenschaftliche und philologische Fächer verdrängten immer mehr die führende Rolle der Theologie.[40]

Von Dortmund wechselte Pottgießer im Frühjahr 1784 an das Gymnasium des Halle'schen Waisenhauses, eine 1698 durch den Theologen und Pädagogen August Hermann Francke pietistisch geprägte, aber auch international ausgerichtete Schule.[41] Ursprünglich für verarmte und bedürftige Waisenkinder gedacht, entwickelte sich die Lateinschule in der zweiten Hälfte des 18. Jahrhunderts zu einem humanistischen Gymnasium als Vorbereitung für das Universitätsstudium. Schon im Herbst 1784 wechselte Pottgießer an die Universität Halle zum Studium der Theologie. Dies währte nicht lang: Offensichtlich hatte der Kandidat kein großes Interesse an diesem Fach, denn schon ein Jahr darauf war er in Halle als Student der Medizinischen Wissenschaften eingeschrieben. Im Oktober 1787 reiste er nach Berlin, um am Collegium medico-chirurgicum[42] die not-

---

37 SCHELL, Geschichte der Chirurgie (wie Anmerkung 12) S. 438

38 Karl VENTZKE, Dr. H. W. Pottgießer (1766–1829), Zur Biographie eines Flötenkonstrukteurs zwischen Tromlitz und Boehm, in: TIBIA. Magazin für Freunde alter und neuer Bläsermusik 1 (1979), S. 242f.

39 Als Akademisches Gymnasium wird eine höhere Schule bezeichnet, die in der frühen Neuzeit auf Anregung Martin Luthers in den protestantischen Territorien des Heiligen Römischen Reiches und angrenzender Gebiete aufkam und gymnasiale und universitäre Studien verband.

40 Wilhelm-Georg HECKMANN, Aus der Geschichte des alten Dortmunder Gymnasiums, in: Stadtgymnasium Dortmund, Festschrift zur Fertigstellung des neuen Schulgebäudes, Dortmund 1958, S. 17–32.

41 Die Stiftung des Halle'schen Waisenhauses unterhielt drei Schulen: eine Volksschule für die Grundausbildung, eine Realschule für die praktische Ausbildung und eine Lateinschule bzw. Gymnasium für die vorbereitende akademische Ausbildung.

42 Das Collegium medicum oder Collegium medico-chirurgicum war eine staatliche Einrichtung zur Kontrolle der theoretischen und praktischen Unterweisung von Ärzten und Wundärzten, die im 17. und 18. Jahrhundert wachsenden Einfluss auf die verlässliche medizinische Ausbildung hatte. In Preußen konnte ein Chirurg nur dann approbiert werden, wenn er einen Lehrbrief vorgelegt und min-

wendigen Anatomieprüfungen zu absolvieren, die Halle nicht bieten konnte.[43] Nach erfolgreichem Examen kehrte er in die Heimat zurück, um an der Universität Duisburg unter Johann Gottlob Leidenfrost an seiner Dissertation zum Thema *De signis ex sputis* zu arbeiten. Schon im November 1787 wurde er in Duisburg promoviert; für dieses relativ schnelle Promotionsverfahren musste er 225 Taler bezahlen.

Der junge Dr. Pottgießer verblieb zuerst im preußischen Westfalen und ließ sich 1788 als praktischer Arzt in Lünen nieder, aber dort scheinen nicht die richtigen Bedingungen für ihn und seine Interessen vorgelegen zu haben. Schon im Frühjahr 1789 verließ er diese Praxis und siedelte nach Hagen über. Dort konzentrierte er sich zunächst auf die Übersetzung medizinischer Lehrbücher aus dem Lateinischen. Damals setzte sich auch in der Medizin die deutsche Sprache durch; überall erschienen neue Übersetzungen. Pottgießers erste veröffentlichte Übersetzung ist die eines Lehrbuches zur anatomischen Nervenlehre des Duisburger Professors Daniel Eckhard Günther (1752–1834), die 1789 in Düsseldorf bei Verleger Dänzer erschien. 1790 erhielt er die Approbation für das benachbarte Herzogtum Berg und übersiedelte aus dem zur preußischen Grafschaft Mark gehörenden Hagen in das bergische Mülheim am Rhein.

Dort eröffnete er eine Praxis, die sich durch jährliche Subskriptionen ihrer wohlhabenden Patienten nährte, beteiligte sich aber auch an einer Reihe anderer Unternehmungen, etwa der Beteiligung an einer Scheidewasserfabrik, für die er die ersten erfolgreichen Versuche durchführte. Scheidewasser war die Bezeichnung für mäßig konzentrierte Salpetersäure (HNO_3) zur chemischen Trennung (Scheidung) von Gold und Silber. Silber wird durch die Säure gelöst, während Gold unverändert bleibt und aus der Flüssigkeit herausfiltriert werden kann. Das chemische Verfahren zur Herstellung von Salpetersäure war schon seit dem 17. Jahrhundert bekannt und beruhte auf der Umsetzung und Destillation von Salpeter mit Schwefelsäure.[44] Großtechnische Verfahren wurden erst zu Beginn des 19. Jahrhunderts entwickelt, als genug Rohmaterial zur Verfügung stand. Pottgießer war also einer der zahlreichen chemisch Vorgebildeten, die an dieser Entwicklung arbeiteten.

Pottgießer gründete in Mülheim auch eine Lesegesellschaft nach dem Vorbild vergleichbarer Gesellschaften in Düsseldorf und Elberfeld, aber dieses Unternehmen war nicht sonderlich erfolgreich, da, wie auch in Elberfeld, die musischen Interessen, bedingt durch die französische Revolution und die sich daraus entwickelnden Kriege, weitgehend durch politische Diskussionen verdrängt wurden. 1794 fühlte er sich durch das Herannahen französischer Revolutionsarmeen bedroht, verlängerte aber trotzdem seinen Mülheimer Vertrag um ein weiteres Jahr.

In Elberfeld waren zwischen 1793 und 1795 mehrere Arztstellen freigeworden. Der Ort schien ein besseres Einkommen als Mülheim zu bieten, wie Pottgießer in seinen

---

destens sieben Jahre bei einem Meister, auch als Feldscher bei der Truppe, gedient hatte und nach einem Operationskurs von dem Ober-Collegium Medicum geprüft worden war.

43 Wolfram KAISER, Werner PIECHOCKI, Zur Geschichte des halleschen Bader- und Chirurgenhandwerks, in: Medizinische Monatsschrift 9 (1968), S. 399–406.

44 Dieses Verfahren wurde durch den Alchemisten Johann Rudolph Glauber (1604–1670) entwickelt.

Tagebuchaufzeichnungen[45] freimütig eingestand. In Elberfeld erwartete er ein Einkommen von 1200 Reichstalern, während ihm die derzeitige Stelle nur 800 Taler im Jahr einbrachte. Wichtige ökonomische Erwägungen und die Furcht vor den näher rückenden Franzosenheeren[46] bewegten ihn zu seiner sofortigen Übersiedlung nach Elberfeld. Dies erregte beträchtlichen Unmut unter den Mülheimern, die sich mit ihren medizinischen Nöten alleingelassen fühlten. Pottgießer blieb aber bei seinem Entschluss, obwohl er erfuhr, dass auch andere Ärzte, wie der ihm persönlich aus Studientagen missliebige Dr. Karl Guérard, anstelle nach Düsseldorf zu gehen, im als sicher geltenden Elberfeld verbleiben wollten.

Pottgießer lebte sich in Elberfeld schnell ein. Bürger und Kollegen schienen ihn zu schätzen, denn schon nach kurzer Zeit übertrugen sie ihm die medizinische Leitung des gerade neu errichteten reformierten Armenhauses, was ihm weitere 60 Reichstaler Einkommen einbrachte. Der Verdienst stieg – und auch die Anzahl der Krankenbesuche; als Arzt wurde er zu den wohlhabenden Kaufmannsfamilien eingeladen. Am 12. Februar 1799 heiratete er Anna Henriette Elisabeth Schwan (1774–1837), die Tochter des Elberfelder Kaufmanns Johann Abraham Schwan und der Maria Gertrud, geb. Sackermann. 1801 wurde die Tochter Julia geboren, drei Jahre später der Sohn Wilhelm Pottgießer (1804–1864), der später als Seidenhändler den Kaufmannsberuf einschlug.

Pottgießer hatte sich nun zum Ende des 18. Jahrhunderts völlig in der Elberfelder Gesellschaft integriert und pflegte auch gute Beziehungen zu seinen älteren Kollegen, wie Karl Wilhelm Nose. Pottgießer widmete sich wieder seinen weitgestreckten wissenschaftlichen Interessen. 1800 rief er zur Gründung einer physikalischen Gesellschaft in Elberfeld auf. Ob er dieses Ziel erreichte oder ob es bei der Empfehlung blieb, ist nicht bekannt, aber es fanden doch einige Interessenten zusammen, die den wissenschaftlichen Austausch pflegten und die Ergebnisse ihrer Forschungen verglichen.

Dazu zählten insbesondere der junge, schon erwähnte Johann Friedrich Benzenberg und dessen gleichaltriger Freund aus Göttinger Studientagen, Heinrich Wilhelm Brandes (1777–1834), mit denen Pottgießer in den Jahren 1800 bis 1804 intensiv astronomische Beobachtungen betrieb: *Wir haben an Dr. Pottgießer in Elberfeld einen sehr fleißigen Mitbeobachter gehabt. Bei der Größe der Standlinie zwischen Elberfeld und Hamburg, (40 geogr. Meilen,) war bei dem ungünstigen Himmel auf keine Correspondenz zu rechnen. Doch hat Dr. Pottgießer eine Sternschnuppe am 2ten Oct. nahe am Zenith beobachtet, von der es wahrscheinlich ist, daß sie die nämliche war, die ich als eine erster Größe am Horizonte sah.*[47] In dieser Zeit waren Benzenberg Lehrer in Hamburg und Brandes als Deich-Conducteur, also Inspektor der Deichanlagen, in Eckwarden im Herzogtum Oldenburg angestellt. Das Beobachtungsinteresse der Gruppe galt besonders der Höhen-

45 Pottgiesser, Übersiedlung (wie Anm. 21).

46 In der Tat hatten sich die kaiserlichen Armeen im Oktober 1794 bei Mülheim aus dem linksrheinischen Herzogtum Kleve ins angrenzende Herzogtum Berg zurückgezogen. Die Franzosen beschossen Düsseldorf und setzten Schloss und einige Häuser in Brand. Aber erst im September 1795 setzten die französischen Armeen über den Rhein und drangen bis Elberfeld vor.

47 Johann Friedrich Benzenberg, Fortgesetzte Beobachtungen von Sternschnuppen, in: Annalen der Physik 10 (1802), S. 242–245.

bestimmung von Sternschnuppen, einer Frage, der Benzenberg und Brandes schon 1798 in Göttingen unter Anleitung des berühmten Physikers Georg Christoph Lichtenberg (1752–1799) gefolgt waren. Dies galt zu der Zeit nicht als seriöse Wissenschaft, denn wie Benzenberg selbst schreibt: *Uebrigens ging es wie mit allen grossen Entdeckungen die noch in ihrer Kindheit sind. Es wurde in Göttingen viel über die Sternschnuppen gesprochen und zum Theil nachtheilig. Dass ein paar Studenten des Nachmittags heraus gingen mit Leuchten und Sternkarten versehen um zu beobachten; dieses wollte niemand einleuchten. Sogar Gelehrte vom Fache fanden dieses lächerlich,* [...] *Auch dieses muss man gewohnt werden, weil der grösste Haufen der Menschen die Wichtigkeit von diesem nicht einsieht, und glauben, dass auch die Soldaten des Nachts auf ihren Posten so etwas machen könnten.*[48]

Benzenberg und Brandes veröffentlichten die ersten Ergebnisse aus Göttinger Tagen, ein Jahr nach Lichtenbergs Tod, in den Annalen der Physik, einer wissenschaftlichen Zeitschrift, die erst 1799 gegründet worden war.[49] Darin beschrieben sie ihre ersten Höhenmessungen, die mittels einfacher Triangulationsmethoden über eine Grundlinie von 1,3 bis später 2,1 geographischen Meilen[50] vorgenommen wurden. Zur Messung des Winkels der Höhe der Sternschnuppenerscheinung und ihres Verlöschens am Horizont wurden einfache hölzerne Winkelmesser verwendet. Mit diesem Verfahren konnten Höhe und Entfernung der Sternschnuppen festgestellt werden. Daneben wurden noch andere Beobachtungen zu Anzahl, Richtung, Aussehen und Helligkeit der Phänomene vermerkt. Daraus ergab sich, dass die Sternschnuppen eine weit größere Höhe und Entfernung hatten als vorher angenommen. Dies bestätigten eine Idee Lichtenbergs in einem Gespräch mit dem Wittenberger Physiker Ernst Florens Friedrich Chladni (1756–1827), was letzterer dann 1794 als eine eine neue Hypothese veröffentlicht hatte.[51] Was vorher als atmosphärische Erscheinung vermutet worden war, schien nun kosmischen Ursprungs zu sein, obwohl diese These anfangs noch häufig angezweifelt wurde.

Pottgießer hörte von diesen Untersuchungen bei einem der Besuche Benzenbergs in Schöller und Elberfeld. Er war sehr an astronomischen Fragen interessiert und schloss sich den Beobachtern an mit dem Ziel, eine größere Standline für die Triangulation zu schaffen und damit präzisere Höhen- und Winkelvermessungen vornehmen zu können.[52] Die Schaffung der Standlinie erfordert zwei Beobachter an den beiden Endpunkten der Standlinie sowie örtliche Helfer, die die vermessenen Datenpunkte schnell

48 BENZENBERG, Sternschnuppen, Hamburg 1839, S. 21–22.

49 Johann Friedrich BENZENBERG, Heinrich Wilhelm Brandes, Versuch die Entfernung, die Geschwindigkeit und die Bahn der Sternschnuppen zu bestimmen, in: Annalen der Physik 6/2, (1800), S. 224–235.

50 Die geographische Meile ist definiert als der fünfzehnte Teil eines Äquatorialgrades und entspricht im metrischen System 7420,44 Meter.

51 Dieter ULLMANN, Ernst Florens Friedrich Chladni (Biographien hervorragender Naturwissenschaftler, Techniker und Mediziner, 65), Leipzig 1983.

52 Zu den trigonometrischen Grundlagen der Vermessungstechnik verweise ich auf die Fachliteratur, z.B. Peter KOHLSTOCK, Kartographie – eine Einführung, Paderborn 2010. Benzenberg selbst veröffentlichte ein detailliertes Lehrbuch zu dem Thema: Johann Friedrich BENZENBERG, Die höhere Rechenkunst und ebene und sphärische Trigonometrie für die Oberlandmesser des Großherzogthums Berg, Düsseldorf 1813.

notierten. Größere Standlinien erlaubten keine direkte Kommunikation zwischen den Beobachtern, das heißt, dass sich die Identifizierung der Sternschnuppen auf die genaue Beschreibung des Phänomens, die Orts- und Richtungsbestimmung und – am wichtigsten – die genaue Zeitbestimmungverlassen musste. Das machte natürlich gut koordinierte Uhren erforderlich. Je mehr Beobachter, desto verlässlicher wurde die geodätische Datenaufnahme. Ein Problem beim Vergleich der aufgenommenen Daten bestand darin, festzulegen, dass von allen Teilnehmern dieselbe Sternschnuppe beobachtet worden war.

Mehrere Untersuchungen wurden in den Jahren nach 1801 ausgeführt, wie Benzenberg selbst schrieb. *In den Jahren 1801 und 1802 beobachtete ich in Hamburg, Brandes in Ekwarden 14 Meilen* [103,9 km] *von Hamburg entfernt, und Dr. Pottgießer in Elberfeld welches 45 Meilen* [334 km] *von Hamburg entfernt ist, 4 gleichzeitige Sternschnuppen, und unter diesen war Eine die in die Höhe stieg.*[53] Die Höhe der Sternschnuppen wurde mit 25 Meilen [185,5 km] bestimmt. Diese gemeinsamen Beobachtungen demonstrieren, dass Pottgießer mit den Regeln der Geometrie und der Triangulation wie auch mit den damit benötigten Instrumenten vertraut war.

Ein Jahr später veröffentlichte Pottgießer eine Studie zur *Sonnenfinsterniss im August 1803* in Elberfeld.[54] Jedoch, wie er selbst in dem Artikel eingestand, fehlten ihm die Instrumente zur Positionsbestimmung: *Ich beobachtete mit einem zweyfüssigen achromatischen Fernrohr.* Die Positionsbestimmung nahm er später selbst vor, nachdem er 1810, 1811 und 1812 genaue Messungen mit einem Baumannschen Kreis[55] durchgeführt hatte. Die Ergebnisse publizierte er im Berliner Astronomischen Jahrbuch[56]: *So erhält man die Polhöhe des Elberfelder Pfarrthurms, im Mittel, mit Rücksicht auf die Anzahl der Beobachtungen, aus welchen die einzelnen Reihen bestehen = 510 15‘ 24“,62.*[57] Die Längenbestimmung nahm auf der Basis von Pottgießers Daten der junge, ursprünglich aus Langerfeld stammende Astronom Friedrich Wilhelm Tönnies (1796–1817) vor,[58] der aber schon kurz nach Einreichen seiner Schrift an Tuberkulose verstorben war.[59]

---

53 Benzenberg, Sternschnuppen, (wie Anm. 43), S. 25.

54 Heinrich Wilhelm Pottgiesser, Monatliche Correspondenz zur Beförderung der Erd- und Himmelskunde, Bd. 9, 1804, S. 355f.

55 Ein Vertikalkreis oder astronomischer Kreis – in diesem Fall von dem Instrumentenbauer Wilhelm Gottlob Benjamin Baumann aus Stuttgart konstruiert – ist ein in Höhe und Azimut drehbares astronomisches Winkelmessgerät, ähnlich zum Sextanten, der einen sechstel Kreis darstellt. Der Baumannsche Vertikalkreis besteht aus einem Fernrohr, das auf einer horizontalen „Kippachse“ justierbar gelagert ist. Die Winkelbewegungen um Kipp- und Stehachse werden mit großen, feingeteilten Kreisen gemessen.

56 Der Herausgeber war zu der Zeit der Berliner Astronom Johann Elert Bode (1747–1826). Vgl. Friedhelm Schwemin, Der Berliner Astronom – Leben und Werk von Johann Elert Bode (Acta Historica Astronomiae 30), Frankfurt a.M. 2006, S. 114ff.

57 Heinrich Wilhelm Pottgiesser, Bestimmung der Polhöhe von Elberfeld durch Circummeridian-Beobachtungen der Sonne, mit einem Baumannschen Kreise, in: Astronomisches Jahrbuch 1818, Königl. Akademie der Wissenschaften 1819, S. 159–161.

58 Friedrich Wilhelm Tönnies, Berechnung der Länge von Elberfeld, S. 162–164.

59 Friedhelm Schwemin, A talented young man. The short life of Friedrich Wilhelm Tönnies, 1796–1817, in: Acta Historica Astronomiae 36 (2008), S. 156–176.

Pottgießer hatte sich zu diesem Zweck einen Baumannschen Kreis konstruiert, den er 1809 ausführlich im Berliner Astronomischen Jahrbuch beschrieb: *Der Baumannsche Kreis ist ein Multiplications-Kreis, der vertical an einer verticalen, um ihre Axe beweglichen, und an beiden Enden gestützten Säule befestigt ist. Das ganze Instrument besteht also aus zween Hauptheilen, aus Kreis und Säule, und die nähere Einrichtung derselben ist folgende* […].[60] Es folgt eine mehrseitige Darstellung, die so ausführlich ist, dass eine mit „B" gezeichnete Fußnote des Herausgebers kommentierte: *Diese Beschreibung ist so deutlich und vollständig, dass die Liebhaber sich, wie ich glaube, von der Einrichtung dieses Instruments auch ohne die vom Hrn. Verfasser beigefügte Abbildung desselben einen hinreichenden Begriff machen werden.* Eine Abbildung des Instruments gibt es leider nicht,[61] aber es war vergleichbar mit dem Kreis, den Baumann für die Privatsternwarte von Johann Friedrich Benzenberg in der Hohen Strasse in Düsseldorf konstruiert hatte. Eine Abbildung und ausführliche Beschreibung dieses Instruments wurde von Benzenberg selbst geliefert, der anläßlich einer Studienreise in die Schweiz den Instrumentenbauer

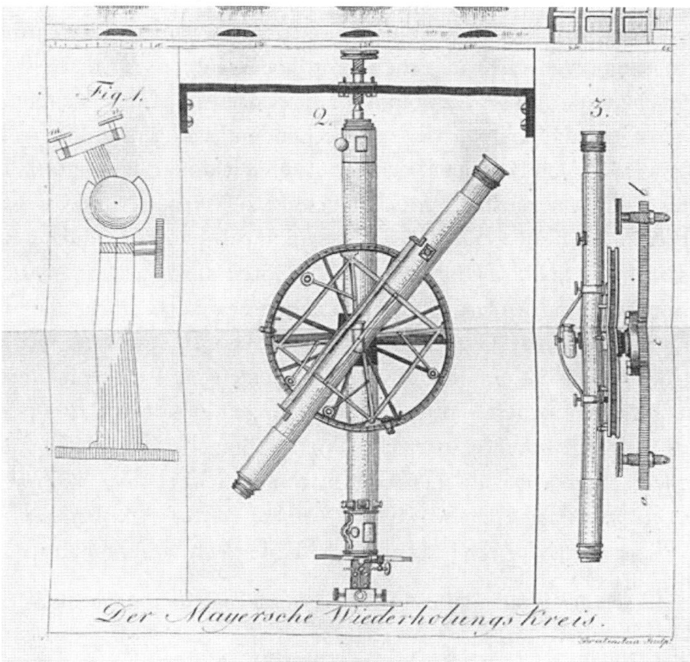

Abb. 5: *Technische Darstellung des von Baumann nach dem Konzept von Tobias Mayer gebauten Kreises mit einem Refraktor, den Johann Friedrich Benzenberg in Düsseldorf zu astronomischen Höhenmessungen nutzte. Links der Stand, im Zentrum der Kreis an dem das rechts dargestellte Fernrohr drehbar angebracht war (aus: Johann Friedrich Benzenberg, Briefe geschrieben auf einer Reise durch die Schweiz, 1812)*

60 Heinrich Wilhelm POTTGIESSER, Beschreibung des Baumannschen Vertical Kreises, in: Astronomisches Jahrbuch 1812, S. 194–202.

61 Johann A. REPSOLD, Zur Geschichte der astronomischen Messwerkzeuge, Leipzig 1908, S. 93f.

Baumann in Stuttgart besuchte.[62] Seiner Aussage nach wurde das Instrument nach dem Konzept des Göttinger Astronomen Tobias Mayer (1723–1762) entwickelt.

In den darauffolgenden Jahren widmete sich Pottgießer der neuen Methode der Barometrie für die Höhenbestimmung, wobei die Quecksilberablesung in einem Barometer direkt mit der Höhe eines festgelegten Standortes korreliert ist. Vermutlich ging diese Aktivität wieder auf Benzenberg zurück, der zu derselben Zeit ausführlich Theorie und Konstruktion eines Barometers beschrieben hatte und nach 1810 barometrische Messungen in der Schweiz vornahm.[63] Pottgießer normierte seine barometrische Höhenmessung von Elberfeld auf die Höhenmessung des Karlstädter Markts in Düsseldorf[64] mit dem Standardbarometer von Rösler.[65]

1816 war das berüchtigte *Jahr ohne Sommer*, ausgelöst im April 1815 durch den Ausbruch des Vulkans Tambora im heutigen Indonesien. Die ausgeschleuderten Aschemengen reduzierten weltweit den Einfall des Sonnenlichts; das ganze Jahr blieb kalt, und das Wetter in Mitteleuropa war von permanentem Regen und Schneefall sowie weitgehender Bewölkung bestimmt, was astronomische Beobachtungen nahezu unmöglich machte. Dies mag zu einem Wandel in den Interessen Pottgießers geführt zu haben, denn er veröffentlichte nur noch 1819 seine Ergebnisse zu den Koordinaten des Turms der Elberfelder reformierten Kirche. Danach scheint Pottgießers Interesse an der Astronomie und Geodäsie verschwunden zu sein, zumindest gibt es nach 1819 keine weiteren Veröffentlichungen unter seinem Namen in der entsprechenden Fachliteratur.[66]

In jenen Jahren, als sich Pottgießer der Astronomie widmete, verfolgte er auch andere Interessen. Er wollte die akustischen Grundgesetze zur Verbesserung von Musikinstrumenten, insbesondere Flöten, nutzen[67] und vertrat die These, dass manche, etwas unrein klingende Töne oder Halbtöne herkömmlicher Flöten durch leicht veränderte Anordnung der Bohrlöcher und Änderung ihrer Durchmesser wesentlich klarer und reiner wiedergegeben werden können. Die seinerzeit übliche Anordnung zwang den Flötisten zu besonderen Blastechniken, um diese Töne rein zu erzeugen. Basierend auf seinen akustischen Berechnungen forderte Pottgießer Änderungen in Konstruktion und Form der Klappen. Er veröffentlichte 1803 anonym mehrere dahingehende Untersuchungen in der Leipziger Allgemeinen Musikalischen Zeitung mit dem Titel *Über die Fehler der bisherigen Flöten, besonders der Klappenflöten nebst einem Vorschlag zur besseren Einrichtung derselben.*[68] Dies gilt als der erste Versuch, die Flöte nach wissenschaftlichen Prinzipi-

---

62 Johann Friedrich BENZENBERG, Briefe geschrieben auf einer Reise durch die Schweiz im Jahre 1810, Bd. 2, Düsseldorf 1812, S. 372–376 u. S. 402–414.

63 Johann Friedrich BENZENBERG, Beschreibung eines einfachen Reisebarometers, nebst einer Anleitung zur leichten Berechnung der Berghöhen, Düsseldorf 1811.

64 Heinrich Moritz WESERMANN, Handbuch für den Straßen- und Brücken-Bau, Düsseldorf 1830, S. 105.

65 Gottlieb Friedrich RÖSLER, Das Handbuch der praktischen Astronomie, Tübingen 1788.

66 Vgl. Georg Christoph HAMBURGER, Das gelehrte Teutschland oder Lexicon der jetzt lebenden Teutschen Schriftsteller, Bd. 19. Lemgo 1823, S. 190.

67 Vgl. Ardal POWELL, The Flute, New Haven/London 2002, S. 144–147.

68 Über die Fehler der bisherigen Flöten, in: Allgemeine Musikalische Zeitung 5 (1803), S. 609–616, 625–638 u. 644–654

en zu konstruieren, wie er selbst im zweiten Teil seiner Artikelserie schreibt: *Künstler und Liebhaber, die, bey aller übrigen Geschicklichkeit, dennoch im theoretischen Theile der Musik Fremdlinge sind, über den Bau ihres Instruments und seine Eigenschaften mehrere Belehrung erhalten, und dadurch zu eigenen weiteren Untersuchungen und Erfindungen fähiger gemacht werden, so will ich mich nicht auf die blosse und wesentliche Mittheilung meines Entwurfs beschränken, sondern auch so umständlich, als nöthig ist, die Ursachen und Gesetze anführen, die auf die Bildung der Flötentöne Einfluss, und in der Bauart des Instruments ihren alleinigen Grund haben. Dies scheint mir um so nöthiger zu seyn, da über diesen Punkt in den bisherigen Schriften wenig oder gar keine Belehrung zu finden ist.*[69]

Die erste von ihm konstruierte Flöte bestand nur aus zwei Teilen, kürzer als der damalige Standard, aber weiter in der Bohrung. Sie spielte nur in einer Tonart. Sein zweiter Vorschlag umfasste schon die erste Änderung der Bohrlöcher, die auf detaillierten Berechnungen beruhte. In den folgenden Jahren verbesserte Pottgießer die Konstruktion seiner Klappenflöten, indem er die Anzahl der Klappen zu minimieren und Zahl wie Größe der Blaslöcher durch theoretische Berechnungen zu optimieren versuchte. Die Abbildung zeigt eine von Pottgießer um 1810 konstruierte dreiteilige Klappenflöte, die noch heute in Gebrauch ist.

Nach diesen ersten, recht detaillierten Analysen und Berechnungen veröffentlichte Pottgießer jedoch keine weiteren Artikel zum Thema der Flötenverbesserung mehr. Nur seine Aktivität im Flötenbau demonstriert, dass er sich weiterhin mit dem Thema beschäftigte. 20 Jahre später, im Jahrgang 1824 der Allgemeinen Musikalischen Zeitschrift, folgte ein Nachtrag zu der Abhandlung, die im Gegensatz zur ersten Veröffentlichung mit H. W. Pottgießer, M. Dr., gezeichnet war. Den Beitrag leitete er mit den Worten

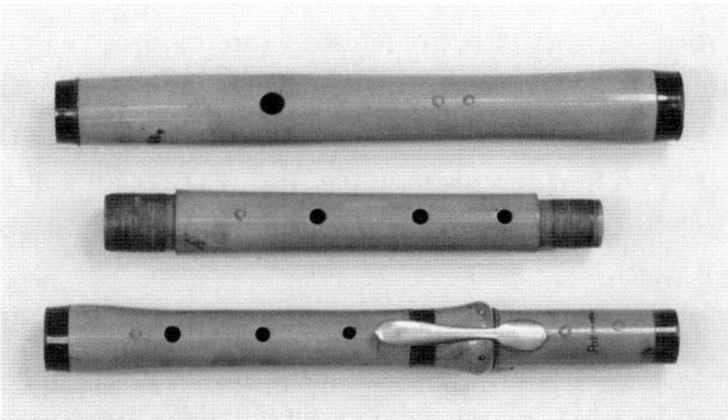

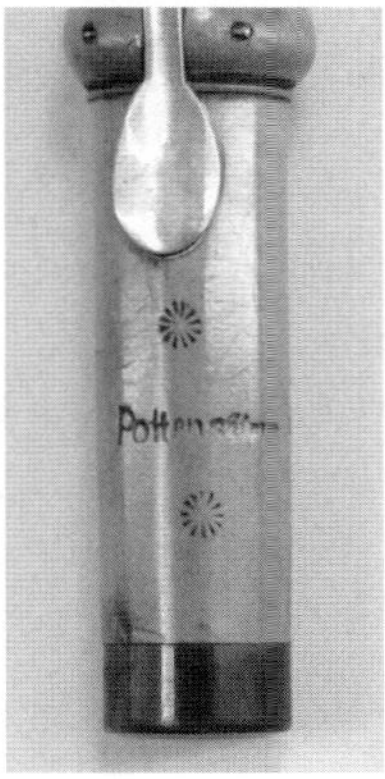

Abb. 6: *Eine um 1810 konstruierte dreiteilige Klappenflöte; gezeichnet (Strahlenkranz) / Pott-----r / (Strahlenkranz), hergestellt von Pottgießer in Elberfeld c. 1810. Länge 61,7 cm, tonale Länge 53,5 cm. <https://www.oldmusicalinstruments.co.uk/instruments/instrument_detail.php?id=327&cat=TF> (18. 9. 2018)*

69 Ebd., S. 627.

ein: *Vor zwanzig Jahren beschäftigte ich mich mit der Verbesserung der Flöte, vorzüglich in Hinsicht auf die Hauptmängel derselben, unreine Stimmung und ungleiche Intonation, die auf dem bis dahin eingeschlagenen Wege, vermittelst der Klappen, nicht gehoben waren und nicht völlig gehoben werden konnten. Ich suchte auf dem nächsten und bequemsten Wege, vermittelst einer Aenderung der Lage, Grösse und Anzahl der Tonlöcher in Verbindung mit einigen unentbehrlichen Klappen, vollständig zu erreichen, was Kunst und Bedürfniss, und selbst die blosse Idee von einem guten Blas-Instrumente, als Hauptstimme betrachtet, dringend zu fordern schienen.* [...] *auf meiner Seite traten Verhältnisse ein, die mich lange und fast gänzlich von musikalischen Gegenständen entfernten. Erst vor zwey Jahren, von Musse und Zufall begünstigt, nahm ich meinen alten Pflegling, die Flöte, wieder auf.*[70] In dieser Arbeit gab Pottgießer präzise Angaben zur Verbesserung der Flöte, um die tonalen Unreinheiten zu beseitigen.

Die in der Abbildung gezeigte Flöte ist allerdings nicht das Exemplar, das Pottgießer konstruiert und zur Verfügung gestellt hatte, um seine Thesen von einem professionellen Flötisten prüfen zu lassen. Das Urteil fiel negativ aus, wie Carl Ludwig Grenser (1794–1864), der erste Flötist des *Großen Concert und Stadttheater Orchesters* in Leipzig schrieb: *Hätte Hr. Dr. P. nicht das Unglück gehabt, entweder nur mangelhaft gebauete Flöten kennen zu lernen, die dann und wann selbst bey anerkannt guten Verfertigern mit zum Vorschein kommen; oder, nicht im ganzen Umfange zu wissen, die keinesweges zum Ueberflusse darauf befindlichen Klappen richtig anzuwenden, es würde ihm vielleicht eben so wenig als mir, der ich auf einer guten Grenser'schen Flöte blase, eingefallen seyn, so viel Zeit auf Verbesserung der Flöte zu wenden.*[71] Die Kritik fällt sehr detailliert aus, aber Grenser argumentiert im Wesentlichen, dass die Verbesserungen zu gering seien, um den Aufwand zu rechtfertigen, und dass sie tonalen Unreinheiten bei den existierenden Flöten-Konstruktionen vom Flötisten gut gehandhabt werden könnten.

Darauf erfolgte keine Antwort. Für die darauffolgenden Jahre hatte sich Pottgießer offenbar ganz von der wissenschaftlichen Arbeit zurückgezogen. Dies scheint aber vor allem berufliche Gründe gehabt zu haben, denn 1823 wurde Heinrich Wilhelm Pottgießer als erster Arzt des zwischen 1820 und 1821 errichteten und 1822 eröffneten Bürger-Krankenhauses der Stadt Elberfeld bestellt, das mit Spendenmitteln der Bürgerschaft erbaut und ausgestattet worden war.[72]

Dr. Pottgießer konzentrierte sich nun darauf, neueste Erkenntnisse der Medizin im Krankenhaus einzuführen und dabei besonders Sauberkeit und Reinheit der Materialien und Betreuer zu betonen. Er war ein früher Anhänger der damals aufkommenden Keim-

70 Heinrich Wilhelm POTTGIESSER, Nachtrag zu der Abhandlung „Ueber die Fehler der Flöte, nebst einem Vorschlage etc." im Jg. 1805, No. 57–59, dieser Zeitung: Allgemeine Musikalische Zeitung 26 (1824), S. 266–276.

71 Karl GRENSER, Eine Stimme über den Nachtrag des Hrn. Dr. Pottgießer in No. 17. dieses Jahrganges, zu der Abhandlung „Ueber die Fehler der Flöte, nebst einem Vorschlage u.s.w." im Jg. 1805, No. 57–59, dieser Zeitung: Allgemeine Musikalische Zeitung 26 (1824), S. 382–386.

72 Vgl. Johann Rütger BRÜNING (Hg.), Annalen der Stadt Elberfeld enthaltend die Ereignisse des Jahres 1822, IX. Jahrgang, VII. H., Elberfeld 1822, S. 63–66.

Abb. 7: *Darstellung des Bürgerkrankenhauses nach seiner Fertigstellung von 1822. Frontispiz der Annalen der Stadt Elberfeld enthaltend die Ereignisse des Jahres 1822.*

Theorie[73], die alle auftretenden Krankheiten und Seuchen auf kleine, für das Auge nicht sichtbare Lebewesen zurückführte. Sauberkeit war die Antwort, um das Auftreten dieser Krankheitsträger zu vermeiden. Impfungen bewährten sich als neue medizinische Waffe, die, wie bei Pocken, seit 1815 in Preußen erfolgreich angewandt wurden.[74] Beide medizinische Neuerungen erforderten eine gründliche Verbesserung der Ausbildung des Krankenhauspersonals und eine Änderung der Reinlichkeitskultur im damaligen Krankenhauswesen. Dies war schon immer ein Ziel seiner Tätigkeit gewesen, wie es sich auch in seinen Niederschriften *Einrichtung einer besseren Medizinalpolizei und der Verzeichnisse des Medizinpersonals (1807–1813)* und *Das Bürgerkrankenhaus (1824–1831)* ausdrückte.[75]

Mit dieser Aufgabe, der Einführung neuer medizinischer Techniken und Methoden in dem ihm anvertrauten Bürgerkrankenhaus, verbrachte Pottgießer seine letzten Jahre. Er führte seine Krankenpflege unter dem fast modern klingenden Aphorismus: *Gesund ist jeder gern, aber die bewährtesten Mittel, es zu bleiben oder zu werden, Thätigkeit, Bewegung in freier Luft, einfache Speisen und Getränke sind nicht immer die beliebtesten.*[76]

Heinrich Wilhelm Theodor Pottgießer starb in Elberfeld am 29. Mai 1829 an Auszehrung[77] Er war nur 63 Jahre alt geworden.

Nachgedanken

Die Zeit zwischen der Französischen Revolution und der Restauraton war eine Zeit des Zwiespalts, der sich nicht nur in der gewaltsamen politischen Auseinandersetzung in der Revolution und den napoleonischen Kriegen widerspiegelte, sondern auch in den intellektuellen Ideen, den fortschrittlichen Ideen der Aufklärung, die die Freiheit des Gedankens und des Menschen vertraten, und den restaurativen Ideen der Romantik, die das Mittelalter und die Vergangenheit als goldenes Zeitalter verklärten. Diesen Zwiespalt spiegelte selbst die Industrialisierung wider. Die alles überschattende Entwicklung der Mechanisierung menschlicher Arbeit entsprang den fortschrittlichen Ideen der Aufklärung, die Auswirkungen dieser Entwicklung verstärkten aber die Sehnsüchte nach einer vermeintlich besseren Vergangenheit.

Wir wissen nicht, wo die Doktoren Diemel und Pottgießer politisch standen. War die Anlage des Waldes auf der Hardt eine Rückbesinnung auf das Zeitalter ausgedehnter Eichenwälder in Deutschland oder Ausdruck des aufklärerischen Gedankens eines

---

73 Die Keimtheorie als Erklärung für ansteckende Krankheiten und plötzlich auftretende Seuchen von Pocken bis Cholera war in ersten Ansätzen im 16. und 17. Jahrhundert schon diskutiert worden, konnte sich aber anfangs nur schwer gegen die Miasma-Theorie durchsetzen, die solche Krankheiten mit dem Auftreten giftiger Dämpfe zu erklären suchte. Erst in der Mitte des 19. Jahrhunderts wurde die Keimtheorie durch Louis Pasteur wissenschaftlich bestätigt.

74 Georg Seiffert, Du Dscheng-Hsing, Zur Geschichte der Pocken und Pockenimpfung, in: Sudhoffs Archiv für Geschichte der Medizin und der Naturwissenschaften 30 (1937), S. 26–34.

75 Vgl. Ottmer, Geschichte (wie Anm. 5), S. 19f.

76 Karl Sudhoff (Hg.), Historische Ausstellung für Naturwissenschaft und Medicin, Düsseldorf 1898, S. 171.

77 Die damalige Bezeichnung für einem lebensbedrohlichen Gewichtverlust, vermutlich durch Krebs oder Tuberkulose verursacht.

gesünderen Lebens gemäß Pottgießers Aphorimsmus: *Gesund ist jeder gern, aber die bewährtesten Mittel, es zu bleiben oder zu werden, Thätigkeit, Bewegung in freier Luft, einfache Speisen und Getränke sind nicht immer die beliebtesten.* Wir wissen es nicht. Direkte politische Aussagen sind von keinem dieser beiden Ärzte überliefert, dies verbleibt einer späteren Generation vorbehalten.

Ihre Taten sprechen jedoch für sich. Die Jahre, die Diemel mit der Sammlung und Klassifizierung der lokalen Pflanzen zugebracht hatte, reflektieren im kleineren Raum die Arbeiten und Reisen Alexander von Humboldts, der durch seine Forschungsreisen nach Südamerika weltberühmt wurde und sich damit als der größte Naturkundler und Erforscher im deutschsprachigen Raum etablierte. Die Anlage der Hardt war vielleicht der nächste Schritt, diese Natur durch menschliche Tat zu erhalten. Ob deren Finanzierung mit zukunftsweisenden ökologisch-sozialen Argumenten oder mit rückwärtsgewandten, restaurativ-historisierenden Argumenten gesichert werden sollte, wissen wir nicht.

Dies wird deutlicher bei Diemels Kollegen Pottgießer: Dessen Beiträge zielten eindeutig darauf, berechenbare wissenschaftliche Grundlagen zu schaffen. Seine Höhenbestimmungen von Elberfeld lieferten in den folgenden Jahrzehnten eine Grundlage für Straßenbau und Planung; seine akustischen Berechnungen waren auf die Entwicklung besserer und berechenbarer Instrumente gezielt, eine Vorbedingung für deren industrielle Produktion. Beide Aktivitäten waren anwendungsorientiert mit dem Ziel neue, bessere und berechenbare Grundlagen für die Weiterentwicklung einer industrialisierten Zukunft zu schaffen.

Danksagung

Mein Dank gilt Frau Antonia Dinnebier und Herrn Dirk Fischer vom Förderverein historische Parkanlagen Wuppertal e.V. für interessante Diskussionen, hilfreiche Kommentare und die Überlassung von Bildern und Aufzeichnungen zu der Entwicklung der Hardtanlagen durch Dr. Diemel. Mein Dank gilt auch Herrn Dr. Uwe Eckardt und den Mitarbeitern am Stadtarchiv Wuppertal für die Hilfe bei der Suche nach Materialien zu Dr. Pottgießer, ebenso Herrn Martin Stadtler für seine wie immer kritische Lesung und hilfreichen Verbesserungsvorschläge.

Paul Zech und der Literaturbetrieb in Wuppertal vor dem Ersten Weltkrieg

Uwe Eckardt

Der Schriftsteller Paul Zech wurde am 19. Februar 1881 in Briesen (Westpreußen) geboren. Über seine Herkunft und Jugend hat er stets widersprüchliche, zum Teil auch bewusst falsche Angaben gemacht. Um 1900 kam er nach Elberfeld. Hier veröffentlichte er in den Tageszeitungen seine ersten Gedichte und Buchkritiken. Auf Drängen der mit ihm befreundeten Dichterin Else Lasker-Schüler ging er 1912 nach Berlin. Dort gelang ihm als Lyriker („Das schwarze Revier“, 1913, „Die eiserne Brücke“, 1914) und als Erzähler ("Der schwarze Baal“, 1917) der Durchbruch als Schriftsteller. Von der Literaturkritik und der Literaturwissenschaft wurde Paul Zech dem Expressionismus zugerechnet. Er selbst widersprach dieser Zuordnung. Gemeinsam mit Leonhard Frank (1881–1962) erhielt er 1918 den „Kleist-Preis“. In den 1920er Jahren veröffentlichte er weitere Erzählungen und Romane, die von einem starken sozialkritischen und religiösen Pathos geprägt waren. Die von ihm verfassten Theaterstücke waren wenig erfolgreich. Eine Ausnahme bildete das 1926 von Erwin Piscator in Berlin inszenierte und mit einem Bühnenbild von George Grosz ausgestattete Rimbaud-Stück „Das trunkene Schiff“. Uneingeschränkte Anerkennung fanden seine sprachgewaltigen Nachdichtungen verschiedener Werke von Honoré de Balzac, Jean-Arthur Rimbaud und François Villon.

Paul Zech, der keiner politischen Partei angehörte, geriet 1933 wegen seines sozialen und pazifistischen Engagements zwangsläufig in Gegensatz zum Nationalsozialismus. Seinen eigenen Angaben zufolge wurde er bereits am 21. April 1933 aus seiner Bibliothekarsstelle entfernt und vorübergehend inhaftiert. Um einer erneuten Verhaftung zu entgehen, floh er über Paris und Prag nach Südamerika. Trotz der ärmlichen Verhältnisse, in denen er in Argentinien lebte, arbeitete er an seinem literarischen Werk unermüdlich weiter. Paul Zech starb am 7. September 1946 in Buenos Aires. Aus seinem Nachlass wurden zuerst in der DDR unter anderem sein antifaschistischer Roman „Deutschland, dein Tänzer ist der Tod“ (1980) und sein autobiographischer Roman „Michael M. irrt durch Buenos Aires“ (1985) veröffentlicht. Dennoch hat er mit seinem ungewöhnlich umfangreichen literarischen Werk, einschließlich der vielen Nachdichtungen, keinen festen Platz im Kanon der deutschen Literatur gefunden.

I.

Von Paul Zechs angeblich 1909 als Privatdruck herausgegebenem Gedichtband „Das schwarze Revier“ ist meines Wissens kein einziges Exemplar erhalten. 1910 erschienen unter seiner Mitwirkung in Elberfeld zunächst die erste Folge der „Poetischen Flugblätter der Literarischen Gesellschaft Elberfeld“ und dann in Berlin bei A. R. Meyer das schmale Heft „Das frühe Geläut".[1] Die Mitautoren waren Friedrich Kerst (1870–1961) und August Vetter (1884–1976) sowie Christian Gruenewald-Bonn (1884–1919), Ludwig Fahrenkrog (1867–1952) und erneut August Vetter.[2]

Offensichtlich hat Paul Zech beide Publikationen Stefan Zweig in Wien mit der Bitte um Stellungnahme zugeschickt. Der bereits als Übersetzer und Lyriker hervorgetretene, gleichaltrige Kollege lobte mit Einschränkungen Paul Zech, Friedrich Kerst und August Vetter. Zu den beiden anderen Mitautoren äußerte er sich zurückhaltend. In seinem Antwortschreiben vom 18. Dezember 1910 akzeptierte Paul Zech Stefan Zweigs Kritik an Ludwig Fahrenkrogs und Christian Gruenewalds Gedichten, betonte jedoch gleichzeitig, wie wichtig ihm auch diese beiden Schriftsteller als Menschen und Freunde seien. Er fuhr dann fort: „Das literarische Leben ist hier im Allgemeinen sehr altfränkisch. Kein Wunder, der Schatten Emil Rittershaus' verfinstert noch das dämmernde Frührot. Aber ich denke an uns Jungen liegt es, daß Licht in die Gassen bricht."[3]

Paul Zech erweist sich hier als guter und kritischer Beobachter. Emil Rittershaus (1834–1897) steht stellvertretend für eine Generation von Schriftstellern, die in der Tat in der zweiten Hälfte des 19. Jahrhunderts im Wuppertal und darüber hinaus im Bergischen Land mit ihrer Familienpoesie sowie mit ihren zu allen nur denkbaren Anlässen in nationalen Tönen verfassten Gelegenheitsgedichten und mit viel Pathos vorgetragenen Prologen sehr stark in die Öffentlichkeit hineingewirkt haben.[4] Einen repräsentativen Überblick über das lyrische Werk dieser Autoren, zu denen außer Emil Rittershaus u.a. Wilhelm Fischer (1833–1916), Otto Hausmann (1837–1916), Wilhelm Idel (1849–1927), Ernst Scherenberg (1839–1905), Karl Stelter (1823–1912) und Friedrich Storck (1838–1915) zählen, vermittelt Friedrich Kerst in der von ihm 1900 herausgegebenen Anthologie „Bergische Dichtung".[5]

---

1 Fritz HÜSER (Hg.), Paul Zech. 19. Februar 1881 – 7. September 1946. Mit Beiträgen von Walter Huder, Werner Bock und einer Paul-Zech-Bibliographie von Hedwig Bieber (Dichter und Denker unserer Zeit 28), Dortmund/Wuppertal 1961, S. 42.

2 Die wichtigsten biographischen und bibliographischen Angaben zu den meisten der im folgenden erwähnten Wuppertaler bzw. bergischen Schriftstellern finden sich in: Wilhelm KOSCH, Deutsches Literatur-Lexikon, 36 Bde., Bern u.a. 1968–2017; vgl. auch Heinz-B. HELLER u.a. (Hg.), Literatur im Wuppertal. Geschichte und Dokumente, Wuppertal 1981. – August Vetter schlägt als Philosoph und Psychologe die Universitätslaufbahn ein; vgl. Rudolf MALTER, Anthropognomik. August Vetters Beitrag zur Lehre vom Menschen, in: Heide HEINZ (Hg.), Genii loci dispersi. Beiträge zu „Wuppertaler Philosophen", Würzburg 1980, S. 90–133. Ludwig Fahrenkrog ist zuletzt eine Monographie aus der Sicht eines führenden Vertreters der „Neuen Rechten" gewidmet worden; vgl. Claus WOLFSCHLAG, Ludwig Fahrenkrog. Das Goldene Tor. Ein deutscher Maler zwischen Jugendstil und Germanenglaube, Dresden 2006.

3 Donald G. DAVIAU (Hg.), Stefan Zweig – Paul Zech. Briefe 1910–1942, Rudolstadt 2. Aufl. 1987, S. 19.

4 Zu Emil Rittershaus vgl. Joachim BARK, Der Wuppertaler Dichterkreis. Untersuchungen zum poeta minor im 19. Jahrhundert (Abhandlungen zur Kunst-, Musik- und Literaturwissenschaft 86), Bonn 1969, S. 18–21 und Art. „Emil Rittershaus", in: Walter GÖDDEN, Iris NÖLLE-HORNKAMP (Bearb.), Westfälisches Autorenlexikon, Bd. 2: 1900–1950, Paderborn 1994, S. 335–339.

5 Friedrich KERST (Hg.), Bergische Dichtung. Eine Sammlung bergischer Gedichte aus dem 19. Jahrhundert, Elberfeld 1900.

Joachim Bark hat in seiner von Walter Höllerer in Berlin betreuten Dissertation 1968 zur Charakterisierung der Schriftsteller um Emil Rittershaus mit gutem Grund den Ausdruck „poetae minores“ verwandt. Ihre Gedichte sind in der Literatur auch unter dem Oberbegriff „bergische Genrepoesie“ zusammengefasst worden.[6]

Neue oder ungewöhnliche Töne sind in Kersts Sammelband nicht zu erkennen. Die ausgewählten Schriftsteller waren in der Regel im Hauptberuf Kaufleute, Lehrer und Redakteure. Auch der Herausgeber gehörte dem Lehrerstand an. Er schrieb zwar gelegentlich Gedichte, bezeichnete sich aber selbst als „Kulturreferent“ und zählte zu den umtriebigen Organisatoren des literarischen Lebens im Wuppertal, der als Literaturkritiker zunehmend an Einfluss gewann. Den künstlerischen und literarischen Entwicklungen nach dem Ersten Weltkrieg stand er jedoch weitgehend verständnislos gegenüber und passte sich den Erfordernissen der „Neuen Zeit“ nach 1933 sehr schnell an, wandte sich dann allerdings verstärkt der engeren Heimat- und Kulturgeschichte zu.[7]

Die in der Anthologie mit zahlreichen Gedichten vertretenen Walter Bloem (1868–1951),[8] Rudolf Herzog (1869–1943) und Wilhelm Schäfer (1868–1952) hatten um 1900 die Enge des Wuppertals bereits längst verlassen und mit ihrer Etablierung als überregional bekannte und zum Teil auch anerkannte Schriftsteller begonnen.[9] Bei Walter Bloem und Rudolf Herzog riss jedoch die Verbindung zu ihren Heimatstädten nie ganz ab.[10]

II.

Paul Zech, der sich vermutlich seit 1900 im Wuppertal aufhielt, kam sicherlich früh mit dem aus der Distanz als „altfränkisch“ bezeichneten literarischen Leben in den beiden Wupperstädten in Berührung. Die wenigen, zudem in der Regel unzutreffenden Selbstzeugnisse geben allerdings keine konkreten Hinweise auf das Zustandekommen dieser Kontakte. Leicht ist es Paul Zech, der in amtlichen Unterlagen (Heirats- und Geburtsurkunden sowie Adressbüchern) als „Lagerist“ und „Konditor“ firmiert, von den etablierten Literaten des Wuppertals sicherlich nicht gemacht worden.

6 Vgl. Bark, Dichterkreis (wie Anm. 4) und Heller, Literatur (wie Anm. 2), S. 102.

7 Vgl. Uwe Eckardt, Friedrich Kerst (1870–1961) – „Nestor der bergischen Geschichtsforscher“?, in: RB 61 (2011), H. 3, S. 22–33.

8 Vgl. zuletzt Horst Heidermann, Auf dem Weg zum Führer: Walter Bloem, in: Geschichte im Wuppertal 15 (2006), S. 28–44.

9 Rudolf Herzog und Wilhelm Schäfer sind kritisch gewürdigt worden von Dirk Hallenberger, Rudolf Herzog (1869–1943), in: Bert Kortländer (Hg.), Literatur von nebenan 1900–1945, Bielefeld 1995, S. 144–151 und von Manfred Bosch, Wilhelm Schäfer (1868–1952), in: Ebd., S. 298–304. Vgl. auch Jürgen Hillesheim, Elisabeth Michael, Lexikon nationalsozialistischer Dichter. Biographien – Analysen – Bibliographien, Würzburg 1993, S. 238–246 (Rudolf Herzog) und Hans Sarkowicz, Alf Mentzler, Literatur in Nazi-Deutschland. Ein biografisches Lexikon, Hamburg 2002, S. 343–346 (Wilhelm Schäfer).

10 Vgl. auch die Überblicksdarstellung von Uwe Eckardt, Literatur und literarisches Leben im Bergischen Land um 1900, in: Stefan Gorissen, Horst Sassin, Kurt Wesoly (Hg.), Geschichte des Bergischen Landes, Bd. 2: Das 19. und 20. Jahrhundert (Bergische Forschungen 32), Bielefeld 2016, S. 435–453.

Aus seinen Briefwechseln mit Stefan Zweig und Else Lasker-Schüler geht hervor, dass sich Paul Zech im Wuppertal offenbar nach und nach einen Freundeskreis aufbaute, dem mit Sicherheit der Maler und Barmer Kunstprofessor Ludwig Fahrenkrog, Christian Gruenewald-Bonn, August Vetter und Friedrich Kerst sowie vermutlich Carl Robert Schmidt (1879–1976) und Robert Renato Schmidt (1892–1948) angehörten.[11] Karl Hanns Wegener spricht in seiner 1923 veröffentlichten, sehr kenntnisreichen Rückschau auf Paul Zech und sein literarisches Werk von einer „Anzahl junger Leute, Dichter, Maler, Studenten und solcherlei müßige Gesellen", die sich in Elberfelder Kaffeehäuser getroffen und dort über „Gott und die Welt und die Wunder der Kunst" nachgedacht und über Stefan George gestritten haben.[12]

Da autobiographische Zeugnisse fehlen, ist es müßig, nach Einzelheiten der Beziehungen innerhalb des Freundeskreises um Paul Zech zu fragen. Über die Literarische Gesellschaft Elberfeld und die Literarische Vereinigung Barmen, deren Vorstand Ludwig Fahrenkrog zeitweise angehörte, bestanden zudem sicherlich Kontakte zu den meisten im Wuppertal lebenden Schriftstellern. Andere, aus dem Wuppertal inzwischen weggezogene Kollegen hatte der „Korrespondent" Paul Zech möglicherweise als Berichterstatter bei deren Lesungen getroffen.

Viele Wuppertaler Tageszeitungen erfreuten ihre Leser um 1900 regelmäßig mit dem Abdruck von Gedichten. Die Auswahl beschränkte sich dabei keineswegs auf die Klassiker und allgemein anerkannten Zeitgenossen. Auch bergische Schriftsteller kamen immer wieder zu Wort. Es handelt sich dabei zumeist um dieselben Namen, denen wir bereits in der Anthologie „Bergische Dichtung" begegnet sind.

Wenn ich bei der Durchsicht der im Stadtarchiv Wuppertal verwahrten Zeitungen nichts übersehen habe, veröffentlichte Paul Zech im „Täglichen Anzeiger für Berg und Mark" vom 18. August 1904 sein erstes Gedicht „Blick in ein Kinderauge".[13] In unregelmäßigen, anfangs recht großen Abständen folgten weitere Gedichte, seit 1906 auch im „General-Anzeiger für Elberfeld-Barmen", der auflagenstärksten Tageszeitung im Wuppertal, sowie vermutlich seit 1907 auch in auswärtigen Zeitschriften sowie in Kalendern und Almanachen. Einen Großteil dieser Gedichte nahm Paul Zech, zum Teil in stark überarbeiteter Form, in seine Gedichtbände „Schollenbruch" (1912) und „Die eiserne Brücke" (1914) auf.

Die ersten Gedichte waren ohne Zweifel Gelegenheitsgedichte, vielleicht sogar Auftragsarbeiten. Ihre Themen passten sich den jeweiligen Jahreszeiten an. „Herbststimmung", „Schneeflocken" und „Novembertag" lauteten die Titel. Paul Zech reihte sich – vielleicht aus Opportunismus, vielleicht aber auch, weil ihm die sprachlichen Mittel für neue Ausdrucksformen noch fehlten – in die große Zahl der Vertreter einer unverbindlichen Natur- und Heimatlyrik ein.

---

11 Wulf WÜLFING, Karin BRUNS, Rolf PARR (Hg.), Handbuch literarisch-kultureller Vereine, Gruppen und Bünde 1825–1933 (Repertorien zur deutschen Literaturgeschichte 18), Stuttgart/Weimar 1998, S. 250f.

12 Karl Hanns WEGENER, Paul Zech, in: Hellweg. Wochenschrift für deutsche Kunst 3 (1927), S. 327.

13 Uwe ECKARDT, Paul Zech in Elberfeld (Mit bisher unbekannten Gedichten), in: RB 46 (1996), S. 6f. und Paul ZECH, Ausgewählte Werke, Bd. 1: Gedichte, hg. v. Bert KASTIES, Aachen 1999, S. 47.

Beispielhaft dafür steht folgendes, am 28. März 1905 im „Täglichen Anzeiger für Berg und Mark" veröffentlichtes Gedicht:

Der Frühling kommt!

Sieh, der Winter geht zur Rüste
Und der letzte Schnee zerrinnt.
Durch die blätterlosen Bäume
Streicht ein lauer Frühlingswind.

An den sonn'gen Bergeshängen
Schon die ersten Veilchen blühn. –
Still, o Herz, bald wird der Frühling
Auch durch deine Kammern ziehn.

Ich stelle diesen Versen kommentarlos die beiden Schlussstrophen des Gedichtes „Im Frühling" des Elberfelder Bankiers und Schriftstellers Friedrich Roeber (1819–1901) gegenüber, der, von Joachim Bark ebenfalls als „poeta minor" eingestuft, hauptsächlich historische Dramen schrieb und sich erst relativ spät der Lyrik zuwandte.

Im Frühling

Leise rauscht es in den Bäumen,
In den Gräsern weht es sacht,
Und wir gehen wie im Träumen
Schweigend durch die Frühlingspracht.

Sind die Lippen auch geschlossen,
Weiß ich doch: wie über mich,
Hat der Zauber sich ergossen,
Süßes Herz, auch über dich.[14]

III.

Wir wissen nicht, wie es Paul Zech gelang, sich nach und nach als Lyriker durchzusetzen. In einer autobiographischen Skizze, die er 1907 für den Begründer und Mentor der „Kölner Blumenspiele" Johannes Fastenrath (1839–1908) verfasst, gesteht er, dass ihn zuweilen ein „Dichtertaumel" überkommt und er dann Gedichte schreibt, „in denen sich die Heimatsehnsucht und ein liebevolles Erfassen der Natur ausleben".[15] In diesem Zusammenhang nennt er Dr. Ludwig Salomon als seinen Förderer. Wenn dies zutrifft, dann

14 Kerst, Bergische Dichtung (wie Anm. 5), S. 193.
15 Eckardt, Zech (wie Anm. 13), S. 4.

ist es ihm in der Tat gelungen, einen Mentor für sich einzunehmen, der im literarischen Leben des Wuppertals eine wichtige Rolle gespielt hat.

Ludwig Salomon (1844–1911), der aus Sachsen stammte, wirkte von 1882 bis 1906 als Chefredakteur des „Täglichen Anzeigers" in Elberfeld. Außerhalb des Wuppertals wurde er weniger durch seine Novellen und Gedichte – letztere fanden allerdings wohl Eingang in die Anthologie „Bergische Dichtung" – als vielmehr durch seine zweibändige „Geschichte der deutschen Nationalliteratur des 19. Jahrhunderts" (1879–1881) und vor allem durch die lange als Standardwerk geltende, dreibändige „Geschichte des deutschen Zeitungswesens von den ersten Anfängen bis zur Wiederaufrichtung des Deutschen Reiches" (1900–1906, Neudruck 1973) bekannt.

Nachhaltigen Einfluss auf das literarische Leben des Wuppertals übte er nicht nur dank seiner Position als Chefredakteur, sondern auch als langjähriger Vorsitzender des 1889 gegründeten Bezirksvereins XI (Niederrhein und Westfalen) des Deutschen Schriftstellerverbandes, der regelmäßig im Wuppertal tagte, aus. Bei der Gründung der Literarischen Gesellschaft Elberfeld 1905 wirkte er noch maßgeblich mit, bevor er 1906 nach Dornburg bei Jena zog, um sich dort ausschließlich seiner literarischen und wissenschaftlichen Arbeit zu widmen.[16]

Über die Anfänge der Literarischen Gesellschaft Elberfeld gibt es keine Unterlagen. Lediglich aus zufällig ermittelten Zeitungsberichten und den wenigen erhaltenen Programmzetteln wissen wir, dass im Mittelpunkt ihrer Aktivitäten Dichterlesungen standen. 1906 gab Friedrich Kerst im Auftrage der Gesellschaft eine weitere Anthologie unter dem Titel „Bergischer Almanach" heraus. Gegenüber dem Band von 1900 hat sich auf den ersten Blick nicht viel verändert. Erneut wurden Gedichte von Wilhelm Fischer, Wilhelm Idel, Karl Stelter und nochmals Emil Rittershaus aufgenommen. Bei einigen Namen drängt sich der Verdacht auf, dass für deren Berücksichtigung weniger das schriftstellerische Können als vielmehr die gesellschaftliche Position bzw. die materielle Abgesichertheit ihrer Träger ausschlaggebend gewesen sind.[17] Der in Barmen geborene Hans Brandenburg (1885–1968), der unmittelbar nach dem Abitur 1903 das Wuppertal in Richtung München verlassen und in den dortigen Künstlerkreisen mit seinem ersten Gedichtband „In Jugend und Sonne" (1904) Aufsehen erregte, findet mit dem mehrstrophigen Gedicht „Meine beiden Lieblinge" Berücksichtigung.

Völlig unerwartet treffen wir jedoch im „Bergischen Almanach" auf die Elberfelderin Else Lasker-Schüler, die bereits 1894, wenige Monate nach ihrer Heirat, mit dem Arzt Dr. Berthold Lasker, nach Berlin gezogen war.[18] Der Herausgeber Friedrich Kerst übernahm aus dem zweiten, 1905 erschienenen Gedichtband „Der siebente Tag" der in ihrer Heimatstadt bis dahin kaum wahrgenommenen Schriftstellerin die Gedichte „Heim",

---

16 August LOMBERG, Ludwig Salomon, der Journalist und Literaturhistoriker, in: DERS.: Bergische Männer. Ein Beitrag zur Geschichte der Heimat, Elberfeld 1921, S. 290–292; Deutsche Biographische Enzyklopädie (DBE) 8 (1998), S. 504.

17 Hierher gehören zum Beispiel die Gedichte von Johannes Fastenrath (Jurist und Kunstmäzen), Karl von der Heydt (Bankier und Kunstmäzen), Karl August Hückinghaus (Direktor) oder E. A. Saatweber (Weinhändler und zeitweise Vorsitzender der Literarischen Vereinigung Barmen).

18 Vgl. Uwe ECKARDT, Die Schülers in Elberfeld, in: RB 45 (1995), S. 1–11, hier S. 6–8.

„Weltende“ und „Groteske“,[19] obwohl sie in jeder Beziehung der Konzeption der Anthologie, die wie der Band von 1900 auf unverbindliche Familienpoesie und Naturlyrik angelegt war, widersprachen. Wir wissen nicht, was den Herausgeber zu diesem Schritt bewogen hat. Möglicherweise war bei Zusammenkünften von Mitgliedern der Literarischen Gesellschaft über Else Lasker-Schüler gesprochen worden, hatte Friedrich Kerst die Schriftstellerin selbst um einige Beiträge für den „Bergischen Almanach“ gebeten.

IV.

Paul Zech stand 1906 noch ganz am Anfang seiner Schriftstellerkarriere. Er kämpfte wohl mit allen Mitteln um Anerkennung. Dies erklärt unter Umständen, weshalb er 1907 selbst zu den „Kölner Blumenspielen“, die auf Initiative des Remscheider Juristen und Schriftstellers Johannes Fastenrath seit 1899 jährlich mit großem Pomp im Kölner Gürzenich stattfanden, außerhalb der Rheinmetropole jedoch zumeist auf hämische Kritik stießen, Gedichte einsandte.[20] Bei dieser Entscheidung hat möglicherweise auch eine Rolle gespielt, dass der Jury dieses literarischen Wettkampfes unter anderen der Elberfelder Schriftsteller Ernst Scherenberg und Ludwig Salomon angehört haben.

Um 1909 hatte Paul Zech im Wuppertal den „Durchbruch“ als Schriftsteller offenbar geschafft. Sein Gedicht „Pfingstfreude“ schmückte in diesem Jahr die Titelseite der Pfingstausgabe des „General-Anzeigers“.[21] Zwar handelte es sich bei den in der Folgezeit in dieser Zeitung veröffentlichten Gedichten vielfach noch um „Auftragsarbeiten“ zu bestimmten Anlässen, immer häufiger jedoch um vermutlich frei gewählte Themen, die dem jungen Schriftsteller sehr viel mehr Ausdrucksmöglichkeiten boten als bisher. Dies galt ganz besonders für die vier Sonette „Zwischen Ruß und Rauch“, die der „General-Anzeiger“ am 30. November 1911 veröffentlichte. Zu dieser Zeit bestanden bereits enge Beziehungen zu der von Herwarth Walden in Berlin herausgegeben Zeitschrift „Der Sturm“. Die dort etwa zeitgleich unter dem Titel „Zwischen Ruß und Rauch“ erschienenen Sonette unterscheiden sich von den Wuppertaler Gedichten allerdings teilweise sehr stark.

Mit dem größeren Bekanntheitsgrad erhöhte sich natürlich die Zahl der Publikationsorgane, die bereit waren, Paul Zechs Gedichte zu veröffentlichen. Dazu gehörte auch der seit 1908 für die Jahre 1909 bis 1914 erscheinende „Kalender für das Bergische Land“. Heinrichs Vogelers Monatsbilder, die den ersten Jahrgang schmückten, sowie verschiedene Artikel, die sich für das Gedankengut der Jugendbewegung einsetzten, sprechen dafür, dass diesem neuen Periodikum zunächst eine vorwärts gerichtete Konzeption zugrunde gelegen hatte. Wegen des häufigen Wechsels in der Redaktion ist jedoch keine einheitliche Linie zu erkennen. Insgesamt überwogen die eher konservativen, rückwärtsgewandten Schriftsteller, die für diesen Kalender, der auch zahlreiche historische und

---

19 Friedrich KERST (Hg.), Bergischer Almanach, 1. Teil: Gedichte, Elberfeld 1906, S. 86f.; vgl. auch Else LASKER-SCHÜLER, Werke und Briefe. Kritische Ausgabe, Bd. 1: Gedichte, Frankfurt a.M. 1996, Teilbd. 1, S. 91 und S. 102f. und Teilbd. 2, S. 129f. und S. 143–145.

20 ECKARDT, Zech (wie Anm. 13), S. 13ff. – Vgl. auch Ursula VONES-LIEBENSTEIN, Johannes Fastenrath (1839–1908), in: Rheinische Lebensbilder 12 (1991), S. 157–178.

21 General-Anzeiger für Elberfeld-Barmen (künftig: GA) vom 29. 5. 1909.

belehrende Artikel enthält, ihre Gedichte und Erzählungen schrieben bzw. erneut zur Verfügung stellten. Neben „Heimatdichtern", deren Namen heute völlig in Vergessenheit geraten sind, sind in diesem Zusammenhang zu nennen: Walter Bloem, Wilhelm Fischer, Otto Hausmann, Rudolf Herzog, Wilhelm Idel, Arthur Rehbein (1867–1953), Walther Schulte vom Brühl (1858–1921) und Friedrich Storck.

Wir begegnen als Vertretern einer jüngeren Generation Paul Boeddinghaus (1877–1953),[22] Hans Brandenburg, Emil Uellenberg (1874–1944) und Friedrich Wiegershaus (1877–1934). Von Ludwig Fahrenkrog stammten einige Abbildungen. Hervorzuheben sind in diesem Zusammenhang Carl Robert Schmidt und Robert Renato Schmidt, nicht wegen der ansatzweise neuen Töne, die aus ihren Versen herauszuhören sind, sondern wegen ihrer freundschaftlichen Beziehung zu Paul Zech. Carl Robert Schmidt, der aus dem Saarland stammte und als Lehrer in Remscheid und Wuppertal wirkte, schrieb zeitweise expressionistische Großstadtgedichte, um sich dann wieder „auf die ewigen Werte der reinen Natur" zu besinnen, die „auch politisch den Weg in Richtung Volksgemeinschaft" wiesen.[23] Dies erleichterte ihm die Anpassungen an die jeweiligen Erfordernisse sowohl nach 1933 als auch nach 1945, in den letzten Jahrzehnten vor allem als Kunstkritiker. Robert Renato Schmidt dagegen setzte den mit Paul Zech eingeschlagenen Weg zunächst fort. „In Verehrung" widmete er dem Freund das 1913 bei A. R. Meyer in Berlin erschienene schmale Heft „Frauen. Ein Zyklus Gedichte". Zusammen mit Hans Ehrenbaum-Degele und Ludwig Meidner gaben die Freunde in Berlin 1913/14 bekanntlich die Zeitschrift „Das neue Pathos" heraus.[24]

V.

Im Elberfelder Adressbuch von 1910 ist Paul Zech zum ersten Mal als „Korrespondent" bezeichnet. Seine Berichterstattung über Dichterlesungen erfolgte vermutlich in Absprache mit der Literarischen Gesellschaft Elberfeld, die zwischen 1905 und 1913 zahlreiche Schriftsteller in das Wuppertal einlud. Ich nenne nur die bekanntesten Namen: Lulu von Strauß und Torney, Gustav Falke, Richard Dehmel, Hermann Hesse, Alexander von Gleichen-Rußwurm, Rainer Maria Rilke und Rudolf Herzog.

Rainer Maria Rilke, der 1906 im Elberfelder Museumsverein einen Vortrag über Auguste Rodin gehalten hatte – unter den Zuhörern befand sich damals laut eigener Aussage auch Paul Zech –, las am 9. Januar 1910 auf Einladung der Literarischen Gesellschaft Elberfeld aus seinen Werken.[25] Das von Friedrich Kerst redigierte Flugblatt

---

22 Paul Boeddinghaus, der in der Anthologie „Bergischer Almanach" mit vier Gedichten vertreten ist, veröffentlicht 1912 unter dem Pseudonym Paul Jörg mit Ludwig Fahrenkrog als Illustrator den Gedichtband „Gekrönte Stunden".

23 Heller, Literatur (wie Anm. 2), S. 126.

24 Paul Raabe, Die Autoren und Bücher des literarischen Expressionismus. Ein bibliographisches Handbuch, Stuttgart 2. Aufl. 1991, S. 421f.

25 Hans-Henrik Krummacher, Paul Zech und Rainer Maria Rilke. Zur Wirkung Rilkes im Expressionismus und im Exil (mit ungedruckten Briefen Paul Zechs und Anton Kippenbergs und unbekannten Zeitungsberichten über Rilkes Elberfelder Lesungen), in: Ders. (Hg.), Zeit der Moderne.

(„Mitteilungen" Nr. 4), mit dem zu dieser Veranstaltung eingeladen worden war, stellte den prominenten Gast vor. Es enthielt ferner bisher unveröffentlichte Gedichte von Paul Boeddinghaus und Paul Zech.

Es liegt deshalb nah anzunehmen, dass Paul Zech im Auftrag der Literarischen Gesellschaft für den „General-Anzeiger" über diesen Dichterabend berichtet hat. Paul Zechs Text, vermutlich sein erster Bericht dieser Art überhaupt, den der „General-Anzeiger" am 14. Januar 1910 unter der Überschrift „Eine Impression" veröffentlicht, hat sicherlich nicht nur die Auftraggeber, sondern auch den Großteil der Zeitungsleser irritiert. Im Grunde antwortet hier – durchaus kritisch – der Dichter Paul Zech dem Dichter Rainer Maria Rilke mit den ihm zu Verfügung stehenden sprachlichen Mitteln.

Der Text dieser Besprechung ist verschiedentlich nachgedruckt worden.[26] Es genügen hier einige Zitate, um zu verdeutlichen, dass im Feuilleton der Wuppertaler Zeitungen ein neuer Ton Eingang gefunden hat:

> *Drei Worte nenn' ich euch: Rainer – Maria – Rilke. Dieses kleine ‚r' in den drei Worten. Wie es aufpocht. Und dieser Rhythmus: Rainer-Maria-Rilke. Weich wie ein Gedicht. Wir staunen auf. Und siehe, ein Meister zieht die Register: Musik, Musik. Aber weiche, zartverrinnende Klänge. Wie Blütenstaub. So verträumt – wie eine Birke, die den Lenz erfuhr. Und dann ein Dunkelton, scheu wie eine heimliche Liebe.*
> *Zuweilen eine einsame Flöte. Ganz Wehmut. Ganz Betrachtung. Und dann Pan. Und Duft von Faulbaum und Heliotrop* […]
> *Hin und wieder blitzte ein Diamant empor. Ein Diamant. So blank. So kalt. Und eine Rose blühte auf – und starb.* […]
> *Aber alles mit einer Überzeugungstreue, die stark suggerierte. Und dazu ein leise-singendes Pathos. Ganz Rhapsode. Oder fast.* […]
> *O, diese Gebärde. Die Gebärde derer um Stephan George. Bewußter Ästhetizismus durch und durch.* […]
> *O, diese Flagellanten der geliebten Form, der Wortkultur. Ein neuer Irrtum. Rainer-Maria-Rilke.* […]
> *Schade!*

Paul Zech behielt auch bei den Besprechungen der Dichterabende der Literarischen Gesellschaft mit Ludwig Ganghofer und Olga Wohlbrück seine emphatische, fast expressionistische Ausdrucksweise bei, auch wenn sich das Druckbild den bis dahin vorherrschenden Sehgewohnheiten der Leser wieder annäherte.[27] Danach entschied sich Paul Zech – aus welchen Gründen auch immer – für eine sehr viel sachlichere Berichterstattung. Zu den Gästen der Literarischen Gesellschaft Elberfeld, über die der „Korrespondent" in der Folgezeit berichtete, zählten u.a. Ernst Zahn, Gerhard Ewald Seeliger, Her-

---

Zur deutschen Literatur von der Jahrhundertwende bis zur Gegenwart [Bernhard Zeller zum 65. Geburtstag], Stuttgart 1984, S. 485–532, hier S. 487f.

26 Ebd., S. 515f.

27 Vgl. GA vom 3. und 5.3.1910.

bert Eulenberg, Margarete Zöllner, Ottomar Enking und Martha Grosse.[28] Er schrieb ferner über einen Dichterabend mit der im Wuppertal sehr geschätzten Johanna Weiskirch (1866–1960) sowie über eine Lesung des von ihm als „liebenswürdiger Eklektiker" bezeichneten Will Vesper (1882–1962), der 1912 auf Einladung der Literarischen Vereinigung Barmen aus München als Besucher in seine Heimatstadt zurückgekehrt war.[29]

Paul Zech berichtete offenbar nur in Ausnahmefällen über Theateraufführungen, vermutlich weil auf diesem Gebiet die Zuständigkeiten in den Redaktionen der verschiedenen Tageszeitungen genau geregelt waren.[30] Von den Schauspielsparten der Stadttheater in Elberfeld und Barmen gingen im ersten Jahrzehnt des 20. Jahrhunderts keine erkennbaren Impulse aus. Neben Possen und Schwänken in der Art von „Kyritz-Pyritz" oder „Pension Schöller" sowie Stücken von Ludwig Anzengruber, Ernst von Wildenbruch, Ludwig Fulda und dem Elberfelder Friedrich Roeber dominierten die deutschen Klassiker sowie Shakespeare die Spielpläne. Ferner ist eine deutliche Vorliebe der Intendanten der völlig unabhängig voneinander betriebenen Theater in Elberfeld und Barmen für Gerhart Hauptmann, Hermann Sudermann und Henrik Ibsen zu erkennen. In einer Matinee-Veranstaltung gelangte 1909 August Strindbergs weniger bekanntes Stück „Pelikan" zur deutschen Erstaufführung.[31] Frank Wedekind, Arthur Schnitzler oder George Bernard Shaw lernte das Wuppertaler Publikum immer erst in großem zeitlichen Abstand zu den Uraufführungen der oft skandalumwitterten Stücke dieser Autoren, zudem in der Regel nur in exklusiven Matineevorführungen, kennen. Die lokale Presse bestärkte die Zuschauer zumeist in ihrer ablehnenden Haltung gegenüber den in Berlin oder Wien gefeierten oder zumindest heftig diskutierten „Novitäten".[32]

Paul Zech schrieb außer Berichten über literarische Veranstaltungen und vereinzelten Theaterkritiken vor allem Buchbesprechungen, die zwischen 1910 und 1913 im „General-Anzeiger" erschienen. In der Geschichte der Wuppertaler Lokalpresse gab es davor und danach in diesem Umfang und in dieser Qualität keine vergleichbare Literaturberichterstattung. Der Rezensent entwickelte auch hier seinen eigenen Stil, durchaus kritisch, häufig mit ironischen Untertönen. Natürlich arbeitete er gelegentlich mit „Versatzstücken", es handelte sich aber dann eben um Zech'sche Versatzstücke. Es gab nur selten totale Verrisse. Insbesondere bei den in den Augen des Rezensenten weniger gelungenen Büchern entschied sich dieser nicht selten für ein „Sowohl-als-auch". Die Vorliebe des Schriftstellers für Neuerscheinungen auf dem Gebiet der Lyrik ist unverkennbar.

---

28 Vgl. GA vom 2.11.1910, 23.2.1911, 6.4.1911, 2.11.1911, 8.2.1912 und 13.3.1912.

29 Vgl. GA vom 1.2.1912 und 22.3.1912.

30 Paul Zech bespricht im GA vom 14.12.1911 die Elberfelder Premiere der Komödie „Freie Bahn" des völlig in Vergessenheit geratenen Schriftstellers Paul Bliß (1861–193?) und am 15.12.1911 dessen Lesung in einem Extraabend der Literarischen Gesellschaft Elberfeld.

31 Die deutsche Erstaufführung fand am 4. April 1909 im Elberfelder Theater statt; vgl. GA vom 5.4.1909.

32 Es gibt bisher keine Theatergeschichte Wuppertals im 19. und 20. Jahrhundert. Einen knappen Überblick vermittelt Gerhart WERNER, 150 Jahre Wuppertaler Theater, in: Kurt HACKENBERG, Walter SCHWAEGERMANN (Hg.), Vom Theater in Wuppertal. Ein Souvenir, Wuppertal [1956], S. 5–44.

Paul Zech ordnete mit Sachkenntnis die von ihm besprochenen Bücher in den größeren Zusammenhang des Literaturbetriebes seiner Zeit ein. In der Summe entstand so ein bemerkenswerter Überblick über die Literatur in den Jahren vor dem Ersten Weltkrieg. Ich nenne in alphabetischer Reihenfolge auch hier nur die bekanntesten Namen: Rudolf Georg Binding, Hans Carossa, Max Dauthendey, Herbert Eulenberg, Carl Hauptmann, Herman Heijermans, Hugo von Hofmannsthal, Ricarda Huch, Emil Lucka, Heinrich Mann, Émile Verhaeren, Robert Walser und Stefan Zweig.[33]

VI.

Es fällt auf – immer vorausgesetzt, ich habe bei meinen Zeitungsrecherchen nichts übersehen –, dass Paul Zech in seinen Rezensionen Else Lasker-Schüler zwar gelegentlich erwähnt, in der Wuppertaler Presse bis zu seinem Wegzug Mitte 1912 aber offenbar keine ihrer Veröffentlichungen besprochen hat.

Die erhaltene Korrespondenz zwischen beiden im Prinzip doch recht unterschiedlichen Charakteren erlaubt den Schluss, dass vermutlich zunächst Christian Gruenewald-Bonn und dann Paul Zech, vielleicht im Namen der Literarischen Gesellschaft Elberfeld, 1909 den Kontakt zu Else Lasker-Schüler hergestellt haben. Der Plan, eine Anthologie bergischer Dichter herauszugeben, scheiterte. Die aus Elberfeld stammende Dichterin, der offenbar eine Auswahl der für die Anthologie vorgesehenen Texte zugeschickt worden war, stimmte einer Veröffentlichung ihrer Gedichte nicht zu. Mit Ausnahme der von Paul Zech vorgelegten Beiträge waren für sie die Gedichte der anderen Autoren „unkünstlerisch total kindisch, talentlos“. An einer anderen Stelle ihres wohl am 15. Dezember 1909 geschriebenen Briefes verwandte sie zur Charakterisierung des eingereichten Materials die Ausdrücke „banaler Quatsch“, „spießbürgerlich“ und „alles Dilettantismus“. Sie nannte in diesem Zusammenhang namentlich Ludwig Fahrenkrog, Christian Gruenewald-Bonn und Georg Kreidt, über den sonst keinerlei Nachrichten vorliegen.[34] Aus den vorangegangenen, nicht erhaltenen Briefen Paul Zechs wusste sie, dass die so scharf Kritisierten seine Freunde waren. Sie riet ihrem Briefpartner deshalb, zwischen Freundschaft und Kunst zu trennen. Dennoch wiederholte Else Lasker-Schüler in ihrem nächsten Brief an Paul Zech ihre kritischen Anmerkungen. Ihren Angaben zufolge teilte auch der aus Elberfeld stammen Peter Baum (1869–1916) ihre Ansicht.[35]

Paul Zech akzeptierte ohne erkennbare Widerrede diese Kritik. Es entwickelte sich bekanntlich dennoch in der Folgezeit eine enge Freundschaft zwischen ihm und Else Lasker-Schüler,[36] die schließlich mit dazu beitrug, dass Paul Zech in der Mitte des Jahres 1912 den Schritt von Elberfeld nach Berlin wagte. Die Gründung einer neuen Existenz

33 Vgl. ECKARDT, Zech (wie Anm. 13), S. 20f.

34 Else LASKER-SCHÜLER, Werke und Briefe (wie Anm. 19), Bd. 6: Briefe 1893–1913, Frankfurt a.M. 2003, S. 117–119 und S. 487–489.

35 Ebd., Nr. 203, S. 123f. und S. 492f.; Zu Peter Baum vgl. RAABE, Expressionismus (wie Anm. 24), S. 42.

36 Vgl. Christoph HAACKER (Hg.), Paul Zech. Wuppertal. Bergische Dichtungen. Begegnungen mit Else Lasker-Schüler, Wuppertal 2013.

dort gestaltete sich schwierig. Die Sorge um Arbeit und Wohnung für die Familie bestimmte die erste Zeit. Die große materielle Not war sicherlich mit ein Grund, weshalb Paul Zech von Berlin aus weiter Buchbesprechungen für den „General-Anzeiger" schrieb und sich 1912 nochmals an den „Kölner Blumenspielen" beteiligte. Die Veröffentlichung seiner, nach meiner Kenntnis ersten Erzählung „Neunzig Kilometer" im „General-Anzeiger" am 3. Oktober 1912 hat wohl auch in erster Linie dem Broterwerb gedient.

Paul Zech begleitete Else Lasker-Schüler nach Elberfeld zu ihrer Lesung am 22. Oktober 1912, zu der sie Friedrich Kerst im Namen der von ihm geleiteten Literarischen Gesellschaft eingeladen hatte. Es ist bekannt und an anderer Stelle ausführlich beschrieben, dass diese Lesung fast mit einem Skandal endete.[37] Für unsere Themenstellung aufschlussreich ist Else Lasker-Schülers Reaktion auf diese Veranstaltung, die ein Großteil der Zuhörer mit lautem Türeschlagen verließ. Die Dichterin schrieb nach ihrer Lesung noch im Hotel an die „geehrte Redaktion" einer nicht näher bezeichneten Zeitung einen „offenen Brief", der allerdings nie zum Abdruck gelangte. In ihm attackierte sie vor allem Friedrich Kerst und die Mitglieder der Literarischen Gesellschaft in der für sie typischen direkten Art: „Herrn Kerst rate ich seinen liter. Verein als Filiale seiner Schule umzuwandeln und bei seiner Fibel zu bleiben und seine erwachsenen, unerzogenen Kinder zu erziehen zu *Menschen* bevor er sie in die ‚Literatur' einführt."[38]

Paul Zech stand also spätestens am Abend des 22. Oktober 1912, nachdem sich Friedrich Kerst nach Veranstaltungsende – wie die Dichterin weiter schreibt – aus dem Staub gemacht bzw. in die Büsche geschlagen hatte, vor der Entscheidung, die, auf eine Formel gebracht, lautete: entweder Else Lasker-Schüler in Berlin oder die Freunde und Weggefährten im Wuppertal. Paul Zech fiel diese Entscheidung nicht leicht. Er brauchte dazu Zeit und bevorzugte zunächst den Kompromiss. Für den Ende 1913 erschienenen „Kalender für das Bergische Land 1914" stellte er einen umfangreichen Literaturbericht über Neuerscheinungen bergischer Autoren zur Verfügung. Die dort zusammengefassten Rezensionen hatte er zum Teil bereits zuvor im „General-Anzeiger", vielleicht auch in anderen Zeitungen, veröffentlicht. Es überrascht, dass Paul Zech trotz der neuen Berliner Erfahrungen in der Kategorie „Roman" für Walter Bloems mehrbändige Darstellung des deutsch-französischen Kriegs in „Volk wider Volk" lobende Worte fand. Ein positives Urteil fällte er natürlich über Else Lasker-Schülers Roman „Mein Herz" und ihr Drama „Die Wupper", dem er allerdings gleichrangig Ludwig Fahrenkrogs Tragödie „Wölund", die 1913 im Harzer Bergtheater uraufgeführt wurde, gegenüberstellte.

Paul Zechs Hauptaugenmerk galt auch in dieser Sammelbesprechung der Lyrik. Dass der Rezensent Wilhelm Idels unter dem Titel „Heimat und Fremde" zusammengefassten Altersgedichte besonders hervorhob, verwundert nicht, wenn man weiß, dass der Wermelskirchener Rektor im Jahr zuvor das Erscheinen des Bandes „Schollenbruch" zum Anlass genommen hatte, Paul Zech in einer ungewöhnlich ausführlichen Würdigung als „neuen rheinischen Dichter" zu feiern. Dazu passt, dass Paul Zech an den Gedichtbän-

37 Tobias Goebel, Literatur-Banausen und Wupperindianer. Zu einigen Besuchen Else Lasker-Schülers in Elberfeld zwischen 1908 und 1933, in: RB 45 (1995), H. 1, S. 18–28, hier S. 20–22.

38 Lasker-Schüler, Werke und Briefe (wie Anm. 19). Bd. 4: Prosa 1921–1945, Nachgelassene Schriften, Frankfurt a.M. 2001, Teilbd. 1, S. 316 und Teilbd. 2, S. 257f.

den seiner Freunde Carl Robert Schmidt („Blütenstrauß"), August Vetter („Das offene Buch") und Robert Renato Schmidt („Strömungen" und „Frauen"), wenn überhaupt, nur in Einzelheiten Kritik übt. Dies gilt auch für die neuen Lyrikbände von Hans Brandenburg („Gesang über den Saaten"), Paul Boeddinghaus, alias Paul Jörg („Gekrönte Stunden"), Friedrich Wiegershaus („Segel im Winde") und Emil Uellenberg („Drei Ringe").

VII.

Paul Zech war noch 1913 darum bemüht, von der bergischen Dichtung bzw. den bergischen Dichtern ein positives Bild zu zeichnen. Else Lasker-Schüler schätzte bereits 1909 die Situation im Wuppertal realistischer und damit weitsichtiger ein. Eine negative Kritik ihres zuerst in „Der Sturm" erschienenen Gedichtes „Meiner Schwester Kind" in der national-konservativen „Bergisch-Märkischen Zeitung" vom 21. Januar 1911 hatte sie in dieser Einschätzung vermutlich ebenso bestärkt wie der Verlauf ihrer Elberfelder Lesung am 22. Oktober 1912. Der Zeitungsartikel war mit den Kürzeln „W. E." gezeichnet. Dahinter verbarg sich vermutlich der Redakteur Waldemar Eckertz, der in dem erwähnten „Bergischen Almanach" von 1906 mit einigen Versen Berücksichtigung gefunden hatte. Er vertrat nun die Ansicht, dass der „Amerikanismus", den die Zeitschrift „Der Sturm" als Kunst propagierte, sich nicht „für uns Deutsche" eignete und dass die in Else Lasker-Schülers Gedicht zum Ausdruck kommende „sentimental-weibische Art" von der literarischen Entwicklung längst überwunden sei.

Die ersten selbständigen Veröffentlichungen Paul Zechs („Waldpastelle" und „Das frühe Geläut") fanden dagegen in der Presse des Wuppertals zunächst durchweg eine positive Resonanz. Hierher gehörte unter anderem eine mit „Gg" gezeichnete Sammelbesprechung, die die „Allgemeine Zeitung. Amtliches Kreisblatt für die Stadt Barmen" am 12. Dezember 1910 veröffentlichte:

> „Ein lieblicher Sänger ist Paul Zech, dessen Gedichte seit kurzem in Zeitschriften auftauchen. Zwei Flugblätter sendet er jetzt aus. Waldpastelle, das ihm ganz zu eigen ist, und Das frühe Geläut, das er mit Christian Gruenewald, Ludwig Fahrenkrog und August Vetter verfaßt hat. Wenn sich Paul Zech von dem Einfluß der noch stark dominierenden blassen Wiener Schule freimacht, kann er sich noch zu eigener herber Größe aufschwingen. Er verfügt über ganz prächtige poetische Bilder, die sich allerdings noch um einen engen Kreis bewegen."[39]

Uneingeschränkt positiv beurteilte Leo Grein in zwei Artikeln, die ebenfalls in der „Allgemeinen Zeitung" erschienen, den Lyriker Paul Zech. Über den Verfasser, der im Elberfelder Adressbuch von 1910 als „Redakteur" eingetragen ist, sind bisher keine weiteren Angaben zu ermitteln gewesen. In der zweiten Folge seines Artikels „Elberfeld und seine zeitgenössischen Dichter" vom 1. August 1910 erwähnte er ausdrücklich, dass Paul Zech

39 Paul Zech behauptet, von 1909 bis 1911 Redakteur der „Allgemeinen Zeitung" gewesen zu sein. Für diese Behauptung habe ich keinen Beleg gefunden; vgl. ECKARDT, Zech (wie Anm. 13), S. 22, Anm. 14.

mit Christian Gruenewald-Bonn, August Vetter und Ludwig Fahrenkrog die „Jungbergische Dichtergruppe" bildete. Seine Ausführungen über Paul Zech, der zu diesem Zeitpunkt noch keine selbständigen Veröffentlichungen herausgebracht hatte, belegte er mit Beispielen, die zuvor offenbar in Zeitungen bzw. Zeitschriften erschienen waren:

> „In dem Impressionisten Paul Zech wurzelt ein warmer, den verwirrenden Geheimnissen des Daseins nachsinnender Dichter. Dieser einsame Grübler und Träumer hat ein erstaunliches Gehör für Rhythmus und Wortmelodie und ist reich an überraschenden Bildern und Gedanken. Seine Gedichte muten uns an wie stille Inseln, die irgendwo in irgend einem Meer schwimmen und die Sehnsucht locken. Er hat eine Meisterschaft im Andichten der Jahreszeiten, er weiß im Alltag Märchen zu erlauschen, er gewinnt den gewöhnlichen Dingen Reize ab, er hat Sinn für die Farbe, er hat ein feines Gehör für Musik[...]und doch wurzelt er im Grunde tief in den Dingen dieses Lebens. [...]
> Wenn man von einer vorwiegend plastischen und einer vorwiegend musikalischen Lyrik reden kann, so haben wir es bei Zech mit der zweiten Gattung zu tun. Nicht als ob es ihm an der Fähigkeit plastischer Darstellung gebräche. Die ist sogar sehr groß. Aber das Grunderlebnis, aus dem die Dichtung hervorwächst, scheint bei ihm eher eine innere Musik zu sein, die gleichsam nach dem Text sucht, als umgekehrt. [...]
> Paul Zech ist auch der vollendetste Sprachkünstler unter den Wuppertaler Dichtern. In seiner hohen Sprachkultur kommt er den Jung-Wienern in ihren besten Vertretern nahe. Ich halte ihn für den augenblicklich besten bergischen Dichter."

In der „Allgemeinen Zeitung" vom 7. Januar 1911 besprach Leo Grein ausführlich die schmalen Hefte „Das frühe Geläut" und „Waldpastelle" sowie „Die frühe Ernte" von Christian Gruenewald-Bonn. Während für ihn Paul Zech „der seelisch Differenzierteste unter den jungbergischen Dichtern" war und er August Vetter als ein „sehr junges, aber vielversprechendes Talent" mit erstaunlicher Reife „in der Beherrschung der Form und des inneren Rhythmus" bezeichnete, fand er für Christian Gruenewald-Bonn nur negative Kennzeichnungen: „Seine Gedichte sind unreif in jeder Beziehung und ganz unwahr." Bei meinen Recherchen bin ich schließlich noch auf eine Besprechung der Gedichtbände „Das offene Buch" von August Vetter und „Schollenbruch" von Paul Zech durch Friedrich Kerst im „Täglichen Anzeiger für Berg und Mark" vom 28. April 1912 gestoßen. Nach Ansicht des Rezensenten sind einige Gedichte der beiden Autoren „so intim und eigenartig, daß sie als neue bergische Töne bezeichnet werden können".

Aber auch außerhalb des Wuppertals wurden Paul Zechs frühe Gedichtbände positiv beurteilt. Der in Berlin lebende philosophische Schriftsteller, Kritiker und Essayist Anselm Ruest (1878–1943),[40] der 1911 zu den Mitbegründern der expressionistischen Zeitschrift „Aktion" gehört hatte, erläuterte an mehreren Gedichten aus dem Sammelband „Schollenbruch" (1912) die Arbeitsweise des Kollegen:

---

40 Zu Anselm Ruest vgl. RAABE, Expressionismus (wie Anm. 24), S. 397f. und Walther KILLY (Hg.), Deutsche Biographische Enzyklopädie, Bd. 8: Plett–Schmidseder, Frankfurt a.M. 1998, S. 455.

> „Seine Kunst ist auf das Auge eingestellt, das immer neu den Umkreis seines momentanen Schauens zu einer wunderschönen Harmonie und wie mit einem plötzlichen Rahmen abschließt, vom Profanen trennt. Er hat im vollendeten Sinne jene Gedichte, die, nach Storm zu variieren, als Blüte prangend vor uns aufgehn und fruchtschenkend von uns Abschied nehmen. [...] Da sie [Zechs Kunst] nun ihre Motive keineswegs bloß der Landschaft entnimmt, sondern so sehr dem subjektiven Lyrismus herzlicher Gefühle, menschliche Liebe und Trauer wie das kulturelle und soziale Wesen zu Allegorien formt. [...] Aber wenn nicht alles trügt, so kündigt sich gerade in Zech schon etwas wie eine Synthese an, ein Mittlerversuch, das ältere Lenau-, Storm-, Mörikische (!) Erbe mit der feierlichen Getragenheit Georges und Rilkes, der sinnlichen Üppigkeit Dauthendeys und der überquellenden Wildheit Dehmels zu verschmelzen und zu versöhnen. Dieser Versuch ist gewiß noch nicht überall gelungen; doch darf man da wohl mit Recht auf die fernere Entwicklung Paul Zechscher Kunst gespannt sein."[41]

Auch die regionalen literaturgeschichtlichen Bestandsaufnahmen aus der Zeit zwischen den beiden Weltkriegen würdigten Paul Zech als „bergischen Dichter".[42] Es gab allerdings auch frühe Warnzeichen. Die „Bergisch-Märkische Zeitung" veröffentlichte am 26. Februar 1913 nicht nur den von dem Staatsanwalt und Schriftsteller Karl Bulcke (1875–1936) Paul Zech gegenüber erhobenen Plagiatvorwurf, sondern druckte zusätzlich einen Artikel aus der Berliner (?) „Post" ab, der Else Lasker-Schülers Würdigung durch Paul Zech im „Berliner Tageblatt" als „vollendeten Irrsinn" bezeichnete. Hier deutete sich an, was Else Lasker-Schüler vielleicht vorausgesehen, Paul Zech jedoch kaum für möglich gehalten hatten. Spätestens nach dem Ersten Weltkrieg setzten Entwicklungen ein, die schließlich zu unüberbrückbaren Gegensätzen zu vielen seiner Wuppertaler Freunde und Weggefährten führten.

Natürlich trennten sich auch Wege, ohne dass politische oder ideologische Gründe eine Rolle spielten. August Vetter entschied sich als Psychologe für die wissenschaftliche Laufbahn. Robert Renato Schmidt, dessen Freundschaft zu Paul Zech durch den Plagiatvorwurf litt, verlegte seine Wirkungsstätte in das von Berlin aus weit entfernte Baden-Baden. Carl Robert Schmidt und Friedrich Kerst hatten, wie erwähnt, kein Gespür für die neuen künstlerischen und literarischen Entwicklungen nach dem Ersten Weltkrieg und standen der von ihrem ehemaligen Freund und Weggenossen repräsentierten Literatur zunehmend verständnislos, wenn nicht ablehnend gegenüber. Indem sie zu ihren Anfängen zurückkehrten, gelang es ihnen, sich trotz der Umbrüche 1933 und 1945 neben ihren eigentlichen Berufen als Lehrer problemlos als Kunstkritiker und Heimatforscher zu behaupten.

---

41 GA vom 7.6.1912; Die Besprechung ist vermutlich zuvor auch an anderer Stelle erschienen.

42 Wilhelm REES, Das Bergische Land in der Dichtung, Elberfeld 1925, S. 18. – Vgl. auch Carl Robert SCHMIDT, Die Dichtung im Wuppertal, in: Bergische Heimat 1 (1927), Nr. 7, S. 10: „Für das Wuppertal beginnt diese neue Zeit mit dem Kreise um Paul Zech, dem auch Dichter zuzurechnen sind, die nicht unmittelbar mit Zech in Verbindung standen. Seine ‚Waldpastelle' und sein erster Gedichtband ‚Schollenbruch' gaben den Auftakt. Verse voll wunderbaren Lebens stehen darin."

Andere entfalteten jedoch Aktivitäten, die den Nationalsozialisten zumindest den Weg ebneten. Dazu gehörte zum Beispiel die von Ludwig Fahrenkrog noch vor dem Ersten Weltkrieg gegründete „Germanische Glaubensgemeinschaft". Als Reaktion auf den Ersten Weltkrieg suchten Paul Boeddinghaus mit der mythischen Figur des Gralshüters, Rudolf Herzog mit der Rückbesinnung auf altgermanische Tugenden und Walter Bloem mit der Propagierung eines übersteigerten Nationalgefühls neue Sinnstiftungen und arbeiteten damit dem Nationalsozialismus in die Hände.[43] Einige Wuppertaler Schriftsteller gingen noch einen Schritt weiter.

Emil Uellenberg und Friedrich Wiegershaus, deren Gedichte beispielsweise im „Kalender für das Bergische Land" gleichrangig neben Paul Zechs Gedichten gestanden hatten, traten offen für einen aggressiven Antisemitismus ein.[44] Friedrich Wiegershaus holte für kurze Zeit Joseph Goebbels als Redakteur für das von ihm herausgegebene Kampfblatt „Völkische Freiheit" nach Elberfeld.[45] Rudolf Herzog unterschrieb 1932 im „Völkischen Beobachter" einen Wahlaufruf für Hitler und 1933 mit 87 anderen Schriftstellern das „Treuegelöbnis für den Führer". Will Vesper schließlich machte die Zeitschrift „Die schöne Literatur" zur führenden NS-Literaturzeitschrift mit ihren schrecklichen Hetzkampagnen gegen missliebige Schriftsteller.[46]

Es überrascht nach dem bisher Gesagten nicht, dass die Stadt Wuppertal die allerdings aus der Rückschau als „poetae minores" bezeichneten Schriftsteller Emil Rittershaus und Friedrich Roeber durch die Errichtung von Denkmälern geehrt hat. Selbstverständlich sind beide Autoren ebenso wie Friedrich Storck und Rudolf Herzog – letzterer sogar noch zu Lebzeiten – bei der Vergabe von Straßennamen berücksichtigt worden. Im Fall von Else Lasker-Schüler haben sich die Verantwortlichen erst 1968 nach langen, öffentlich ausgetragenen Kontroversen zu diesem Schritt entschlossen. Ein Denkmal erinnert seit 1989 an die Elberfelder Dichterin. Den Namen „Paul Zech" suchen wir nach wie vor im Wuppertaler Straßennamensverzeichnis vergeblich.

---

43 HELLER, Literatur (wie Anm. 2), S. 122ff.

44 Vgl. Uwe ECKARDT, Der „völkische" Schriftsteller Emil Uellenberg (1874–1944) und die nach ihm benannte Stiftung, in: Geschichte im Wuppertal 24 (2015), S. 81–106, hier S. 89f.; Friedrich Wiegershaus stellt als Stadtverordneter im Elberfelder Stadtrat immer wieder antisemitisch begründete Anträge.

45 Vgl. Ulrich KLEIN, „Mekka des deutschen Sozialismus" oder „Kloake der Bewegung"? Der Aufstieg der NSDAP in Wuppertal 1920 bis 1934, in: Klaus GOEBEL (Hg.), Über allem die Partei. Schule – Kunst – Musik in Wuppertal 1933–1945, Oberhausen 1987, S. 105–149, hier S. 117ff.

46 Zu Will Vesper vgl. HILLESHEIM/MICHAEL, Lexikon (wie Anm. 9), S. 441–448 und SARKOWICZ/MENTZER, Literatur (wie Anm. 9), S. 387f.

Kurt Heuser, das Solinger Klingenhandwerk und die Hansestadt Köln

Christian Schemmert

Wer sich heute mit den Anfängen des Solinger Schwert- und Messerhandwerks befasst, kommt an den Forschungsarbeiten Kurt Heusers (1907–1977) nicht vorbei. Wie kein zweiter Stadtforscher war Heuser daran gelegen, die Herkunft des Schneidwarengewerbes auf dem Gebiet der heutigen Stadt Solingen zu erkunden, wobei es ihm vor 60 Jahren in Aufsatzform gelang, eine auch für unkundige Leser allgemeinverständliche Einführung in die Geschichte des spätmittelalterlichen Klingengewerbes vorzulegen. „Solingen und Köln" – unter diesem Titel fanden seine heimatkundliche Betrachtungen, denen im Kern das Problem regionaler Verflechtungen im alten Klingengewerbe zugrunde liegt, Eingang in den von den Stadtvätern auf den Weg gebrachten ersten Band der Schriftenreihe „Anker und Schwert" (1959).[1] Heuser fragt nach den (durch Verleger-Kaufleute hergestellten) lokalen und regionalen Marktanbindungen und -zugängen, den Lieferanten-Abnehmer-Beziehungen von in Solingen geschmiedeten Schwertklingen, die über die weitreichenden Verlagsbeziehungen der Metropole Köln dauerhaft ihren Weg in entfernter liegende Absatzorte und Märkte fanden, vermutlich schon im ausgehenden 14. Jahrhundert. Forschungspragmatisch gesehen ist das Bezugsproblem der Verknüpfung vormoderner, im ländlichen Hinterland angesiedelter Exportgewerbe an die Sphäre des Marktes unverändert geblieben, sieht man einmal davon ab, dass die Bedeutung der Großstadt Köln für die Entwicklung, die die Klingen- und Schneidwarenproduktion in Solingen genommen hat, mittlerweile als offensichtlich vorausgesetzt wird. Dass Heuser, der sich diesem Thema als Außenseiter und Dilettant annäherte, und als solcher seine „Vorstadtthese" aus einer am Produzenten orientierten kleinräumigen Perspektive vorformulierte, verdient Anerkennung und Beachtung zugleich.

Über den Lebensweg Kurt Heusers ist nur wenig bekannt, ein Zusammenhang zwischen Biographie und Werk nicht feststellbar. Die wenigen biographischen Eckdaten, die sich zusammentragen lassen, stützen sich auf Standesamtsunterlagen sowie in Einwohnermelde- und Straßenkarteien hinterlegte Daten, ergänzt um Angaben aus Adressbüchern der dreißiger bis siebziger Jahre. Ein Lebenslauf oder andere Ego-Dokumente, die Aufschluss über den persönlichen wie beruflichen Werdegang Heusers geben könnten, fehlen im Nachlass, der im Stadtarchiv Solingen verwahrt wird, vollständig. Ferner liegt auch kein Nachruf vor, wie er in den Heften der Zeitschrift „Die Heimat" zu er-

1 Für wertvolle Hinweise bei der Erarbeitung dieses Beitrags danke ich Ralf Rogge. Vgl. Kurt Heuser, Solingen und Köln. Ein Beitrag zur älteren Geschichte des Solinger Schwert- und Messerhandwerks, in: Anker und Schwert. Aus Vergangenheit und Gegenwart der Stadt Solingen Bd. 1, Duisburg 1959, S. 67–148. Das Manuskript lag in weiten Teilen ausgearbeitet bereits im Frühjahr 1955 vor, vgl. Schreiben von Heinz Rosenthal an Richard Erntges mit dem Anhang „Manuskripte, die zur Veröffentlichung vorliegen" (1.4.1955), in: StA SG, SG 1185 (Bestand „41 Kulturamt").

Abb. 1: *Porträtaufnahme Kurt Heuser (ca. 1950), Privatbesitz Familie Heuser, Solingen.*

warten gewesen wäre, in der Heuser in den dreißiger Jahren bis Kriegsausbruch regelmäßig, danach in erkennbar größeren Zeitabständen publizierte.[2]

Kurt Hans Heuser wurde am 3. Januar 1907 in Wald, Kreis Solingen, als drittes Kind einer aus dem dortigen Industriebezirk stammenden Arbeiterfamilie geboren.[3] Er verbachte sein gesamtes Leben in Solingen; lediglich während seiner Zeit als Soldat (1941–1944) verließ er seine Heimatstadt, kehrte nach Kriegsende nach Wald in das von den verstorbenen Eltern übereignete Haus in der Dammstraße 29 zurück, wo die Familie seit 1904 wohnte und in dem Heuser bis zu seinem Tod im Spätherbst 1977 lebte.[4] Ein zwischenzeitlicher Wohnortwechsel fand also nicht statt, woraus zu folgern ist, dass Heuser den universitären Lehrbetrieb nie kennenlernte. Vergleichbar zum Lebenslauf

2 Die Heimat. Beilage zum Solinger Tageblatt. Mitteilungsblatt des Bergischen Geschichtsvereins Abteilung Solingen e.V. [kurz: Die Heimat – Alte Folge]. Das Fehlen einer Würdigung Kurt Heusers erklärt sich dadurch, dass mit der letzten Ausgabe im Mai/Juni 1977 das Erscheinen der Alten Folge eingestellt wurde. Am 19. November desselben Jahres verstarb Kurt Heuser im Alter von 70 Jahren, womit ein Gedenken an dessen Verdienste um die Solinger Stadtgeschichte ausblieb. Die Erinnerung an ihn ist bis heute verstummt. Traueranzeige zum Tod Kurt Heusers, in: Solinger Tageblatt, Jg. 169, Nr. 122, 22.11.1977; Sterbeurkunde Kurt Heuser (21.11.1977), in: StA SG, Sterberegister Solingen 1977/2134.

3 Der Vater Carl Heuser, geboren am 27. Oktober 1869 in Höhscheid, evangelisch, frühzeitig verstorben am 29. März 1929, war von Beruf Scherenfeiler (vgl. dagegen den Eintrag im Historischen Adressbuch von 1909 mit dem Vermerk „Messerschläger“: Alphabetisch-lexikographisches Verzeichnis der Einwohner der Stadt Wald, in: StA SG IV K 80 Bd. 1909, S. 50–113, hier S. 72; sowie Sterbeurkunde Carl Heuser (29.3.1929), in: StA SG Sterberegister Wald 1929/207). Die Mutter Pauline, geborene Paashaus, ebenfalls evangelisch, wuchs in Gräfrath auf, wo sie am 16. April 1871 als Tochter des Scherenarbeiters August Paashaus geboren wurde. Sie verstarb im April 1939 in Solingen. Lässt sich Heusers Großvater mütterlicherseits dem Handwerk der Solinger Schneidwarenindustrie zuordnen, bleibt dies für die väterliche Linie unklar. Zufolge der Geburtsurkunde des Vaters Carl muss der Großvater sein Geld als Tagelöhner verdient haben – ob in der Metallverarbeitung oder einem anderen Industriezweig, ist den Unterlagen nicht zu entnehmen. Geburtsurkunde Pauline Paashaus (18.4.1871), in: StA SG Geburtsregister Gräfrath 1871/87; Sterbeurkunde Pauline Heuser (16.1.1939), in: StA SG Sterberegister Solingen 1939/74.

4 Karteikarteneintrag zu den Eheleuten Carl und Pauline Heuser, in: StA SG Einwohnermeldekartei [kurz: EMK]; Kartei „Dammstraße 64“ (mit Vermerken zur Familie Heuser), in: StA SG IV K 80 Bd. 1938, S. 1–236, hier S. 80.

des Solinger Heimatforschers und Stadthistorikers Heinz Rosenthal, Jahrgang 1906, mit dem in den fünfziger Jahren ein engerer schriftlicher Austausch bestand,[5] hätte Heuser dafür um 1925 sein Abitur ablegen müssen, um in der Folgezeit mit der Aufnahme eines Studiums beginnen zu können. Dennoch: Aus der fehlenden akademischen Ausbildung Heusers einen einfachen Bildungsabschluss abzuleiten, greift zu kurz. Schließlich verfügte Heuser, das geht aus dem Nachlass unzweifelhaft hervor, über Lateinkenntnisse, was auf eine gymnasiale Ausbildung hindeutet, die ihn mit Abschluss der 10. Klasse sehr wahrscheinlich zur „Mittleren Reife" führte. Überprüfen lässt sich dies abschließend jedoch nicht, ebenso wenig wie das Jahr, in dem Heuser seine Ausbildung zum Handelsgehilfen aufnahm. Diese Berufsbezeichnung lässt sich erstmalig im Adressbuch von 1938 nachweisen. In diese Lebensphase fiel der frühzeitige Tod des Vaters vor Ausbruch der Weltwirtschaftskrise 1929, der ihm zusammen mit seinen älteren Geschwistern Elisabeth (geb. 1893) und Wilhelm (geb. 1895) eine stärkere Verantwortung hinsichtlich der Versorgung der alleinstehenden Mutter übertragen haben dürfte. 1936 heiratete Kurt Heuser die gleichfalls aus Arbeiterverhältnissen stammende Sophie Weidenbrück (geb. 1906), deren Eltern, beide katholisch, 1910 aus Köln nach Solingen zugezogen waren.[6] Aus der Ehe ging 1940 der Sohn Hans Dieter hervor. Von Juli 1941 bis Mai 1944 leistete Heuser Kriegsdienst.[7] Über die näheren Umstände seiner Entlassung ist nichts bekannt. Nach Kriegsende arbeitete Heuser weiter im kaufmännischen Bereich als Buchhalter, bis er sich in den sechziger Jahren zum Steuerbevollmächtigten fortbildete.[8]

Verstand sich Heuser noch in den dreißiger Jahren als quellenkundlich informierter „Familienforscher"[9], waren es in der darauffolgenden Zeit mehr und mehr die ältesten der in Solingen lebenden Handwerkergruppen der Schwertmacher, die auf den Laien eine anhaltende Faszination ausübten. Den Ausgang hierfür bildete der sich aus Na-

---

5 Schreiben von Kurt Heuser an Heinz Rosenthal betreffend Archivfund zur „Messermacherbruderschaft" (10.5.1955), in: StA SG Nachlass Na 30 Kurt Heuser [kurz: Na 30 Heuser] Nr. 34, unpaginiert [im Folgenden: up]; Schreiben von Heinz Rosenthal an Kurt Heuser mit Anmerkungen nach Manuskriptdurchsicht (16.5.1954), in: ebd., up. Heinz Rosenthal, 1906 in Dessau geboren, Studium der Geschichte, Erdkunde und Germanistik in Göttingen und Leipzig, bis zur Einberufung zum Kriegsdienst 1941 zunächst als Lehrer in Bernburg, ab 1947 in Solingen tätig, war von 1952 bis zu seinem Tod im Juli 1973 Vorsitzender des Bergischen Geschichtsvereins, Abteilung Solingen. Er gehörte zuletzt dem Vorstand des Hauptvereins an. Ralf ROGGE, Horst SASSIN, Heinz Rosenthal (1906–1973) – Pädagoge, Heimatforscher, Stadthistoriker, in: Die Heimat. Beiträge zur Geschichte Solingens und des Bergischen Landes. Neue Folge 22 (2006/2007), S. 4–23.

6 Heiratsurkunde der Eheleute Heuser (12.11.1936), in: StA SG Heiratsregister Solingen 1936/1147; Karteikarteneintrag zu Christian Weidenbrück (mit Vermerk zu Ehefrau Paula), in: StA SG EMK.

7 Karteikarteneintrag zu den Eheleuten Kurt und Sophie Heuser, in: StA SG EMK.

8 Briefpostumschlag mit Adressanschrift (21.2.1968), in: StA SG Na 30 Heuser Nr. 37, up; Namen-Verzeichnis der Haushaltsvorstände und Firmen der Stadt Solingen, in: StA SG IV K 80 Bd. 1967/68, S. 1–327, hier: S. 110.

9 Kurt HEUSER, Wo finde ich Angaben für meine Familienforschung, in: Die Heimat – Alte Folge Jg. 11 (1935) 4, S. 13–14; DERS., Kleinigkeiten für die Familienforscher, in: Die Heimat – Alte Folge Jg. 11 (1935) 12, S. 48; DERS., Kleinigkeiten für den Familienforscher, in: Die Heimat – Alte Folge Jg. 12 (1936) 3, S. 11–12. Zur verbreiteten Denk- und Arbeitsweise in der damaligen Familienforschung vgl. Eduard HEYDENREICH, Handbuch der praktischen Genealogie (2. Bde.), Leipzig 1913.

mensforschungen ableitende und sich u.a. auf die „Durcharbeitung Kölner Archivalien" stützende Befund, wonach es bereits vor dem 14. Jahrhundert zu einer „vornehmlich" von Köln ausgehenden Zuwanderung von Kölner Schwerthandwerkern gekommen war,[10] die mit ihrem praktischen Wissen das Solinger Klingengewerbe beförderten. Für Heuser stand zweifelsfrei fest: „Die Schwertproduktion in Köln war bedeutungslos geworden"[11], lange bevor im Raum Solingen mit Wasserkraft gearbeitet wurde und die neuartigen Werkstätten der „Schleifkotten" die mit Handantrieb oder Tretrad betriebene Fertigung am Schleifstein verdrängte. Spätestens Ende des 15. Jahrhunderts hatte sich die Produktion der Kölner Schwerter, so Heuser, in das Hinterland nach Solingen verlagert.

Gut anderthalb Jahrzehnte später, nachdem Heuser seine Forschungsergebnisse in der Reihe „Anker und Schwert" veröffentlichte, setzte er sich aufs Neue, diesmal aber im als Buchprojekt angelegten Rahmen, mit der Frühgeschichte des Klingen- und Schneidwarengewerbes seiner Heimatstadt auseinander. Eine Drucklegung erlebte das 1977 fertiggestellte Manuskript allerdings nicht mehr.[12] Wird in älteren wie neueren Darstellungen auf Heusers Anker-und-Schwert-Aufsatz regelmäßig verwiesen,[13] steht eine Rezeption des Spätwerks noch weitgehend aus.[14] Dabei könnte gerade eine vollständige und kritisch kommentierte Ausgabe helfen, aus stadtgeschichtlicher Sicht längst vergessene Fragestellungen, wie die nach handwerklichen Produktionsbeziehungen oder dem Übergang zum protoindustriellen Verlagswesen, seiner Geldpolitik und Kapitalkonzentration, wiederzubeleben. Hier hat die bergische Landesgeschichtsforschung, speziell wo sie sich sozialgeschichtlich mit Erfahrungen von Raum und Räumlichkeit befasst, in den letzten Jahren eindrucksvoll zeigen können, wie lohnend eine Verständigung über das ist, was wir heute ganz selbstverständlich als „Bergisches Land" bezeichnen, ohne uns im Klaren zu sein, was die Menschen, die in diesem Kulturraum in vorindustrieller Zeit lebten, darunter etwa politisch oder wirtschaftlich verstanden.[15] Als Laie hat sich Kurt Heu-

10 HEUSER, Solingen und Köln (wie Anm. 1), S. 112–129, Zitate S. 115, 129; vgl. auch die genealogischen Aufzeichnungen zu Solinger Orts- und Familiennamen im Nachlass Heusers: StA SG Na 30 Heuser Nr. 49–53, 56–59.

11 HEUSER, Solingen und Köln (wie Anm. 1), S. 73.

12 Kurt HEUSER, Zur Entstehung und älteren Geschichte der Solinger Schneidwarenindustrie: 700 Jahre Privileg und Bruderschaft (August 1977), in: StA SG Na 30 Heuser, Nr. 7. Das Manuskript, das insgesamt 190 Seiten umfasst, liegt im Stadtarchiv Solingen in digitaler Bearbeitung vor und ist an den Computerarbeitsplätzen im Lesesaal von Archiv und Bibliothek einsehbar.

13 Bereits Heinz ROSENTHAL, Solingen. Geschichte einer Stadt, Bd. 1: Von den Anfängen bis zum Ausgang des 17. Jahrhunderts, Duisburg 1969, S. 98–110, kam bei seiner Beschreibung der Entstehung des Solinger Klingengewerbes nicht ohne Bezugnahme auf die frühen Forschungsergebnisse Heusers aus.

14 Vgl. als Ausnahme etwa Kurt WESOLY, „Es gibt hier weder Monipolium noch Zunft ...": Zum Handwerkswesen im Herzogtum Berg, in: Franz Josef FELTEN, Stephanie IRRGANG, Kurt WESOLY (Hg.), Ein gefüllter Willkomm. Festschrift für Knut Schulz zum 65. Geburtstag, Aachen 2002, S. 487–502.

15 Vgl. von dieser Leifrage ausgehend Stefan GORISSEN, Horst SASSIN, Kurt WESOLY (Hg.), Geschichte des Bergischen Landes, Bd. 1: Bis zum Ende des alten Herzogtums 1806 (Bergische Forschungen 31), Bielefeld 2. Aufl. 2016. Solche Ansätze sind angeregt durch Arbeiten wie etwa die des britischen Geographen und Kapitalismusforschers David Harvey, der die Bedeutung des Raums für das Wirtschaftshandeln früh herausstellte. David HARVEY, The Limits to Capital, London/New York 2006,

ser mit diesem Problem konzeptionell nie befasst, wie überhaupt damals nur einzelne Fachleute den Raum des mittelalterlichen Menschen weniger als „abgeschlossenes System mit heiligen Zentren und prophaner Peripherie", denn als dynamisch, temporeich und veränderbar beschrieben.[16] Dennoch zeichnen sich beide Texte Heusers hinsichtlich ihrer Erzählstruktur durch das auffällige Bemühen aus, ebendiese Verschiebungen, Umbrüche und Auflösungen, die in der Gewerbetätigkeit des Solinger Klingen- und Messerhandwerks im 14. bis 16. Jahrhundert stattfanden, empirisch nachzuvollziehen. An diesem Punkt jahrzehntelanger Beschäftigung mit den Handwerksbrüdern der Schmiede, Schleifer, Härter und Feger ist Heusers größter Verdienst vermutlich darin zu sehen, dass er dabei auch dort Wege suchte, wo die Quellenlage von vornherein als schwierig galt. Mit großem Enthusiasmus und Ausdauer transkribierte er handschriftliche Zeugnisse, die selbst für geübte Leser schwer zugänglich sind. Seine Aufzeichnungen brachte er im Anschluss auf der Schreibmaschine in Reinschrift, wovon er auch andere Kollegen profitieren ließ, die sich mit den Anfängen der Stadtgeschichte Solingens befassten.[17] Ohne diese mühsam betriebene Forschungsarbeit auf bestenfalls unwegsamem Gelände läge die zentrale Rolle der in Solingen tätigen Schmiede weitgehend im Dunkeln.[18] Dies trifft ebenso zu für die Vielzahl an aufgezeigten Interessenkonflikten, wie sie zwischen den Solinger Handwerksbruderschaften des Schwerthandwerks, im 15. Jahrhundert vor allem den Schmieden und Fegern, bestanden.[19] Auch hier zeigt sich, dass Heuser die Betroffenen oder Handelnden darstellungstechnisch keineswegs in statischen Bezügen, sondern in einem in Bewegung begriffenen Raum verortete, in dem so etwas wie ein struktureller Widerspruch stets mitgedacht wurde, sei es institutionell oder vonseiten sich neu herausbildender Gruppen wie den Kleinmessermachern („Klein Metzmacher"), deren Aufstieg ab Mitte des 16. Jahrhunderts beträchtlichen sozialen Zündstoff mit sich brachte.[20]

S. 373–445. Zum Forschungsfeld heute: Jörg DÖRING, Tristan THIELMANN (Hg.), Spatial Turn. Das Raumparadigma in den Kultur- und Sozialwissenschaften, Bielefeld 2. Aufl. 2009.

16 Exemplarisch sei genannt: Marc BLOCH, Die Feudalgesellschaft. Aus dem Französischen von Eberhard Bohm, durchgesehene Neuausgabe, Stuttgart 1999, der als Mediävist von der Vorstellung eines gerichteten (europäischen) Gesamtprozesses im Sinne einer „Einheit der Geschichte" ausgeht. Zit. n. Aaron GURJEWITSCH, Das Weltbild des mittelalterlichen Menschen, München 5. Aufl. 1997, S. 90.

17 So nachvollziehbar anhand der Transkriptionen zu den Akten des Solinger Amtmanns und Obervogts des Schwerthandwerks Wilhelm von Bernsau (1514/15–1572), bei denen sich eine von Heusers Abschriften im Nachlass Heinz Rosenthals findet: StA SG Nachlass Heinz Rosenthal Na 28 Nr. 31. Zu den Quellenauswertungen und Transkriptionen im Nachlass Heuser: StA SG Na 30 Nr. 36.

18 Vgl. zuletzt Thomas KREFT, Das mittelalterliche Eisengewerbe im Herzogtum Berg und in der südlichen Grafschaft Mark (Aachener Studien zur älteren Energiegeschichte 8), Aachen 2002, S. 217–245, der in seiner Studie auf eine theoretisch-methodische Fundierung verzichtet.

19 HEUSER, Solingen und Köln (wie Anm. 1), S. 107; DERS., Entstehung (wie Anm. 12), S. 69–79. Eine lesenswerte Beschreibung zur Schwertherstellung im 15. Jahrhundert unter den Bedingungen des dezentral organisierten Verlagssystems findet sich bei Friedrich Wilhelm DRANSFELD, Solinger Industrieverhältnisse im 18. Jahrhundert. Ein Beitrag zum Kapitel: Kampf zwischen Kapital und Arbeit, Solingen 1914, S. 59.

20 Kurt HEUSER, Das Solinger Messerhandwerk. Ein Beitrag zu seiner Gründungsgeschichte, Solingen 1955 (Bibliothekssignatur im StA SG: MA 259/a-Exemplar); DERS., Solingen und Köln (wie

Diesen und anderen Konfliktlinien in der Klingenproduktion auf der Spur, geht der Ansatz, den Heuser verfolgt, von lokalgewerblichen Gegensätzen aus und legt hierbei einen im weitesten Sinne ständischen Handwerksbegriff zugrunde. Dafür spricht vor allem die im Werk auffällige Orientierung an der Rechtsstellung der Akteure im Stadthandwerk und deren Machtbeziehungen untereinander, die Heuser mit einer Beschreibung gewerblichen Wandels verknüpft. Ob es ein Härter oder Schleifer zu Wohlstand brachte oder nicht, entschied sich im Verständnis Heusers weniger anhand von Fragen der handwerklichen Qualität oder der Effizienz der Produktionsstätten. Maßgebend war für ihn – neben der familiären Herkunft – vielmehr, wie es um die rechtliche Teilhabe innerstädtisch organisierter Bruderschaften im Klingengewerbe stand.[21] Heusers Arbeiten führen somit nicht nur in die wichtigsten Grundbegriffe der in der Schwertherstellung geltenden Handwerksordnung ein, wobei er ihre Tätigkeitsfelder und die hierarchischen Beziehungen der Bruderschaften untereinander darlegt. An Einzelbeispielen hinterfragt er auch die Rolle der wichtigsten staatlichen Funktionsträger im „Herrschaftsverband" (Max Weber), vor allem der Amtmänner, Landdrosten und Obervögte des Amtes Solingen im Herzogtum Berg des 15./16. Jahrhunderts. Diese agierten in direkter Weisungsbefugnis der Landesherren, der Grafen und Herzöge von Berg, und hatten einzuschreiten, sobald ein intern nicht mehr zu regelnder Rechtsverstoß gegen die erteilten Privilegien[22] zur Ausübung des Handwerks vorlag. Eines der Dauerstreitthemen, an dem sich die Gemüter erhitzten, war hier die Arbeitsbegrenzung, die nach Heuser bei den Schwertschmieden erst im 17. Jahrhundert eine allmähliche Lockerung fand.[23] Daneben provozierte der Umgang mit von in die Bürgerschaft neu zu integrierenden Einzelpersonen, meist jungen Handwerksgesellen, die nach der Walz in der Klingenstadt ihren Lebensunterhalt zu bestreiten suchten, ständig neue Konflikte. Dass deren Bewältigung am Ende unter immer neuer Anspannung aller Kräfte des Gemeinwesens gelang, darin erkennt Heuser einen der zentralen „Motoren" für den Aufschwung des Solinger Klingenhandwerks an der Wende zum 18. Jahrhundert.

Betrachtet man die von Heuser vorgelegten Publikationen in der Gesamtschau, sind es vor allem drei Phasen, die sich werkgeschichtlich unterscheiden und eine wechselnde Intensität in der Beschäftigung mit der Frühgeschichte Solingens erkennen lassen: Zu benennen ist zunächst der Zeitraum vor Kriegsausbruch, in den nachweislich die Veröffentlichung von fünfzehn kürzeren Zeitschriftenaufsätzen und achtzehn Zeitungs-

---

Anm. 1), S. 96f., 129–131; DERS., Entstehung (wie Anm. 12), S. 171–185.

21 Damit gerät bei Heuser zwangsläufig auch die Rechtsprechungsgewalt in Form von Schiedssprüchen ins Blickfeld der Analysen, in der Regel verkündet vom Schirmvogt im Beisein der Vögte, Ratsleute und Ambachtgenossen. Vgl. HEUSER, Solingen und Köln (wie Anm. 1), S. 100, 107–112; DERS., Entstehung (wie Anm. 12), S. 46f., 52, 58f., 67, 88–91.

22 Die im Stadtarchiv Solingen überlieferten Zunftprivilegien der Härter und Schleifer (1401), Schwertfeger (1412), Schwertschmiede (1472), Kreuz- und Knaufschmiede (1623) und Messermacher (1571) finden sich gedruckt in: Heinrich KELLETER, Geschichte der Familie J.A. Henckels in Verbindung mit einer Geschichte der Solinger Industrie, Solingen 1924, Anhang S. VII-XIV.

23 HEUSER, Solingen und Köln (wie Anm. 1), S. 86; DERS., Entstehung (wie Anm. 12), S. 62f.

beiträgen fällt.[24] Das in diesem Textkorpus erkennbar werdende Interesse Heusers an heimatgeschichtlichen Einzelthemen beschränkte sich mehrheitlich auf die Familiengeschichtsforschung und auf die Vorstellung unterschiedlicher archivalischer Quellenfunde. In dieser Phase bis zum Ausbruch des Krieges eignete sich Heuser die für den späteren Umgang mit den Kölner Zunftakten und anderen schriftlichen Quellen erforderlichen Fertigkeiten und Kompetenzen an. In Erarbeitung der Artikel zum Schirpenbrucher Vergleich,[25] den Schwertschmiedeprotokollen[26] und den Bruderschaftsprivilegien[27] begegneten ihm bereits hier einige der wichtigsten Personen, die dem Kreis der Handwerkergruppen der Schwertschmiede, der Kaufmannschaft oder der Verwaltung des Amtes Solingen angehörten. Seine Ausführungen zur ehemaligen Stadtwindmühle[28], die sich am heutigen Mühlenplatz befand, und seine Betrachtungen zum erstmals 1482 urkundlich erwähnten Steinweg[29] im Kirchspiel Wald deuten bereits an, welche große Anregung für Heuser von den in den Akten erwähnten Ortsnamen und deren Wortbedeutung ausging. Ergänzend hierzu wandte sich Heuser der zunehmend dominierenden Stellung der reformierten Kirche zu.[30] Dabei griff er nach Kriegsende auch auf das Mittel der historischen Erzählung zurück, das es ihm erlaubte, die aus der Konkurrenz der christlichen Konfessionen resultierenden Konflikte symbolisch auszugestalten und in einer Vielfalt darzustellen, die über die rein wissenschaftliche Deutung hinausging. In seinem Roman „Der Königskopf“[31], der in der Mitte des 16. Jahrhunderts spielt, erzählt Heuser die Geschichte des jungen Schwertschmieds Johannes Wundes, der bei seinem Vater in der Heimat Illyrien die Kunst des Damaszenerschmiedens erlernt und sich nach dessen Tod (und in Erfüllung des väterlichen Wunsches) auf die Reise begeben hatte, um in Solingen das Handwerk eines Schwertschmiedemeisters auszuführen. Aufgenommen als „Neubürger“ der Stadt wird Wundes gleich mehrfach Zeuge von Gesprächen, in denen die Verfehlungen der Kirche – sei es vonseiten des Pfarrers, des Klosters zu Gräfrath, der Abtei zu Altenberg oder anderen kirchlichen Einrichtungen – offen angeprangert werden,[32] bis zuletzt, sozusagen als schleichende Veränderung, auch das Handeln der

24 Manuskriptsammlung in: StA SG Na 30 Heuser Nr. 10.

25 Kurt Heuser, Der Schirpenbrucher Vergleich, in: Die Heimat – Alte Folge Jg. 10 (1934) 10, S. 38–39.

26 Ders., Ein altes Schwertschmiedsprotokoll, in: Die Heimat – Alte Folge Jg. 11 (1935) 2, S. 6–7; Ders., Aus alten Schwertschmiedeprotokollen, in: Die Heimat – Alte Folge Jg. 13 (1937) 4, S. 14–15. Siehe auch: Ders., Die Privilegien der früheren Solinger Handwerksbruderschaften, in: Bergische Zeitung, Jg. 67, Nr. 73, 27. März 1935.

27 Ders., Die Solinger Privilegien, in: Die Heimat – Alte Folge Jg. 13 (1937) 16, S. 61–62.

28 Ders., Die Solinger Windmühle am „Mühlenplätzchen“, in: Bergische Post, Jg. 76, Nr. 180, 6. August 1935.

29 Ders., Der „Steinweg“ in Wald, in: Die Heimat – Alte Folge Jg. 11 (1935) 3, S. 11.

30 Ders., Aus der Solinger Kirchengeschichte. Eine Episode zur Zeit des 30jährigen Krieges, in: Die Heimat – Alte Folge Jg. 14 (1938) 17, S. 66–67.

31 Kurt Heuser, Der Königskopf. Historische Betrachtungen um die Klingenstadt Solingen (Bd. 1.–3), in: StA SG Na 30 Heuser Nr. 60. Der Band liegt im Stadtarchiv Solingen in digitaler Bearbeitung vor und ist an den Computerarbeitsplätzen im Lesesaal von Archiv und Bibliothek einsehbar.

32 Ebd., S. 14–19, 23, 32–35, 46ff., 67f., 72–75, 80, 195ff.

politischen Eliten in die Kritik gerät.[33] Dass Heuser seinen Roman mit dem – aus den Quellen nur schwer zu eruierenden – revolutionären Umsturz der vor Ort herrschenden Machtverhältnisse und Entscheidungsstrukturen enden lässt,[34] sagt viel darüber aus, welche Bedeutung für ihn die Religion bei der Beschreibung der vormodernen Gewerbetätigkeit im Raum Solingen einnahm.

Wann bei Heuser die Idee zu einer solch literarischen Verarbeitung von historischen Erfahrungen wie der Kirchenspaltung oder der Immigration fremdländischer Fachkräfte aufkam, geht aus dem Nachlass nicht hervor. Aktenstudium und familienkundliche Forschung müssen aber weit vorangeschritten sein, als Heuser die Arbeit an seinem Roman, der nie veröffentlicht wurde, aufnahm. Zum einen sind sowohl die Haupt- und Nebenfiguren als auch die Orte, die im „Königskopf" behandelt werden, real nachweisbar, ihre erzählerische Verwendung setzte also ein breites historisches Wissen voraus. Zum anderen machte sich Heuser mit den Unterlagen des Solinger Amtmannes Wilhelm von Bernsau zu Hardenberg (1514/15–1572) – der als Romanfigur am Rande immer wieder in Erscheinung tritt und der Wundes zwei Mal persönlich begegnet[35] – eine Quelle zunutze, die er im Stadtarchiv Solingen frühestens ab Herbst 1937 eingesehen haben kann. Zu dieser Zeit erwarb der damals frisch ernannte erste Archivamtsleiter Richard Erntges (1890–1968) die auf die Tätigkeit des hochrangigen Verwaltungsbeamten Bernsau zurückgehenden Unterlagen, die im Archiv des Grafen Ansembourg auf Schloss Crassenstein in Distedde in Westfalen lagerten. Dass Heuser Anfang der fünfziger Jahre über den Stellenwert dieses bedeutenden Aktenzugangs einen kürzeren Beitrag für die Zeitschrift „Die Heimat"[36] verfasste, deutet auf eine gründliche vorherige Sichtung der Unterlagen hin. Sehr wahrscheinlich flossen die dabei gewonnen Eindrücke nicht nur in die fiktionale Lebensbeschreibung des Johannes Wundes ein. Letzthin dürfte Erntges' Ankauf der Bernsau-Dokumente wohl auch den entscheidenden Anstoß für Heusers wissenschaftliche Beschäftigung mit der Geschichte der Schwertmacherbruderschaften im Solingen des späten Mittelalters gegeben haben, die in fruchtbarer Weise an seine genealogischen Voruntersuchungen der dreißiger Jahre anschlossen.

Mit Erscheinen des 1959 im ersten Band der Reihe „Anker und Schwert" aufgenommenen Aufsatzes „Solingen und Köln. Ein Beitrag zur älteren Geschichte des Solinger Schwert- und Messerhandwerks" erreichten Heusers Forschungen ihren vorläufigen

33 Ebd., S. 176–181, 252–283, 293–297, 302–343.

34 Ebd., S. 347–380.

35 Ebd., S. 101ff., 293–297. Zur historischen Person Wilhelm von Bernsau vgl. Kurt NIEDERAU, Zur Geschichte des Bergischen Adels. Die von Bernsau des 14. bis 16. Jahrhunderts, in: ZBGV 82 (1966), S. 98–201, hier S. 146–150; Leo van de LOO, Bernsau. Zur Geschichte des Ritter- und Bauerngeschlechtes (1150–1940) mit einer Geschichte der niederbergischen Herrschaft Hardenberg und vieler niederbergischer Höfe, Essen 1940, S. 100–111 (im Beiband Tafel III).

36 Kurt HEUSER, Ein Beitrag zum Solinger Handwerk, in: Die Heimat – Alte Folge 16 (1950) 1, S. 57–58; vgl. zu den Hintergründen des Aktenfunds und späteren Ankaufs der Bernsau-Dokumente, die seither im Stadtarchiv Solingen lagern: StA SG Historisches Archiv (H) Nr. 63) auch Helmut Bernsau, Zum Geleit, in: Loo, Bernsau (wie Anm. 35), S. 5–6, hier S. 6; NIEDERAU, Bergischer Adel (wie Anm. 35), S. 98; Aktenvermerk des Amtes für Presse und Verkehr der Stadt Solingen (2[illegible].10.1937), in: StA SG SG Nr. 5488, up (Bestand „44 Stadtarchiv").

Höhepunkt. Mit Ausnahme zweier kürzerer, der Geschichte des Klosters Gräfrath gewidmeter Beiträge blieben weitere Publikationen aus.[37] Erst in den siebziger Jahren, in der Euphorie um die 600-Jahr-Feier der Stadt, entschloss sich Heuser dazu, das gesamte, über dreieinhalb Jahrzehnte angereicherte Material nochmals durchzugehen. Die genaueren Beweggründe sind nicht bekannt.

Im Sommer 1977, wenige Wochen vor seinem Tod, verfasste Heuser das zum Buchtyposkript zugehörige Vorwort.[38] Es ist unter dem Titel „Zur Entstehung und älteren Geschichte der Solinger Schneidwarenindustrie. 700 Jahre Privileg und Bruderschaft" der letzte Text, der aus der Feder des wohl versiertesten Kenners der ältesten Solinger Überlieferung erhalten ist. Wie im Aufsatz von 1959 ist Heuser auch in der unveröffentlicht gebliebenen Textfassung daran gelegen, den hohen Stellenwert der Großstadt Köln für die Gewerbeentwicklung der Solinger Schneidwarenproduktion hervorzuheben; eine Auffassung, mit der er sich früh – unter Auswertung der Kölner Zunftakten – gegen eine an den Grenzen des städtischen Raums Halt machende Begrenzung der Analyse der gewerblichen Handwerke aussprach.[39] Anders als in seinem Erstlingswerk „Solingen und Köln" gerät im Text von 1977 der Bereich von Handel und Herrschaft stärker in den Blick.[40] Die einleitenden Ausführungen zur „Frühzeit des Handwerks"[41] sind teilweise völlig neu angelegt, ebenso wie der dazugehörige Anmerkungsapparat, der mit der Nennung von 2.500 Mikrofilmaufnahmen erstmals über die Anzahl der von Heuser im Stadtarchiv Köln konsultierten Unterlagen informiert. Aufgenommen wurden hier Erläuterungen zur Arbeitsweise und technischen Weiterentwicklung im Klingenhandwerk, so die Kapitel über das Schmieden und die Neuerungen im Handwerk der Schwertfeger und Schleifer, in denen Heuser auch eine Quantifizierung der in Solingen im letzten Drittel des 17. Jahrhunderts vorhandenen wasserbetriebenen Schleifmühlen und Schleifkotten vornimmt.[42]

Ob sich die Produktion des seit dem Mittelalter vielgerühmten Kölner Schwertes tatsächlich vollständig in das Hinterland nach Solingen verlagerte, sodass schon um 1400 keine einzige der in der Rheinmetropole umgeschlagenen bzw. gehandelten Klingen vor Ort geschmiedet oder geschliffen worden ist, lässt sich weder bestätigen noch widerlegen. Außerhalb des wissenschaftlichen Diskurses stehend war sich Heuser darüber im Klaren, dass seine Argumentationsführung über einen reinen Indizienbeweis nicht hinausreichte. Auch zukünftigen Forschergenerationen werde es wohl kaum möglich sein,

---

37 Kurt HEUSER, Katharina war vor 1259 im Gräfrather Kloster, in: Die Heimat – Alte Folge Jg. 33 (1967) 1, S. 7; DERS., War Gisla die erste Meisterin oder Priorin? Ein Beitrag zur Geschichte des Nonnenklosters zu Gräfrath, in: Die Heimat – Alte Folge Jg. 33 (1967) Nr. 6, S. 24; Nr. 7, S. 26.

38 HEUSER, Entstehung (wie Anm. 12), Vorwort.

39 Für Belege vgl. ebd., S. 12–20, 129–150. Deutlich formuliert findet sich dieser Standpunkt auch in einem Vortragsmanuskript, das Heuser anlässlich einer Veranstaltung des Bergischen Geschichtsvereins ausarbeitete und in dem er seine Ausführungen mit der „dringenden Bitte" schloss, „den Kölner Archivalien mehr als bisher ihre Aufmerksamkeit zuzuwenden." Wörtliche Zitate nach Vortragsmanuskript von Kurt Heuser (undatiert), in: StA SG Na 30 Heuser Nr. 8, S. 1–28, hier S. 28.

40 HEUSER, Entstehung, (wie Anm. 12), S. 28–42, 88–91, 146–158.

41 Ebd., S. 1–11.

42 Ebd., S. 107–128, hier S. 124.

den letztgültigen „Nachweis“[43] zu erbringen, dass ein nicht unbeträchtlicher Teil des in den Händen mächtiger Kölner Kaufleute liegenden Handelskapitals in die Schwertfabrikation nach Solingen abfloss. In diesem Zusammenhang ist bemerkenswert, dass Heuser zufolge „die früheste Geschichte Solingens wohl am sichersten und treffendsten aus der Sicht der alten rheinischen Handelsmetropole“ geschrieben werden müsse.[44] Von solchen Überlegungen ausgehend, gelangte Heuser schließlich auch zu der Überzeugung der Notwendigkeit eines Vergleichs. Statt sich bei der Erforschung der vorindustriellen Kleineisenregion um Solingen an „Behauptungen“ zu halten, die mit den „Realitäten in den urkundliche[n] Zeugnissen“ wenig zu tun hätten, sei es durchaus legitim, „Entwicklungsverläufe“ und „Handwerksbildungen“ denen anderer Städte „vergleichend“ gegenüberzustellen.[45]

Verstanden als Plädoyer erweist sich diese Sichtweise als überaus modern, zeigt sich darin doch einmal mehr Heusers dezidiert an historischen Prozessverläufen orientierte Perspektive auf die Frühgeschichte der Solinger Schneidwarenindustrie, gekennzeichnet durch den Anspruch, zu beschreiben, wie das Neue aus dem Alten hervorgegangen sein muss. Darin vor allem besteht der theoretische Fortschritt gegenüber anderen heimat- und stadthistorischen Studien des vergangenen Jahrhunderts, die in ihren Darstellungen nahezu durchgängig auf die Modellierung sozialen Wandels verzichten.

---

43 Dahingegen wog sich KELLETER, Geschichte (wie Anm. 22), S. 41f., in dem Glauben, dass dieser „Nachweis“ zu einem späteren Zeitpunkt einmal erbracht werden könne. Wie Heuser teilte auch er die Überzeugung, dass das „fabrikmäßige Schmieden der Klingen [...] in Köln schon rein technisch erschwert [war], wenn nicht unmöglich, weil dort die zum Schleifen geeignete Wasserkraft fehlte und die des Rheins [...] nicht dafür nutzbar gemacht werden“ konnte (S. 40). Vgl. zur Urteilsweise Heusers, HEUSER, Solingen und Köln (wie Anm. 1), S. 68–72, 75ff., 85f., 94, 106, 129, 136, 140.

44 HEUSER, Solingen und Köln (wie Anm. 1), S. 68.

45 HEUSER, Entstehung (wie Anm. 12), Vorwort ohne Seitenzählung.

Rezensionen

Rheinischer Städteatlas, hg. v. LVR-Institut für Landeskunde und Regionalgeschichte, Lieferung XXI, Nr. 102: Siegburg, bearb. von Elfie PRACHT-JÖRNS, Köln: Böhlau Verlag 2017, 51 S. u. 14 Tafeln, 3,0 €, ISBN 987-3-412-50792-3

Wie im letzten Band der ZBGV angekündigt, ist die Mappe Siegburg Ende 2017 erschienen. Sie ist Teil der Lieferung XXI, in der noch die Orte Kaster und Oedt zusammengefasst sind. Gab es bis 2008 alle zwei Jahre jeweils mindestens vier, meist aber fünf oder gar sechs Stadtrechtsorte, die sich über eine sorgfältig erarbeitete, wenn auch kurzgefasste Stadtgeschichte freuen konnten, so musste sich das heute zu Bedburg gehörende Kaster bis Ende 2019 gedulden. Für Oedt – heute zu Grefrath – ist das Erscheinen der Mappe laut Verlag im April 2020 zu erwarten. Auch wenn es sicher immer schwieriger wird, für die verbliebenen rund achtzig Städte geeignete Bearbeiter zu finden, hat wohl auch das altersbedingte Ausscheiden der Projektleiterin zu dem schleppenden Erscheinen der Mappen geführt. Eine solch starke Identifikation mit dem Projekt ist vermutlich bei den Nachfolgern nicht vorhanden, da die Interessen offenbar in anderen Themenbereichen liegen. Doch freuen wir uns, dass mit Siegburg eine weitere bergische Stadt in dem Mammutprojekt Rheinischer Städteatlas erschienen ist.

Dass das Herzogtum Berg weiter nach Süden reichte, als das die meisten Bewohner im Kerngebiet des Bergischen Landes gewöhnlich annehmen, dürfte nach dem Erscheinen der neuen Geschichte des Bergischen Landes zumindest den geschichtlich Interessierten bekannt sein. Die Beziehungen der bergischen Grafen zu der 1064 vom Kölner Erzbischof Anno gegründeten Benediktinerabtei reichen bis 1121 zurück. In diesem Jahr bekamen die Berger die Vogtei über die Abtei und behielten sie mit kleinen Unterbrechungen. Die Hochgerichtsbarkeit Bergs war wie in vielen anderen Fällen auch in Siegburg der Schlüssel zur Durchsetzung der Landesherrschaft. Nach zahlreichen Auseinandersetzungen zwischen dem Abt, der die Reichsunmittelbarkeit für die Abtei geltend machte, erzwangen die bergischen Herzöge im 17. Jahrhundert durch mehrfache Besetzungen die Anerkenntnis ihrer Schirmvogtei. Schließlich wurden Stadt und Burgbann als Unterherrschaft in das bergische Territorium eingegliedert. Maßgeblicher Grundherr blieb aber bis zur Aufhebung des Klosters 1803 der Abt.

Die Benediktinerabtei war für die Entwicklung von Siegburg von großer Bedeutung. Wenngleich vor ihrer Gründung bereits eine Siedlung bestand – eine Kirche ist bereits aus der Zeit vor 1000 nachzuweisen –, gab erst das dem Kloster von König Heinrich IV. 1069 verliehene Marktrecht den Impuls zu einer verstärkten Ansiedlung von Kaufleuten und Handwerkern. Zwar lassen sich erst über eine Steuerliste von 1578 genauere Angaben zur Einwohnerzahl ermitteln, aber der Ort hat sich offenbar schnell entwickelt. Bereits seit der 2. Hälfte des 12. Jahrhunderts wird Siegburg als oppidum, stat oder sogar als civitas bezeichnet. Der Ersatz der alten Pfarrkirche St. Servatius in den Jahren 1150–1170 durch eine dreischiffige romanische Basilika mit beeindruckendem Westturm und der

Bau einer Stadtmauer in der Zeit von 1220–1240, die die vorherige Wall-Graben-Anlage ersetzte, zeigen die Wirtschaftskraft Siegburgs an. Zum wirtschaftlichen Erfolg trug die Heiligsprechung Annos und die darauf einsetzende Wallfahrt sicher bei, maßgeblich war aber, dass das Töpfergewerbe, das auf qualitätvolle Kaolinvorkommen in der Nähe der Stadt zugreifen konnte, eine überregionale Bedeutung gewann. Neben Massenware, Töpfen und Krügen, wurden auch kunstvolle Trinkgefäße und anderes hergestellt und vor allem durch Kölner Händler auf Märkten und Messen über Deutschland hinaus vertrieben. Die Nähe Kölns verhinderte wohl, dass sich in Siegburg – trotz der günstigen Lage an der Köln-Frankfurter und der alten Leipziger Straße – ein bedeutender Handelsstand entwickelte. Auch die Produkte der Wollweber, des zweiten wichtigen Gewerbes in der Stadt, wurden meist über Kölner Kaufleute vermarktet. Siegburg war deshalb bis über das Mittelalter hinaus vornehmlich eine Handwerkerstadt. Neben den beiden Hauptgewerben spielte lediglich noch das Gerberhandwerk eine größere Rolle. Anders als in vielen bergischen Städten haben in Siegburg auch die Meister der Lebensmittelhandwerke, der Schneider, Hutmacher, Fassbinder, Weinschröder, Schreiner und Glaser vom Abt eine Zunftordnung erhalten. Dies deutet an, dass in diesen Gewerben eine größere Anzahl tätig gewesen sein muss. Ein weiterer Grund für die Erteilung von Zunftprivilegien war aber auch, dass der Abt trotz der Versuche des bergischen Herzogs, in den vollen Besitz aller städtischen Rechte zu kommen, Stadtherr geblieben war. In Berg erteilte der Herzog Zunftstatuten eher restriktiv.

Der wirtschaftliche Niedergang Siegburgs begann mit den kriegerischen Ereignissen Ende des 16. Jahrhunderts und dem anschließenden Dreißigjährigen Krieg. Stadt- und Klosterbrände, Plünderungen und hohe Kontributionen verhinderten bis ins 19. Jahrhundert hinein jegliche Weiterentwicklung. Die 1805 fassbaren 1.400 Einwohner, die überwiegend in der Landwirtschaft tätig waren, entsprachen gerade einmal dem Niveau des 15. Jahrhunderts. In preußischer Zeit, in der Siegburg zur Kreisstadt wurde, ließen sich erst spät Industriebetriebe (1840 Kattunfabrik; 1875 Geschossfabrik) nieder. Vor allem durch den Rüstungsbetrieb verfünffachte sich die Bevölkerung bis zum Ersten Weltkrieg, dessen Ende das Aus für die Produktion brachte und Siegburg für lange Zeit zur Stadt mit der höchsten Arbeitslosenquote im Deutschen Reich werden ließ. Erst ein Chemiebetrieb (Zelluloseherstellung) und eine Fabrik für Druckfarben ließen die Zahl der Industriearbeiter in den 1930er Jahren wieder ansteigen, sodass bis 1970 stets mehr als 50 Prozent der Siegburger im produzierenden Gewerbe tätig waren. Danach entwickelte sich die Stadt immer mehr zum Dienstleistungs- und Verwaltungszentrum.

Wenn man den Städteatlas Siegburg mit einem der Atlanten der ersten Lieferung von 1972 vergleicht, kann man die enorme Weiterentwicklung dieses „Jahrhundertprojekts" erkennen. Während die Atlasmappe Siegburg 51 großformatige Textseiten enthält, kommen die sechs Städte (Bonn, Brühl, Lechenich, Meckenheim, Rheinbach, Zülpich) der ersten Lieferung zusammen gerade einmal auf 44 Seiten Text. Selbst Bonn, das durch die Jahrhunderte stets eine bedeutende Stadt war, musste sich mit 16 Seiten zufriedengeben. Das Konzept ist seit dem Ursprung nicht verändert worden. Noch immer umfassen die Atlanten fünf Hauptkapitel, in denen alle in der Geschichte einer Stadt interessierenden Fragen – von den archäologischen Funden bis zum Autobahnanschluss – Berücksichtigung finden. Hatte Klaus Flink sich bei der ersten Lieferung weitgehend auf veröffentlichte Quellen und die Literatur beschränken müssen, da er alle sechs Mappen bearbeitet hat, so ist seit einiger Zeit der Anspruch des Städteatlas, möglichst das gesamte relevante Archivmaterial im Hinblick auf die Geschichte einer Stadt durchzusehen. Die Mappen gehen deshalb meist weit über die bereits vorhandenen Veröffentlichungen zu einer Stadt hinaus. Zu dem Mehr an Text hat auch die Einschränkung der Abkürzungswut beigetragen, die die ersten Lieferungen kaum lesbar machten. Heute sind die Mappen für jeden geschichtlich Interessierten gut verständlich.

Die erstmalige Verwendung von sog. Tortendiagrammen soll wohl auch benutzerfreundlich sein. Vier solcher farbigen Abbildungen sollen etwa die Veränderung der Berufe sinnfällig machen, die Juden in der Zeit von 1848 bis 1900 ausgeübt haben. Sie sind zwar schön bunt und haben klar voneinander unterscheidbare Farben, aber jede Liste oder Tabelle erschließt eher die Verteilung der Berufsgruppen. Die Gesamtzahl der 1848 berufstätigen Juden muss der Leser selber zusammenrechnen und die Umrechnung, dass der verzeichnete Lehrer, der Klempner, der Vorsänger, der Student und der Pferdehändler jeweils ein Prozent der tätigen Juden ausmacht, trägt auch nicht viel zum Wissen über die Siegburger Judenschaft bei. Das Schaubild zur Berufsverteilung von 1863 lässt dann die Zahlen ganz weg und nennt nur noch die Prozentzahlen. Ob der Pferdehändler, der 1848 ein Prozent ausmachte, nunmehr einen Kollegen bekommen hat oder lediglich die Gesamtzahl der arbeitenden Juden niedriger ist und sich deshalb die Prozentzahl verdoppelt hat, erschließt sich nicht. Bei solch überschaubaren Fallzahlen halte ich übrigens die Umrechnung in Prozent für überflüssig. Eine weitere kleine Anmerkung sei erlaubt: Da der Platz auf der Umschlagrückseite nicht mehr ausreicht, die Karte der bearbeiteten Stadtrechtsorte und die erschienenen Mappen abzudrucken, ist man bereits in der letzten Lieferung auf den schmalen Klappenrand ausgewichen. Hier stand vorher das Stichwortschema, das für denjenigen, der ein bestimmtes Thema oder ein Datum suchte, eine wesentliche Hilfe war. Es wäre schön, wenn das Stichwortschema in der nächsten Lieferung wieder an seinen alten Platz zurückkehren könnte.

Besonderen Wert erhält jede Mappe des Städteatlas durch die beigefügten Tafeln. Damit ist die Mappe Siegburg besonders üppig bedacht worden. 14 Tafeln enthalten 32 meist farbige Abbildungen. Grundlage aller Mappen ist die Neuzeichnung des Katasterplans, der sog. Urkarte, aus der Zeit vom Anfang des 19. Jahrhunderts, die einen Vergleich der Stadtentwicklung auf späteren Karten, die ebenfalls der Mappe beigegeben werden, möglich macht. Da Siegburg eine ältere Stadt ist, konnten auch einige weniger bekannte Ansichten der Stadt und der Abtei auf dem Michaelsberg in hervorragender Qualität publiziert werden.

Die an der bergischen Geschichte Interessierten können Frau Pracht-Jörns dankbar sein, dass sie nach Ratingen, Angermund und Monheim mit Siegburg bereits die vierte bergische Stadt für den Rheinischen Städteatlas bearbeitet hat, und zwar in hervorragender Weise. Da sie noch längst nicht im Rentenalter ist wie der ehemalige Stadtarchivar von Mönchengladbach Wolfgang Löhr, der mit seinen 82 Jahren als neunte von ihm bearbeitete Mappe Kaster zur Lieferung XXI beigesteuert hat, mag man wünschen, dass Frau Pracht-Jörns weitere Stadtrechtsorte bearbeitet und diese im Bergischen Land liegen mögen. Auch wenn ich keine Bestätigung dafür erhalten habe, hat sie Gräfrath bereits in den Blick genommen. Damit wären alle fünf Stadtrechtsorte, die die heutige Stadt Solingen ausmachen, mit einer Mappe bedacht.

Kurt Wesoly, Bonn

Hugo STEHKÄMPER, Carl DIETMAR, Köln im Hochmittelalter. 1074/75–1288 (Geschichte der Stadt Köln, Bd. 3), Köln: Greven 2016, 550 Seiten, zahlreiche Abb., 6,0 €, ISBN 978-3-774-30442-0

Hugo Stehkämper und Carl Dietmar legten 2016 den dritten Band der „Geschichte der Stadt Köln" vor, die seit 2004 im Greven Verlag von der Historischen Gesellschaft Köln e.V. herausgegeben werden. Sieben der 13 Bände sind inzwischen veröffentlicht, die unregelmäßig und nicht chronologisch erscheinen. Stehkämper und Dietmar haben den ersten Band zur Epoche des Mittelalters verfasst, für die Bände zum Früh- und Spätmittelalter sind noch keine Veröffentlichungstermine bekannt.

Hugo Stehkämper, ehemaliger Leiter des Kölner Stadtarchivs (1969–1994), der vor der Veröffentlichung verstorben ist, gilt als renommierter Kenner der Stadtgeschichte Kölns im Mittelalter auf lokaler, reichs- wie europaweiter Ebene – allein elf Eigentitel sind im Literaturverzeichnis aufgeführt. Für das vorliegende Buch hat er die Kapitel eins bis neun als umfangreiches Manuskript beigesteuert, die sich mit dem Übergang Kölns vom Früh- ins Hochmittelalter sowie mit der Struktur und Entwicklung der Stadt befassen. Carl Dietmar – promovierter Mediävist, Journalist beim Kölner Stadtanzeiger und Träger des Köln-Literatur-Preises (2005) – hat die letzten drei Kapitel des Buches mit dem Schwerpunkt des 13. Jahrhunderts verfasst sowie die vorherigen neun Kapitel in Teilen gekürzt und ergänzt – ein Bearbeitungsregister zu den Änderungen Dietmars ist nicht beigegeben.

Der Text wird ergänzt durch Personen-, Sach- und Ortsregister sowie ein Glossar mit 26 zentralen Begriffen zu Eigenheiten der Kölner Stadtgeschichte. Ebenso ist ein farbiger Stadtplan dem Band beigefügt, auf dem die Stadterweiterungen, Stadtbezirke und Stadtbebauung bis 1300 sowie Kirchen und Klöster abgebildet sind.

Die Darstellung beginnt mit dem Jahr 1074/75, als die Bürger gegen den Erzbischof das erste Mal politisch in Erscheinung traten, und endet mit der Schlacht von Worringen 1288. Die zwölf Kapitel zeichnen die Geschichte Kölns vom 11. bis zum 13. Jahrhundert überwiegend chronologisch nach. Die ersten Kapitel skizzieren die Entstehung der Kölner Stadtgemeinde als politisches Gebilde sowie ihre fortschreitende Unabhängigkeit. Im Zentrum stehen dabei die Auseinandersetzungen mit dem Erzbischof sowie die Beziehungen und Konflikte mit den Kaisern und dem Reich. Ende des 11. Jahrhunderts stellte sich zudem die Frage des Judenschutzes und des ersten Kreuzzugs. Kapitel zwei beschreibt die Entstehung der bürgerlichen Stadtgemeinde über die politische Selbstverwaltung in der Auseinandersetzung mit König Heinrich V. und Erzbischof Friedrich I. Das Kapitel endet mit der Forschungsdiskussion um die coniuratio von 1112. Die fortschreitende Unabhängigkeit wird in Kapitel drei anhand des Agierens der Bürger gegenüber ihren Stadtherren sowie Kaiser Friedrich I. Barbarossa untersucht. Kapitel vier befasst sich mit dem deutschen Thronstreit im Übergang zum 13. Jahrhundert sowie der Positionierung der Bürger.

Die Kapitel fünf bis neun beschreiben die Gliederung und den Ausbau des Stadtgebiets, die Entstehung, Schichtung und soziale Mobilität der Stadtgesellschaft, die Entwicklung der Verfassungsstruktur und Rechtsprechung sowie die Wirtschaftszweige und geistliche Organisation der Pfarrbezirke der Stadt. Die von Dietmar verfassten Kapitel zehn bis zwölf zentrieren auf das 13. Jahrhundert: Kapitel zehn beginnt mit den Konflikten zwischen der Bürgerschaft und Erzbischof Engelbert I. von Berg und schließt mit dem Großen Schied von 1258 und der anschließenden ‚Revolution von Oben' durch Erzbischof Konrad von Hochstaden, während Kapitel elf die Darstellung der Konflikte mit den Erzbischöfen Engelbert II. von Falkenburg und Erzbischof Siegfried von Westerburg bis zur Schlacht von Worringen fortführt. Das zwölfte Kapitel zeichnet Kölns Erscheinungsbild anhand der Bauwerke und der Infrastruktur zum Ende des 13. Jahrhunderts. Dabei stehen die Sakralgebäude und insbesondere der Kölner Dom im Zentrum. Der Ausblick behandelt die Versöhnung des Erzbischofs Wikbold von Holte 1289 und schließt damit gleichzeitig die konfliktorientierten Kapitel sowie das 13. Jahrhundert ab.

Der Untersuchung liegen zahlreiche Quellen zugrunde. Neben den Schreinsbüchern, die seit 1130 in den Kirchspielen geführt worden waren, stützt sich die Zusammenstellung hauptsächlich auf narrative Quellen, vornehmlich die Stadtchroniken von Gottfried Hagen (‚Reimchronik', 1270) sowie auf zahlreiche Urkundenbücher der Stadt und des Reiches, aber auch weitere, zeitgenössische Darstellungen, wie die Annalen des Lampert von Hersfeld (1077–1079).

Während der erste Teil des Bandes hauptsächlich Kölns Positionen und politisches Handeln auf den reichs- und lokalpolitischer Konfliktebenen in den Blick nimmt und daran die Entwicklung „von der Bischofsstadt zur selbstverwalteten Kommune" darstellt, richtet sich erst im mittleren Teil mit Kapitel fünf der Blick auf die Strukturen der Stadt. Die letzten drei Kapitel führen die meist verfassungsrechtlich orientierte Ereignisgeschichte des 13. Jahrhunderts aus – Dietmar orientiert sich dabei an den Stadtchroniken. Entsprechend bleiben die Schilderungen klassisch und fragen nicht danach, was die Chroniken nicht behandeln – ein Rückgriff auf die diesbezüglichen Erkenntnisse von Wolfgang Herborn und Klaus Militzer wären strukturierend und weiterführend gewesen. So spielt sich die Geschichte Kölns im 13. Jahrhundert hauptsächlich zwischen Erzbischof, einigen bürgerlichen Trägern der politischen Institutionen und den umliegenden Territorialherren ab. Die Heterogenität der Stadtgesellschaft, wie sie in der Revolution von Oben seit 1259 und in der Schlacht an der Ulrepforte 1268 in Erscheinung traten, bleibt schemenhaft. Die klassische Tradition der Dichotomie zwischen Stadtherren und bürgerlicher Stadtgesellschaft wird nur an wenigen Stellen aufgebrochen.

Einige Begriffe und geschichtswissenschaftliche Konzepte bleiben unkommentiert: Beispielsweise wird ‚Herrschaft' weitgehend als starres und juristisches Konstrukt, als Verfügungsmacht über die Gerichtsbarkeit der sich herausbildenden Institutionen in der Stadt vorausgesetzt. Weder erhalten reichspolitische Wechselwirkungen mit innerstädtischen Konfliktlagen, noch kulturelle Formen der Machtausübung einen Raum in den

Ausführungen. Bettelorden, Beginenbewegung und weitere religiöse Gruppen werden erwähnt, ihr Einfluss auf die Stadtgesellschaft, die Stadtpolitik oder den städtischen Alltag bleibt jedoch offen.

Schon im Vorwort wird verdeutlicht, dass die Leser*innen eine wissenschaftliche Geschichte der Stadt Köln erwartet, die sich an ein breites geschichtsinteressiertes Publikum richten möchte. Dieses Anliegen wird von Stehkämper und Dietmar in klassischer Darstellungsweise umfangreich erfüllt. Sie liefern eine beeindruckende und klassisch anmutende Zusammenstellung zu einer hoch-dynamischen Zeit, bleiben jedoch an einigen Stellen hinter dem Forschungsstand zurück.

Die Sprache ist durchgängig verständlich, wenn auch an einigen Stellen metaphorisch hochtrabend und dadurch etwas ungenau: „Doch über die [Bürger] wie über alle Einwohner wölbte sich die Stadtherrschaft des Erzbischofs" (S. 11). Insbesondere in den letzten Kapiteln ist die Darstellungsweise der politischen Ereignisse mit den umliegenden Territorialherren sehr voraussetzungsvoll – eine politische Karte der Partikularinteressen wäre neben dem umfangreichen Bildmaterial verständnisfördernd gewesen.

Begriffe wie Freiheit, Treue oder Rache bleiben häufig amorph und den Narrativen der Quellen verhaftet. Zahlreiche Charakterisierungen von Einzelpersonen und Gruppen werden so zwar lebendig, die Analyse der Konfliktparteien bleibt ebenso unscharf wie tendenziös. Entstanden ist so eine sehr dichte, nachvollziehbare und greifbare Darstellung der Gestalt und Geschichte Kölns im Hochmittelalter, welche die umfangreichen Quellen ernst nimmt und die Inhalte älteren Stadtgeschichtsforschung immer wieder kritisch reflektiert, ergänzt und aktualisiert – ein etwas weiterer, wissenschaftlicher Blick auf Einzelphänomene in der Geschichte Kölns hätten über den plausibel zusammengetragenen Geschichtskanon erweitern können.

Jan-Willem Waterböhr, Bielefeld

Hermann Klugkist Hesse, Elberfeld und seine Kirche im Jahrhundert der Reformation, hg. v. Daniela-Nadine Reiher und Hermann-Peter Eberlein, Kamen: Verlag Hartmut Spenner 2019, 237 Seiten, 14 Abb., 16,80 €, ISBN 978-3-89991-209-8

Die Kirchengemeinden Barmens haben immer wieder Historiker gefunden, die sich ihrer Entstehung und Entwicklung angenommen und ihre Geschichte in eindrucksvollen Studien dargestellt und analysiert haben, zuletzt in der von Pfarrer Fritz Mehnert herausgegebenen Oberbarmer Gemeindegeschichte.[1] In Elberfeld ist das nicht geschehen, das Fehlen einer Elberfelder Kirchengeschichte, vor allem einer Geschichte der über etliche Jahrhunderte tonangebenden reformierten Kirchengemeinde ist deshalb eine ausgesprochene Lücke in der Stadtgeschichte Wuppertals. In den 1940er Jahren hat Pfarrer Lic. Hermann Klugkist Hesse (1884–1949) eine mehrteilige Geschichte von reformiert Elberfeld begonnen und bis zum Beginn des 18. Jahrhunderts weitgehend fertiggestellt,

1 Fritz Mehnert (Hg.), Oberbarmer Gemeindegeschichte. Gemarke, Wichlinghausen, Wupperfeld, Hatzfeld, Heidt, Heckinghausen. Wuppertal 2002.

die einzelnen Teile aber nicht mehr zu einem Werk aus einem Guss vervollständigen und für den Druck vorbereiten können. Jetzt liegen die einzelnen Teile des Hesseschen Werkes in drei Bänden, die bis zum Beginn des 18. Jahrhunderts reichen, vor.[2]

Die Frage, ob die Drucklegung eines vor fast 80 Jahren verfassten Werkes noch zeitgemäß und von wissenschaftlichem Wert sei, ist eindeutig positiv zu beantworten. Klugkist Hesse, einer der besten Kenner der Wuppertaler und rheinischen Kirchengeschichte seiner Zeit und Dozent für dieses Fach an der Kirchlichen Hochschule der Bekennenden Kirche, schöpfte hier und in anderen, von ihm verfassten Werken[3] direkt aus den Quellen, den Urkunden- und Aktenbeständen in den relevanten Archiven, den Presbyterial- und Synodalprotokollen. Leider hat er seine Fundorte nicht angegeben, weil er wohl vor allem für seine Gemeinde und nicht für die Wissenschaft schrieb. Seine Darstellung ist dennoch von großer Quellennähe geprägt und mit wörtlichen Zitaten gewürzt. Weil ein Teil seines Materials heute nicht mehr greifbar ist, besitzt sein Werk einen umso größeren Wert für die Stadtgeschichte Elberfelds.

Klugkist Hesse war vor allem ein Chronist, der von vergangenen Zeiten in einer uns heute oft fremden, von der Dichtkunst statt von reformierter und wissenschaftlicher Nüchternheit bestimmten, bilderreichen Sprache erzählt. Aber diese Erzählung ist ehrlich und deshalb voller Spannung. Denn Klugkist Hesse schildert nicht nur die hellen und erfolgreichen Seiten der Entwicklung seiner Gemeinde, ihr Wachsen und Widerstehen gegenüber allen Attacken äußerer Gegner und innerer Widersacher. Auch die dunklen und fragwürdigen Szenen der Gemeinde-Vergangenheit finden Berücksichtigung, die Konkurrenz zwischen den Elberfelder Pfarrern, die manchmal in heftige Konflikte, ja in irreparable Zerwürfnisse mündeten, wobei sich die streitenden Parteien alles andere als christlich verhielten; die Streitigkeiten innerhalb der Gemeinde, auch die charakterlich fragwürdigen Seiten von den „Dienern am Wort" wie von Gemeindegliedern kommen hinreichend zu Wort.

Der vorliegende Band widmet sich dem Reformationsjahrhundert in Elberfeld. Leider umfasst er nicht die eigentliche Reformation, also den Anstoß zur Änderung und praktisch vollständigen Umwandlung der Gemeinde in den 1530er bis 1550er Jahren. Vermutlich hat der Verfasser diesen wichtigen Teil seiner Gemeindegeschichte vor seinem Tod nicht mehr fertigstellen können. Die Darstellung beginnt erst mit der „Verankerung" der Reformation in Elberfeld nach 1560, vor allem vollzogen von dem Pfarrer Wilhelm Heimbach. Dazu zählt zum Beispiel die Konstituierung eines Presbyteriums, das 1587 zum ersten Mal erwähnt wird, aber wohl schon vorher existiert hat, wobei der Autor darauf hinweist, dass zahlreiche gemeindliche Leitungsfunktionen schon lange vor der Reformation von einflussreichen Laien in der Gemeinde wahrgenommen wurden, die Beteiligung der Gläubigen an der Organisation ihrer Gemeinde also nicht neu

---

2 Neben dem hier zu besprechenden Band sind es folgende Bände: Hermann KLUGKIST HESSE, Elberfeld und seine Kirche im Mittelalter und im Dreißigjährigen Krieg, hg. v. Daniela-Nadine REIHER und Hermann-Peter EBERLEIN, Kamen 2013; Hermann KLUGKIST HESSE, Elberfeld und seine reformierte Gemeinde im 17. Jahrhundert, Kamen 2018.

3 Vgl. Klaus GOEBEL, Hermann Klugkist Hesse. Verzeichnis seiner Schriften. In: Monatshefte für Evangelische Kirchengeschichte 19 (1970), S. 172–177.

war. Auch die Dreiteilung der Gemeinde Elberfeld in die „Freiheit" – Stadtrechte erhielt Elberfeld erst 1610 –, das umliegende Kirchspiel und Unterbarmen wurde schon vor der Reformation praktiziert.

Die Herausgeber haben daneben weitere Aufsätze des Verfassers in den Band aufgenommen. Am wichtigsten für die lokalgeschichtliche Forschung zur Reformation sind zwei Aufsätze über Peter Lo, den angeblichen Reformator Elberfelds. Klugkist Hesse hat aufgrund von Brieffunden im Staatsarchiv Marburg den Umfang der Verwaltungstätigkeit rekonstruiert, die Peter Lo für die Waldeckischen Grafen unternommen hat und die ihm kaum Zeit ließ, die Bemühungen um eine Reform der Kirche in Elberfeld, die er wohl angestoßen hat, weiter zu verfolgen. Erste Zweifel an Los Reformtätigkeit in Elberfeld hat Klugkist Hesse also schon in den 1940er Jahren geäußert, sie sind inzwischen von der Forschung weitgehend akzeptiert und substantiiert worden.

In einem Aufsatz über Simon Budäus zeichnet Klugkist Hesse das Bild eines Pfarrers, der – zeitweise in Elberfeld um die Jahrhundertwende tätig – als Prediger hohes Ansehen genoss, aber als kompromissloser Eiferer für die evangelische Sache keinem Streit, selbst aus geringem Anlass, aus dem Wege ging und sich in der Gemeinde und bei seinen Kollegen so unbeliebt machte, dass er Elberfeld verlassen musste.

Schließlich ein programmatischer Text Klugkist Hesses, in dem er seine Auffassung von der Geschichte als eines Weltendramas zwischen Gott und Teufel, Gut und Böse, Geist und Materie und all den anderen Gegensatzpaaren darlegt. In Klugkist Hesses historisches Erzählen dringt diese Geschichtstheorie aber seltsamerweise eigentlich kaum ein, wie überhaupt sein Werk wenig theoriebelastet ist.

Es bleibt noch zu erwähnen, dass die beiden zuletzt erschienenen Bände der Elberfelder Kirchengeschichte mit einem hilfreichen Register versehen wurden, der zuerst herausgegebene Band aber leider keins aufweist.

Volkmar Wittmütz, Köln

Hans Werner NIERHAUS, Reformation – Gesellschaft – Herrschaft. Sozialgeschichte der Reformationszeit im Duisburger und Mülheimer Raum Essen: Klartext 2020; 269 Seiten, 22,95 €, ISBN 978-3-8375-1736-1.

Mit seiner Studie vermittelt uns der Autor, pensionierter Geschichtslehrer, interessante vergleichende Einblicke in einen territorial übergreifenden, bergisch-klevischen Raum während der „Reformationszeit". Beobachtet werden vor allem religiöse und kirchliche Entwicklungen in der Herrschaft Broich, der Stadt Duisburg sowie den Orten Meiderich und Ruhrort. Gelegentlich wird die Betrachtung auf Nachbargebiete wie die Stifte Essen und Werden ausgedehnt.

Die Arbeit, die sich allein auf Fachliteratur stützt, ist in systemtheoretische Überlegungen, die sich an Niklas Luhmann anlehnen, eingebunden, deren Erkenntniswert nicht recht einleuchten will. Wenn wir konstatieren, dass sich in dieser Zeit „neue Kommunikationen und neue Kommunikationsanschlüsse" (S. 247) ausgebildet haben, fragt sich, für welche Epoche dies nicht gelten mag. Der Autor erstellt zudem in seinem Versuch, dem Leser eine fremde Zeit näherzubringen, einen Interpretationsrahmen, der in den Geschichtswissenschaften mit großer Skepsis gesehen wird. Er betrachtet Entwicklungen unter den Kategorien Modernität und Fortschrittlichkeit, auch wenn dies stellenweise sehr differenziert geschieht. Viele Thesen provozieren Widerspruch: Dass erst Renaissance, Humanismus und Reformation den Menschen als Individuum hervorgebracht hätten, ist in der mediävistischen Forschung vehement bestritten worden. Indem das theologische Ringen des 16. Jahrhunderts um die Anerkennung eines freien Willens des Menschen in solcherlei Zusammenhängen, konkret der Entstehung von Vorstellungen von menschlicher Würde und heutigen Freiheitsrechten, verortet wird, ergeben sich weitere Probleme: Warum hielten ausgerechnet die Katholiken, im Kontrast zu ihren prominentesten Gegnern bzw. den vermeintlichen Erneuerern, Luther und Calvin, daran fest? Ob Luther als Humanist zu sehen ist, wäre eingehender zu diskutieren. Zweifel erheben sich auch angesichts der Behauptung, erst ab dem 16. Jahrhundert sei überhaupt ein politisches System entstanden, das sich aus einem religiösen System herausgelöst habe. Die Forschungsdiskussionen über den engen Konnex von Religion und Politik noch im 17. Jahrhundert, zu erfassen mit Begriffen wie „Konfessionalisierung" und „konfessionelles Zeitalter", weisen in eine andere Richtung. Letztlich ist die Definition der Reformation als „theologische Lehre" oder gar, bezogen auf den gesellschaftlichen Bereich, als „anspruchsvolle Theorie" (S. 217) kaum nachvollziehbar.

Der Wert der Untersuchungen kommt eher über den mikroskopischen Blick zustande: Für einen relativ kleinen Raum werden sehr genau komplexe politische Verhältnisse beschrieben, in denen sich die kirchlichen Veränderungen vollzogen. Ein Beispiel: Den Herren von Broich gelang es, ihre Konkurrenten um die Macht in Mülheim an der Ruhr und Umgebung, die Herren von Styrum, immer mehr ins Hintertreffen abzudrängen, trotz derer aus dem Mittelalter stammenden weitreichenden Kollationsrechte. In Kooperation mit Untertanen festigten Wirich V. von Daun-Falkenstein und seine Nachfolger als Herren zu Broich ihre prominente Stellung im Kirchenwesen gegenüber den dem katholischen Glauben treu bleibenden Adeligen auf Schloss Styrum. Hier sieht der Autor zu Recht einen „unmittelbaren Zusammenhang zwischen weltlicher Politik und Kirchenpolitik im Rahmen der Unterherrschaft" (S. 137). Freilich sollten sich die Herren von Broich im Verlaufe der Veränderungen, die zur Ausbildung einer reformierten Gemeinde im Hauptort führten, selbst in ihren Herrschaftsrechten eingeschränkt sehen. Wilhelm Wirich von Daun sah sich in den 1640er Jahren dazu veranlasst, den Predigern von Mülheim die Teilnahme an den klevischen reformierten Synoden zu verbieten. Man kann ersehen, dass innerhalb der reformierten Konfession eine Dynamik entfaltet wurde, die den politischen Ansprüchen der Herren zuwiderlaufen und territoriale Loyalitätskriterien sprengen konnte. Dies galt umso mehr, als sich Mischkonfessionalität in den jülich-klevischen Ländern verfestigte, so auch in Mülheim, wo Wilhelm Wirich 1658 eine lutherische Kirche erbauen ließ.

Für den eigentlichen Beginn der Reformation in den verschiedenen Orten finden sich, den Beobachtungen von Nierhaus zufolge, nur selten Belege. Dies lässt sich mit einer verdeckten konfessionellen Pluralisierung, die sich sehr gut über einige der hier präsentierten Beispiele nachvollziehen lässt, erklären. Viele Prediger ließen eine Zuordnung zu einer der großen Konfessionen (katholisch, evangelisch-lutherisch, evangelisch-reformiert), auch wenn sich die Unterschiede im Verlaufe der Zeit immer stärker herausschälten, offen. Angesichts eines sich im letzten Drittel des 16. Jahrhunderts verstärkenden Drucks der Landesherren, katholische Verhältnisse zu restaurieren, ließen sich adelige Herrschaftsträger auf merkwürdige Strategien ein, um das Versteckspiel weiter zu treiben. Adolf von Neuenahr, Graf zu Moers, selbst ein überzeugter Anhänger der reformierten Konfession, riet in den 1570er Jahren seinem Verwandten, Graf Wirich VI. von Daun, auf den Wunsch des Landesherrn hin einen als katholisch eingeschätzten Priester einzusetzen, um zu einem späteren Zeitpunkt eine andere, bessere Wahl zu treffen (S. 158).

Die Überkreuzung konfessioneller und politischer Gesichtspunkte zeigt sich ebenfalls in der Inszenierung der evangelischen Herren von Broich als Schutzherren des katholischen Klosters Saarn, die zur Akzeptanz der Einbindung des Abtes vom Kloster Kamp in die Aufsicht über die Klosterdisziplin führte. Kein Einzelfall war es auch, dass in der kleinen Herrschaft Meiderich, in der die Herrschaft und die Gemeinde ebenfalls der reformierten Lehre zugetan waren, bei jeder Einsetzung von Pfarrern um die Bestätigung durch Repräsentanten katholischer Einrichtungen, hier konkret der Äbtissin von Gerresheim, angesucht wurde, um aus dem Mittelalter überlieferten Rechten Genüge zu tun (S. 210). Andererseits ließen sich tiefe Unterschiede im Glauben keineswegs in jedem Fall verbergen oder herunterspielen. Die reformatorischen Entwicklungen in Duisburg, in der Sicht der Herzöge von Jülich, Kleve und Berg neben Wesel der wichtigsten Stadt am Niederrhein, wurden nicht zuletzt durch die ökonomische Bedeutung und die dadurch bedingte Machtposition der dortigen Führungsschichten begünstigt.

Insgesamt lohnt es sich sehr, das Buch zu lesen. Wünschenswerte, noch tiefere Einsichten in die „Reformationszeit“ würden sich auch aus vielen bislang kaum benutzten Quellen ergeben, von denen sich nicht wenige im Stadtarchiv von Mülheim an der Ruhr befinden.

Ralf-Peter Fuchs, Essen

Guido von Büren, Ralf-Peter Fuchs, Georg Mölich (Hg.), Herrschaft, Hof und Humanismus. Wilhelm V. von Jülich-Kleve-Berg und seine Zeit (Schriftenreihe der Niederrhein-Akademie 11), Bielefeld: Verlag für Regionalgeschichte 2018, 608 S., 110 Abb., 34 €, ISBN 978-3-7395-1201-3

Die Niederrhein-Akademie legt einen gewichtigen Sammelband mit insgesamt 22 Beiträgen vor, die auf den Vorträgen einer Tagung im August 2016 im klevischen Wasserschloss Rindern hervorgegangen sind. Die Tagung versammelte einen hoch respektablen Kreis von langjährigen Regionalhistorikern und außerhalb der Region tätigen Humanismus-Spezialisten, deren Zusammentreffen eine faszinierende Gesamtschau von Fürstenpersönlichkeit, Hofleben und geistes- und kulturgeschichtlichen Entwicklungen im Nordwesten des Reiches ermöglichte. Die Beiträge greifen daher sowohl „klassische“ Thematiken, wie die Auseinandersetzungen mit Karl V., den Einfluss der Landstände oder die Religionspolitik in neuer Sicht auf, stellen auch kulturelle Faktoren heraus, die bisher wenig oder gar nicht untersucht wurden und bringen diese in Zusammenhang mit den politischen und intellektuellen Entwicklungen der zweiten Hälfte des 16. Jahrhunderts. Nicht zuletzt erschließt die Publikation in vielen Beiträgen neue Quellen.

Die Herausgeber gliedern die Texte in vier Abteilungen. Die erste, „Biographisches" betitelt, beginnt mit einer von *Andreas Rutz* kommentierten Edition des Nachrufes auf den Herzog, den der Kölner Ratsherr Hermann von Weinsberg unmittelbar nach dessen Tod schrieb. Der Quellentext ist in der digitalen Gesamtausgabe der Aufzeichnungen Weinsbergs verfügbar und gibt neben der Erzählung historischer Ereignisse zahlreiche Anekdoten wieder, die die Weisheit des gestorbenen Fürsten belegen und damit seiner Memoria dienen sollen. Der zweite Aufsatz von *Guido von Büren* behandelt erstmals die gesammelten Porträts des Herzogs und seiner Familie und verbindet quellenkritische sowie kunsthistorische Einsichten. Das anlässlich des 75. Geburtstags 1591 gemalte Porträt des Hofmalers Johann Malthain wird als ein zeitgenössisch realistisches Bildnis (durch Vergleich mit dem Schädelknochen) gewürdigt, bei zahlreichen anderen Ganzkörperdarstellungen, Plastiken oder Medaillenporträts ist dies unsicherer, da sie auf unterschiedliche Vorarbeiten zurückgeführt werden können. In der reichhaltigen Überlieferung deutet sich die Öffentlichkeitswirksamkeit der politischen Rolle des Herzogs an.

Die umfangreichere zweite Abteilung „Herrschaft" eröffnet den Blick auf die politischen Kräfte innerhalb und außerhalb des Territoriums sowie auf die Auseinandersetzungen mit gesellschaftlichen und religiösen Strömungen während der Herrschaftszeit des Herzogs. *Andreas Rutz* erläutert in einem luziden Forschungsüberblick Möglichkeiten und Grenzen fürstlicher Herrschaft im Reich und weist auf die aktuelle Betonung von so unterschiedlichen frühneuzeitlichen Strukturmerkmalen wie Verwaltungsgliederung, symbolischen Inszenierungen, Rolle von Frauen in der Politik oder Kommunikationsstrukturen hin, die Herrschaft nicht nur auf die Person des Fürsten konzentriert sehen. Einige dieser neueren Fragestellungen sind für die Vereinigten Herzogtümer noch wenig untersucht. Einen Überblick zur territorialen Interessenpolitik liefert *Stefan Gorißen* und ergänzt damit die Kontextualisierung der Herrschaftsverhältnisse. Er spricht von „chronisch prekären dynastischen Verhältnissen" (S. 136), die das Zusammenwachsen der Vereinigten Herzogtümer, aber auch die Entwicklung der Nachfolgeterritorien im 17. und 18. Jahrhundert behinderten und durch die gegensätzliche konfessionelle Orientierung nach 1609 noch verstärkt wurden. Einen detaillierten Blick auf den Geldrischen Erbfolgestreit und das Verhältnis des Herzogs zu Kaiser Karl V. wirft auf der Grundlage älterer und neuerer Literatur *Matthias Böck*. Er betont die gesamteuropäische Bedeutung der Niederlande-Politik des Kaisers, die einen Kompromiss unmöglich machte. Die Beziehung Herzog Wilhelms mit dem Schmalkaldischen Bund hätte hier noch etwas stärker einbezogen werden können. Die Landstände als politischer Faktor, der in Kooperation und gelegentlicher Opposition zum Herzog stand, gewichtet *Michael Kaiser* neu. Streitigkeiten betrafen etwa das Indigenat und das Verhältnis der territorial getrennt tagenden Landtage bzw. der jeweiligen Ritterschaften zueinander. Zusätzliches Sprengpotential barg später die konfessionelle Spaltung des Adels und der Räte.

Zwei Beiträge konturieren den oft vernachlässigten Bereich der regionalen Justiz und ihrer Reformen im 16. Jahrhundert. Die intensiven Versuche einer Herrschaftsdurchdringung mittels Verwaltung und Rechtsetzung schildert mit genauem Blick auf die Quellen *Lothar Schilling* und verwendet dafür den Begriff der „guten Policey", ein zeitgenössisches Leitmotiv. Er betont, dass die landesherrliche Reformentwicklung der 1550er Jahre ohne die Mitwirkung der einheimischen Eliten nicht möglich gewesen wäre, und warnt vor personalistisch zugespitzten Zuschreibungen auf den alleinigen Willen des Fürsten. Ergänzend sucht *Matthias Schmoeckel* die frühen Bauten Herzog Wilhelms, insbesondere die Zitadelle Jülich, als Ausdruck eines frühabsolutistischen Herrschaftsverständnisses zu interpretieren. Allerdings beruhen seine Argumente vorwiegend auf ideengeschichtlichen Zusammenhängen, während entgegenstehende Handlungen und Äußerungen des Herzogs nicht berücksichtigt werden. Der Autor konzediert abschließend, die Beziehungen zwischen Architektur, Staats- und Rechtslehre müssten noch stärker als gemeinsame Konzeption verstanden werden, was sicher anregend ist.

Mit dem Aufsatz von *Erika Münster-Schröer* zu den Hexenverfolgungen am Niederrhein im 16. Jahrhundert wird eine Reihe von vier Beiträgen zur Religionsproblematik eingeleitet. Sie stellt die gescheiterten Versuche des letzten Herzogs Johann Wilhelm vor, die unter seinem Vater Wilhelm V. beendeten Hexenprozesse wieder in Gang zu bringen. Ihr Beitrag wirft hierbei auch ein Schlaglicht auf die Rolle des Landschreibers Dietrich Graminäus. Eine erneute Lektüre wichtiger Quellen des Düsseldorfer Staatsarchivs unternahm *Susanne Becker* für ihren Beitrag zur Bedeutung der *Confessio Augustana Invariata* für die theologische Haltung des Düsseldorfer Hofes. Sie schlägt die Einteilung in zwei Phasen vor: Der aktiven Religionspolitik der Jahre 1555 bis 1567 folgte eine passive Reformpolitik bis 1592, die gleichwohl die bisherige Linie beibehielt und eine Gemeinschaft aller Christen unter Ausschluss lediglich der Calvinistisch-Reformierten und der Sakramentierer postulierte. Herzog Wilhelm sei nur aus machtpolitischen Gründen (außenpolitischer Druck) auf die sich neu formierende katholische „Gegenreformation" zugegangen. *Antje Flüchter* hingegen versteht, auf eigenen Vorarbeiten fußend, die herzogliche Religionspolitik eher als symbolische Kommunikation zwischen Herrschaft, Zwischengewalten und Untertanen und betont den neuerdings in der Forschung entwickelten Begriff der „Ambiguität" als eine Haltung, die bewusst gegenüber der religiösen Kirchenspaltung Distanz gewahrt habe. *Ralf-Peter Fuchs* weist hingegen darauf hin, dass Wilhelm V. einige wichtige kirchenorganisatorische Elemente des Katholizismus beibehalten habe, etwa das Klosterwesen; auch habe der Herzog die Kontroverstheologie aller Seiten abgelehnt. Fuchs orientiert sich daher am zeitgenössischen Begriff der *dissimulatio*, einer Mischung aus theologischen Zwischentönen und politischem Aufschieben möglicher Konfliktstoffe. In der Diskussion neuer Begrifflichkeiten ergeben sich interessante neue Blickwinkel für das Themenfeld, allerdings muss doch auch noch einmal auf die realen Möglichkeiten der herzoglichen Religionspolitik verwiesen werden: landesherrliche Besetzungsrechte bei Pfarrstellen, Durchsetzung von Verboten auf der lokalen Ebene etc. Wie hätte eine Alternative zur *via media* aussehen können?

Die dritte Abteilung „Hof" widmet sich in fünf Beiträgen bisher wenig beachteten Phänomenen der niederrheinischen Hofkultur, nicht nur in der Residenzstadt Düsseldorf, sondern auch in den Nebenresidenzen Kleve und Jülich. Den mit Abstand längsten Beitrag steuert *Guido von Büren* bei, der mit der Betrachtung von Rangbewusstsein und

Repräsentation am Hof Wilhelms V. einen Rahmen auch für die folgenden Texte setzt. Er resümiert die am Jülicher Museum beheimateten Forschungen zum Einfluss der Baumeisterfamilie Pasqualini auf den Bau von Schloss und Zitadelle Jülich und ordnet die Architektur den Traditionen habsburgischer Bauten zu. Solche europäisch-hochadligen Bezüge stellt er auch für die Feierlichkeiten anlässlich der Düsseldorfer Hochzeit von 1585 fest. Der Druck von Graminäus hatte vermutlich eine Beschreibung der Münchener Fürstenhochzeit von 1568 zum Vorbild. Die berühmte Festbeschreibung von Graminäus bildet auch den Ausgangspunkt für weitere Aufsätze zur Hofkultur, so zur Musik durch *Martin Lubenow*. Die Hofmusik um Martin Peudargent wird von ihm kompetent durch Vergleiche mit anderen Musikaufführungen analysiert und konstatiert, die Düsseldorfer Musikpflege, obwohl nicht von höchster Qualität, habe unter dem Einfluss verschiedener Kompositionsströmungen eine eigene Stilistik entwickelt. Einen weiteren Vergleich, nämlich zwischen den herzoglichen Festbeschreibungen von 1573, 1574 und 1585, stellt Rebecca Anna in den Mittelpunkt und fragt nach der Rolle des Braut- bzw. Bräutigamvaters, die Wilhelm V. hier jeweils einnahm. Bei der Untersuchung der Schilderung zeremonieller Handlungen kommt sie zum Ergebnis, dass alle Beschreibungen auf die Person des Herzogs zentriert sind, die letzte (durch Graminäus) die Vorläufer jedoch bewusst in den Formulierungen überbietet. Im Übrigen bietet die Autorin auch einige Hinweise auf den wechselnden Gesundheitszustand des Herzogs.

Den wissenschaftlich-medizinischen und astrologischen Thematiken, die am Düsseldorfer Hof diskutiert wurden, ringt *Rita Voltmer* durch Vergleiche mit anderen Fällen fürstlicher Erkrankungen einige neue Erkenntnisse für die Zeit nach 1585 ab. Im Mittelpunkt stand das dynastische Problem, also die Frage, ob der Herzogssohn Johann Wilhelm noch regierungsfähig und zur Zeugung eines Erben in der Lage war. Sowohl der Kaiserhof als auch die Regierungsräte unternahmen daher zahlreiche Versuche einer medizinischen Behandlung und wandten sich nach deren Erfolglosigkeit auch (aus heutiger Sicht) esoterischen Hilfsmitteln zu. Voltmer beschreibt detailgetreu die Tätigkeit von Medizinern, Astrologen und obskuren Privatpersonen und bewertet ihre Anwendungen mit Hilfe zeitgenössischen Schrifttums. Eine zentrale Rolle spielte der „Melancholie"-Diskurs, der sich in diagnostischen Texten, Korrespondenzen mit anderen Höfen und ärztlichen Berichten spiegelt. Die Autorin kann Parallelen zwischen der Diskussion medizinischer Fragen und der „politischen Dämonologie" nachweisen, die von katholischen Theologen propagiert wurden und bis hin zu Vorschlägen von Teufelsaustreibungen führten. Für das für Wilhelm V. errichtete Grabmal in der Düsseldorfer Lambertuskirche (1599) weist anschließend *Stefan Heinz* römische Vorbilder nach, die der Kölner Bildhauer Gerhard Scheben auswählte und den bis heute nicht bekannten Entscheidungsträgern unter den Hofräten vorlegte. Wichtig war insbesondere das Grabmal Papst Hadrians VI. in der Kirche *Santa Maria dell' Anima*, das bei rheinischen Architekturinteressierten gut bekannt war und eine liegende Trauergestalt zeigt, wie sie ebenfalls für die Figur des verstorbenen Herzogs in Szene gesetzt wurde. Heinz interpretiert das Grabmal mit Blick auf zeitgenössische Quellen als Ausdruck der Hoffnung auf Auferstehung.

Die vierte und kürzeste Abteilung versammelt fünf Aufsätze, die dem Themenkreis „Humanismus" zugeordnet sind und nach einem umfassenden Überblick vier besonders herausgehobene Protagonisten präsentieren. *Johannes Helmrath* beschreibt zunächst Themenkreise, Personen und Zentren des Humanismus in Deutschland und verbindet dies mit einem systematisierenden Blick auf die Historiographie. Obwohl den Vereinigten Herzogtümern eine Universität fehlte, versammelten sich einige herausragende Gelehrte am Niederrhein, die von Wilhelm V. – hier in der Tradition seines Vaters – finanziell gefördert wurden. Den zentralen humanistisch inspirierten Ort des Rheinlandes bildete jedoch die Reichsstadt Köln. Mit Georg Cassander (1513–1566) stellt *Peter Arnold Heuser* einen der bekanntesten Vertreter vor, der altkirchliche Texte edierte und sich für religiösen Pluralismus aussprach. Heuser weist zurecht energisch auf Erschließungslücken hin: Für viele niederrheinische Humanisten fehlen Editionen der Korrespondenzen. Gleichwohl kann Heuser einiges zu den Netzwerken aus Freunden und Briefpartnern sagen und die Beteiligung an zahlreichen Fürsten- und Theologentreffen bewerten. Ebenso hebt er die Wirkungsgeschichte der Werke Cassanders bis ins 18. Jahrhundert hervor. Dem besser erforschten herzoglichen Rat Konrad Heresbach widmet *Martin Szameitat* einen die Forschung zusammenfassenden Überblick. Dem Hauslehrer des Prinzen Karl Friedrich, dem 1575 in Rom verstorbenen Sohn Wilhelms V., gilt der Beitrag von *Marc Laureys*. Präzeptor Stephan Pighius verfasste nach dessen Tod die panegyrische Schrift *Hercules Prodicius* auf den Erbprinzen, die einen Bericht über dessen Bildungsreise mit einem Lobpreis der Tugenden des Prinzen verbindet. Laureys stellt Bezüge zu antiken Vorbildern des Textes her und verortet die Tugendlehre des Pighius in der katholischen Gegenreformation. Der letzte Aufsatz ist dem berühmten herzoglichen Leibarzt Johann Weyer, dem Gegner der Hexenverfolgungen, gewidmet. *Hans de Waardt* fasst die wenigen bekannten biographischen Daten zum Leben Weyers zusammen und vergleicht seine Tätigkeit und Werke mit denen seines Bruders Matthias und seines Sohnes Dietrich, der in kurpfälzischen Ratsdiensten stand. Seine seit langem diskutierte religiöse Orientierung versteht Waardt als spiritualistisch (hier wären noch einige neuere Aufsätze von Gary Waite zu Rate zu ziehen).

Insgesamt bietet der Band in den meisten Beiträgen eine erfreuliche neue Sicht auf die faszinierende Geschichte des Niederrheins im 16. Jahrhundert, der zu Vergleichen mit anderen Regionen des Reiches einlädt. In vielen Beiträgen wird der Forschungsstand durch Berücksichtigung neuer Sichtweisen oder Quellenfunde erweitert. Natürlich kann auch ein solcher umfassender Band nicht alle denkbaren Themenfelder abdecken, insbesondere wenn mit dem Zugriff auf kulturelle Phänomene bereits ein neuer Aspekt einbezogen wird. Daher seien im Sinne möglicher Weiterarbeit einige fehlende Thematiken benannt:

Die westfälischen Herrschaftsgebiete kommen insgesamt wenig in den Blick, obwohl die politische, religiöse und auch wirtschaftliche Verschränkung zwischen Westfalen und dem Rheinland später kaum mehr so groß war wie unter Wilhelm V. Gerade in den Fragen der Kirchenpolitik wäre ein Blick auf die Grafschaft Mark und die dortigen Einflussversuche der Regierung hilfreich. Es fällt zweitens auf, dass eine Berücksichtigung der herzoglichen Wirtschaftspolitik fehlt, obwohl die Vereinigten Herzogtümer zu den wirtschaftlich prosperierendsten Regionen des Reiches gehörten, eine überregional handeltreibende Kaufmannschaft sowie frühindustrielle Produktionszentren im Textil- und Metallsektor besaßen. Eine Berücksichtigung überregionaler Quellen steht gerade für diesen Themenbereich noch aus; so belegen etwa Korrespondenzen im Sächsischen Hauptstaatsarchiv Dresden die enge Verbindung der herzoglichen Regierung in Fragen der Entwicklung des Bergbaus.

Für eine Gesamtbewertung muss aber auch die Gestaltung des Bandes gewürdigt werden. Er wurde durch die Mithilfe des Verlags für Regionalgeschichte mit zahlreichen exzellenten Abbildungen versehen, darunter 32 Farbtafeln. Sie dienen nicht vorwiegend der Illustration, sondern werden in den Beiträgen zum Thema von Interpretationen gemacht und erhalten so eine Wertschätzung als zeitgenössische Quellen. Das ausführliche Personenregister erschließt den Band vorzüglich.

In ihrer Einleitung formulieren die Herausgeber: „Eine umfassende, möglichst viele Teilbereiche abdeckende Biographie Herzog Wilhelms V. von Jülich-Kleve-Berg bleibt ein Desiderat" (S. 27). Dies ist nicht nur der Quellenlage geschuldet, sondern auch der langen Regierungszeit des Herzogs und der vielfältigen Verflochtenheit der nordwestlichen Region des Reiches mit den Nachbarn jenseits der Grenzen. Wilhelm V. war kein Provinzfürst, sondern einer der wenigen Reichsfürsten seiner Zeit mit europäischem Format. Daher wird er mit diesem vorzüglichen Band zu Recht erneut zu einem Objekt der Forschung gemacht.

Stefan Ehrenpreis, Innsbruck

Erika Münster-Schröer, Hexenverfolgung und Kriminalität. Jülich-Kleve-Berg in der Frühen Neuzeit, Essen: Klartext 2017, 450 S., 29,95 €, ISBN: 978-3-8375-1881-8.

Erika Münster-Schröer, Stadtarchivarin in Ratingen, beschäftigt sich bereits seit etwa dreißig Jahren mit Hexenverfolgungen in der Frühen Neuzeit und darf für das Rheinland als ausgewiesene Spezialistin auf diesem Feld gelten. Wie die Autorin in einem Interview für das L.I.S.A.-Portal der Gerda Henkel Stiftung unlängst erläuterte, stand am Beginn ihres Interesses eine Anfrage an das Stadtarchiv zu in Ratingen geschehenen Hexenverfolgungen. Auf Antrag einer Stadtratsfraktion sollte die Stadtarchivarin prüfen, ob es berechtigt wäre, für im 16. Jahrhundert in der Stadt als Hexen hingerichteten Frauen eine Gedenktafel anzubringen. Münster-Schröer konnte damals nachweisen, dass es hier nur einzelne Hexenprozesse gegeben hatte, von einer intensiven Verfolgungstätigkeit also keine Rede sein konnte. Im Ergebnis verzichtete man in Ratingen auf das Anbringen einer Gedenktafel.

Die Ergebnisse ihrer langjährigen Forschungen zu Hexenverfolgungen in den rheinischen Territorien der Frühen Neuzeit präsentiert Münster-Schröer jetzt im vorliegenden Band, einer Darstellung, die auf ausgedehnten Quellenstudien beruht. Die Autorin konzentriert sich auf die Herzogtümer Jülich-Berg und Kleve zwischen den letzten Jahren des 15. Jahrhundert und den 1730er Jahren, als es in Gerresheim zum letzten Hexenprozess am Niederrhein kam. Die Auswahl der einbezogenen Territorien ist keineswegs selbstverständlich und wird von der Autorin nicht weiter begründet. Während die genannten Länder zwischen 1521 und 1609 zusammen mit den hier nicht einbezogenen Grafschaften Mark und Ravensberg die Vereinigten Herzogtümer bildeten, unterstanden Jülich-

Berg einerseits und Kleve andererseits seit 1609 bekanntlich unterschiedlichen Landesherren, die unterschiedlichen Konfessionen angehörten und in vielen politischen Fragen geradezu konträre Positionen einnahmen. Damit blendet die Studie für das 16. Jahrhundert zusammengehörige Entwicklungen aus, während sie für das 17. Jahrhundert Ereignisse nebeneinanderstellt, die kaum einen inneren Zusammenhang aufweisen.

Die bereits von Emil Pauls Ende des 19. Jahrhunderts vorgenommene Charakterisierung der niederrheinischen Territorien als einer Region mit vergleichsweise geringer Verfolgungsintensität bestätigt Münster-Schröer im Fazit: Ergebnis ihrer Studie sei, „dass die Verfolgungen zwar über Einzelfälle hinausgingen, man aber nicht von Massenverfolgungen sprechen kann." (S. 404) Angesichts der breit angelegten Quellenarbeit, die die Verfasserin auf sich genommen hat, ist zu erwarten, dass dieses Ergebnis trotz der zahlreichen zu beklagenden Überlieferungslücken bis auf Weiteres Bestand haben wird. Münster-Schröer bearbeitete nicht nur die verfügbaren Gerichtsunterlagen einschließlich der einschlägigen Bestände des Reichskammergerichts, sie hat auch die Bestände zahlreicher Stadtarchive auf neue Quellen hin durchgesehen und systematisch die für die Ämter des Herzogtums Jülich zwischen 1500 und 1550 nahezu lückenlos überlieferten Amtsrechnungen daraufhin ausgewertet, ob sich hier Ausgaben verzeichnet finden, die auf Hexenprozesse und auf die Vollstreckung von Todesurteilen hinweisen.

Gerade die Auswertung der Amtsrechnungen lässt aber auch die Grenzen dieser aufwändigen Quellenarbeit deutlich erkennen: Die Wörter „Hexe" bzw. „Hexerei" finden sich in dieser Quellengattung nur ausnahmsweise, häufiger ist hingegen von „Zauberei" die Rede, ohne dass immer klar wäre, was hiermit gemeint war. Die Notizen in den Amtsrechnungen sind meist spärlich, bei vielen Delikten ist sogar kaum zu erkennen, ob das erwähnte Vergehen überhaupt in das Umfeld der Hexenverfolgungen einzuordnen ist. Dies galt zunächst nicht für die sog. causae minores, womit das gerichtliche Vorgehen gegen Fremde, Vagabunden, Landsknechte, aber auch gegen „Verrückte", die oftmals mit Gefängnisstrafen belegt wurden, zusammengefasst wurde. Aber selbst die meisten Fälle der sog. causae maiores lassen sich nicht einer Hexereibeschuldigung zuordnen. Häufiger finden sich hier erwartbare Delikte wie Mordbrand, Mord und Totschlag, Diebstahl und Raub, aber auch Blasphemie und andere religiöse Abweichungen. Während insbesondere gegen Täufer scharf vorgegangen wurde und die entsprechenden Verfahren oftmals mit Hinrichtungen der Delinquenten endeten, waren die Richter des 16. Jahrhunderts bei den übrigen Vergehen meist mit der Verhängung der Todesstrafe zurückhaltend. In das Umfeld der Hexereibeschuldigung gehören hingegen die zahlreichen Verfahren wegen „Zauberei" – gemeint war in der Regel ein sog. „Schadenzauber" –, die in mehr als jedem zweiten Fall (54 von 94) mit einem Justizmord endeten und bis auf einen Ausnahmefall stets Frauen betrafen. Die Vollstreckung von Todesstrafen kann Münster-Schröer in weiteren 82 Fällen nachweisen, bei denen undeutlich bleibt, wessen die Angeklagten beschuldigt worden waren. In den Quellen ist in diesen Fällen lediglich von „Missetaten" die Rede.

Der Präsentation ihrer Ergebnisse zur Auswertung der Amtsrechnungen widmet die Verfasserin 100 Seiten ihres Buches. Die Vielzahl der hier zusammengetragenen Gerichtsurteile steht in einer bemerkenswerten Spannung zu den oftmals sehr dürftigen Informationen über die Einzelfälle und die Unbestimmtheit der Ergebnisse. Entsprechend ermüdend ist die Lektüre dieses Abschnitts, zumal die Darstellung hier das Thema des Buches wiederholt aus den Augen verliert.

Für die zweite Hälfte des 16. Jahrhunderts, für das 17. Jahrhundert und für die erste Hälfte des 18. Jahrhunderts gibt es keine entsprechende Überlieferung, auch fehlt eine vergleichbare Auswertung für die Herzogtümer Kleve und Berg. Münster-Schröer muss sich daher in den folgenden Abschnitten ganz auf die Analyse von bekannten Einzelfällen konzentrieren, die zeitlich zuweilen weit auseinander liegen und verstreute Orte betreffen: Kleve 1580, Epprath 1589, Wesel 1593/94, Jülich 1606, Wesel 1635 (Hexereiverdacht, keine Verfolgung) und Gerresheim 1737/38. Existiert unterhalb dieser prominenten Einzelfälle möglicherweise ebenfalls ein Bodensatz lokaler Verfolgungen, der nur deshalb nicht sichtbar gemacht werden kann, weil die entsprechenden Quellen (Amtsrechnungen und andere) nicht erhalten sind? Darf die Einschätzung, bei den vereinigten Herzogtümern und den Nachfolgeterritorien habe es sich um eine verfolgungsarme Region gehandelt, angesichts der schwer einzuordnenden Nachweise aus den Jülicher Amtsrechnungen für die erste Hälfte es 16. Jahrhunderts tatsächlich als gesichert gelten? Andererseits: Wie sinnvoll ist es, den Gerresheimer Hexenprozess von 1737/38 in eine chronologische Reihe mit den Verfolgungen des ausgehenden 16. und frühen 17. Jahrhunderts zu stellen, welche Verbindungen bestehen zwischen diesen zeitlich weit auseinanderliegenden Ereignissen?

So interessant und bemerkenswert die zahlreichen von Münster-Schröer zusammengestellten Hinweise auf Hexenverfolgungen am Niederrhein im Einzelnen ohne Zweifel sind, so sehr fehlen der Studie leider ein klarer Fokus, eine nachvollziehbar begründete Auswahl der behandelten Themen und eine pointierte Gesamtinterpretation. Was hat etwa das am psychisch erkrankten Herzog Johann Wilhelm praktizierte Exorzismusverfahren, dem die Autorin ein eigenes Kapitel widmet, mit Hexenverfolgungen zu tun, was der Überfall auf eine Reisegruppe mitten im Kölnischen Krieg? Eine konzentriertere Strukturierung und eine schärfere Argumentationsführung hätten der Studie gut angestanden. Überdies hat der Text offenbar auch kein Lektorat erhalten (der Verlag Klartext scheint dies auch in anderen Fällen als überflüssig anzusehen), wie zahlreiche Fehler sowie die fehlende typographische und formale Einheitlichkeit bei der Gestaltung des Buches nahelegen. Dies alles mindert die Lesefreude an einem Buch, das dessen ungeachtet für die Geschichte der Region in der Frühen Neuzeit große Bedeutung besitzt.

Stefan Gorißen, Troisdorf

Detlev Vonde, Auf den Barrikaden. Friedrich Engels und die „gescheiterte Revolution" von 1848/49, Wuppertal: Verlag Edition Köndgen 2019, 362 Seiten, zahlreiche Abb., 19,95 €, ISBN 978-3-939843-94-8

Die Abbildung auf der vorderen Umschlagseite – Friedrich Engels als Barrikadeninspektor auf einer Barrikade während der Revolution 1849 in Elberfeld an der Haspeler Brücke – deutet den Inhalt des vorliegenden Buches nur teilweise an: Es geht dem Verfasser um einen vertieften Blick auf die Revolution 1848/49 und um das Urteil der Zeitgenossen und der Nachwelt über das revolutionäre Geschehen. Friedrich Engels spielt dabei mit, weil er Teilnehmer war und später ein problematisches Urteil – als erster in einer langen Folge späterer Historiker – gefällt hat: Die Revolution sei gescheitert (S. 20ff.), weil das liberale Bürgertum sie verraten habe. Die moderne differenzierte sozialgeschichtliche Forschung, die der Verfasser prägnant und pointiert referiert, meldet hier Zweifel an. Kann man vom Scheitern der Revolution sprechen, wenn sie zwar nicht die Einheit Deutschlands, aber doch immerhin eine Verfassung in seinen Einzelstaaten, auch eine breite gesellschaftliche Politisierung brachte und vom Verrat des liberalen Bürgertums an den Revolutionären auf der Straße, wenn dieses Bürgertum nie eine Revolution erstrebte?

In insgesamt neun Kapiteln wird das Geschehen der Jahre 1848 und 1849 dem Leser knapp und gut lesbar vor Augen geführt. Den Anfang machen die Ereignisse im Bergischen, weil in der lokalen Dimension die Analyse des Verlaufs revolutionärer Unruhen, ihrer Ursachen, ihrer Träger, ihrer Motive und von Strategien der Protestler mit lokalen, „hautnahen" Konstellationen verbunden werden kann und deshalb besonders scharf und deutlich hervortritt.

Also jetzt ab ins frühindustrielle Bergische, nach Solingen und Elberfeld. In Solingen zerstörten die Metallarbeiter im März 1848 in einer spektakulären Aktion die Maschinen, die Messer, Scheren usw. herstellten und ihnen die Arbeit wegnahmen. In Elberfeld verbanden sich im Mai 1849 die ausgebeuteten und dem Alkohol verfallenen Arbeiter, die schon im Jahr zuvor unter der Parole „Fressfreiheit statt Pressfreiheit" revoltiert hatten, mit einem liberalen Bürgertum, das maßlos enttäuscht war, weil der preußische König die von der Frankfurter Nationalversammlung angebotene Kaiserkrone und die Verfassung abgelehnt hatte. Die Befehlsverweigerung von Teilen der Landwehr schürte die revolutionäre Stimmung. Die Einzelheiten dieses Aufstandes, seine meist jugendlichen Träger, sein weitgehend unblutiges Ende in Elberfeld – anders als in Iserlohn, wo es zu heftigen Kämpfen mit etlichen Toten kam – und die strafrechtliche Aufarbeitung des Aufstandes werden knapp und treffend dargestellt.

Doch der Autor guckt nicht allein durch die regionale Brille, er hat auch das revolutionäre Geschehen im übrigen Europa im Blick, die Situation der bäuerlichen Bevölkerung, die frühkapitalistischen Verwerfungen, das Streben bürgerlicher Kreise nach Liberalisierung, politischer Beteiligung, Nationsbildung. Überall gärte es im Vormärz, wenn auch nicht immer mit derselben Heftigkeit und aus denselben Ursachen. Der Verfasser beschreibt und analysiert diese gesellschaftliche Unruhe und belegt seine Analyse mit aussagekräftigen Statistiken. Nach ihren ersten Erfolgen, den „Märzerrungenschaften", bedingt durch das Nachgeben der fürstlichen Regenten, entwickelte sich die Revolution hin zur Frankfurter Nationalversammlung und zu gewählten Repräsentationskammern in den Einzelstaaten. Deren manchmal überraschende Zusammensetzung, Abstimmungsverhalten und Selbstverständnis lassen manche Urteile über ihre angebliche Radikalität sehr fragwürdig erscheinen, wie der Verfasser differenziert und plausibel darlegt.

Im Sommer 1848 schien die Revolution fast auf der ganzen Linie gesiegt zu haben. Doch dies war nur scheinbar der Fall. Die soziale Frage spaltete die Revolutionäre in der sogenannten „Septemberbewegung", die sich außerhalb der Parlamente formierte und durch die nationalpolitische Agitation starke revolutionäre Impulse erhielt. Das Bürgertum wandte sich, erschreckt und aus Angst vor den radikalen Massen auf der Straße, immer stärker den Ordnungsmächten und der Reaktion zu. Die revolutionäre Bewegung zerfiel entlang der Klassengrenzen. Das alles wird eingehend und überzeugend entwickelt und beschrieben.

„Handlungsebenen der Revolution" nennt Vonde ein wichtiges Kapitel seiner Studie, in der er sehr schön und einleuchtend zeigt, wie breit und vielfältig die Revolution auf andere Felder ausstrahlte. Sie brachte zum Beispiel eine Politisierung der Gesellschaft mit sich, die wiederum zur Konstituierung von Parteien führte, meist entlang sozioökonomischer Linien. Erwähnt werden auch die zahlreichen Vereine, die damals entstanden, zum Beispiel die „Piusvereine" im Raum der katholischen Kirche. Flugschriften, Karikaturen und Petitionen und eine wenn auch bald zensierte Presse führten zu einer neuen Form von Öffentlichkeit. Und dann die neue revolutionäre Kultur, greifbar etwa in einer Vielzahl von Festen und Feiern, von Bildern und Liedern. Hier hätte man gern noch mehr Ausführlichkeit gewünscht.

Aus Gründen konfessioneller Parität hätte vielleicht auch ein Wort zu einer Initiative evangelischer Laien gesagt werden müssen – die verfassten Landeskirchen waren nicht beteiligt, sie waren ja wichtige Stützen der Fürsten, also der Reaktion zuzurechnen. Aber eine Gruppe von Laien lud zu einem Kirchentag in Wittenberg im September 1848 ein, und seine 500 Teilnehmer vereinbarten dort eine Fortsetzung der Kirchentage und forderten neben der politischen Einigung Deutschlands auch eine deutsche evangelische Nationalkirche.

Ist die Revolution also gescheitert? Der Autor argumentiert in dieser Frage nachvollziehbar differenziert und kommt schließlich mit guten Gründen zu einem geteilten Urteil: Viele Erwartungen hat sie nicht erfüllt, aber sie wirkte nachhaltig und brachte Europa einen gewaltigen Modernisierungsschub. Den Abschluss des Bandes bilden zeitgenössische Dokumente, auch aus vorrevolutionärer Zeit, angefangen mit den Briefen aus dem Wupperthale von 1839 bis zu Erinnerungen von Ludwig Bamberger, Carl Hecker und Karl Schurz. Leider fehlt dem lesenswerten Buch ein Register.

Volkmar Wittmütz, Köln

Jürgen HERRES, Marx und Engels. Porträt einer intellektuellen Freundschaft, Ditzingen/Stuttgart: Reclam-Verlag, 2018, 314 Seiten, zahlr. Abb., 28 €, ISBN 978-3-15-011151-2

Fast 40 Jahre, von 1844 bis 1883 währte die freundschaftliche Verbindung zwischen Karl Marx und Friedrich Engels – eine einzigartige und vor allem auch in seiner Wirkung auf die europäische Geschichte des 20. Jahrhunderts überaus wichtige Beziehung zweier Männer. Oft entweder geradezu mythologisch überhöht oder von der anderen Seite diabolisch verzerrt, bringt das lesenswerte und anschaulich geschriebene Buch des Verfassers, Wissenschaftlicher Mitarbeiter an der Marx-Engels-Gesamtausgabe und von daher ein profunder Kenner der Materie, eine wünschenswerte Klarheit in die Geschichte dieser Freundschaft. Dabei hätten die beiden Freunde in ihrer äußeren Erscheinung, in

Auftreten und Persönlichkeit kaum gegensätzlicher sein können: Engels hochgewachsen und schlank, sportlich und stets gut gekleidet, auf strenge Ordnung in seiner Arbeit und in seinem Leben bedacht, von rascher Auffassungsgabe, im Umgang oft ungeduldig und geradezu brüsk, Marx dagegen etwas rundlich und untersetzt, gleichgültig, was Kleidung und Ordnung betraf, freundlich im Verhältnis zu seinen Mitmenschen, in seinem Arbeitsrhythmus langsamer, dafür aber auch tiefgründiger und kritischer als Engels. Beide waren einander tief verbunden, wenn auch ihre Auffassungen nicht immer identisch waren. Engels anerkannte ohne Vorbehalt den Vorrang des Älteren, während Marx im Kreise seiner engeren Familie auch schon mal abwertende Bemerkungen über Engels fallen ließ, wie wir vom Autor erfahren, der übrigens urteilt (S. 19), dass Engels Marx an Bildung, Wissen und Sprachbegabung durchaus ebenbürtig gewesen sei. Bis auf das Cover finden sich keine Bilder der Protagonisten in dem Buch, aber deren Beschreibung durch Zeitgenossen wie Karl Kautsky oder Marxens Schwiegersohn Paul Lafargue, vom Autor geschickt in die Einleitung gesetzt, sind eindrucksvoller, als es Fotos sein könnten.

Der Verfasser hat sein Doppelporträt der Chronologie folgend strukturiert und die einzelnen Phasen ihres Zusammenwirkens nachgezeichnet, von dem wohl beiderseitig kühlen ersten Treffen in Köln 1842 bis zum vertrauten und täglichen Miteinander der beiden in London in den Jahren von 1870 bis 1883, dem Todesjahr von Marx. Und die Darstellung geht noch darüber hinaus, auch der „Nachlassverwalter (von Karl Marx) und Spindoktor der europäischen Sozialdemokratie“ Friedrich Engels kommt noch zu Wort, etwa als „Nestor des europäischen Sozialismus“(S. 266), der von allen Seiten um Rat und Mitarbeit gefragt wurde und in Fragen der Ideologie, aber auch tagespolitischer Taktik eine große Wirkung entfaltete. Auch Engels‘ mühsame und komplizierte Entzifferungsarbeit der Marx‘schen Manuskripte und die Zusammenstellung der zahlreichen und völlig ungeordneten Belegzitate, alles für das 2. und 3. Buch des „Kapitals“, das Marx nicht mehr vollenden konnte, wird vom Autor eindrucksvoll beschrieben und gewürdigt.

Begegnet waren sich Marx und Engels bereits im November 1842 in Köln, als Marx, damals Chefredakteur der gerade gegründeten „Rheinischen Zeitung für Politik, Handel und Gewerbe“, das Angebot des auf der Durchreise nach Manchester befindlichen Engels erhielt, für die neue Zeitung Korrespondenzen aus England zu liefern. Näher kamen sich beide dann 1844 in Paris, wo Marx mit seiner Frau Jenny nach der Ausweisung aus der Rheinprovinz Unterschlupf gefunden hatte. Engels hatte mit seinem Aufsatz „Umrisse zu einer Kritik der Nationaloekonomie“, der in den von Marx mit herausgegeben „Deutsch-Französischen Jahrbüchern“ veröffentlicht wurde, diesen zur Beschäftigung mit der politischen Ökonomie angeregt, die Marx dann praktisch sein ganzes weiteres Leben beschäftigte. Im August 1844 besuchte Engels auf der Rückreise aus England Marx in Paris, wurde von ihm in die Kreise französischer Sozialisten und Emigranten aus aller Herren Länder eingeführt, die die französische Hauptstadt damals zu einem intellektuellen Zentrum Europas machten, und pflegte einen intensiven Gedankenaustausch mit seinem Gastgeber, von dem allerdings keine Details überliefert sind. Beide stellten eine „vollständige Übereinstimmung auf allen theoretischen Gebieten“ fest, wie sich Engels später rückblickend erinnerte (S. 24), und damit begann ihre Freundschaft und Zusammenarbeit.

Der Autor schildert diese Zusammenhänge sehr anschaulich, und er entfaltet ein breites Panorama der gesellschaftlichen Entwicklung im frühindustriellen Europa, der ideologischen Reifung des Kommunismus und der intellektuellen Atmosphäre im Paris der 1840er Jahre.

Nach der Ausweisung aus Paris 1845 schlug Marx sein Domizil in Brüssel auf, wohin ihm Engels folgte. Ausführlich vorgestellt wird die dortige kleine Kolonie vor allem deutscher Sozialisten, die sich um Marx scharten, der Autor entzerrt das verworrene Geflecht persönlicher Beziehungen unter ihnen und beschreibt anschaulich ihre nächtelangen Diskussionen in Cafes und Kneipen. Sie alle beteiligten sich an der Gründung des Bundes der Kommunisten und der Verbreitung der kommunistischen Ideologie. In Brüssel entstanden das berühmte Kommunistische Manifest und die „Heilige Familie", die erste gemeinsame Publikation von Marx und Engels, deren Problematik der Autor kurz darlegt: die als Broschüre geplante Arbeit war von Marx zu einem 335 Seiten umfassenden und schwer verständlichen und deshalb kaum beachteten Wälzer erweitert worden. Dagegen wurde Engels' „Lage der arbeitenden Klasse in England", die 1845 erschien, ein großer Erfolg.

1848 brach die Revolution in Europa aus. Detailliert schildert der Autor die Umstände, unter denen Marx im März 1848 Brüssel verließ, zunächst sich in Paris niederließ, im April weiter nach Köln fuhr und dort mit Engels und Kölner Geldgebern die „Neue Rheinische Zeitung" ins Leben rief, ein politisches Blatt der demokratischen Bewegung mit hohem intellektuellem Niveau und weitem europäischen Blick, kein Arbeiterblatt. Konsequenterweise wird die sogenannte „Reichsverfassungskampagne" vom Autor nur erwähnt (S. 132, 154), denn nur Engels handelte dabei als Revolutionär auf den Elberfelder Barrikaden und mit der Waffe in Baden. Der Faszination jener Episode, wonach Friedrich Engels beim Aufstand in Elberfeld an der Grenze zum benachbarten Barmen seinem konservativen Vater gegenüberstand, konnte der Autor allerdings nicht widerstehen, wenn er sie auch im Ungefähren lässt. Die lokalgeschichtliche Forschung hat sie als Legende entlarvt: es war der Bruder Hermann, den Friedrich an der Haspeler Brücke traf und umarmte, bevor beide wieder auseinandergingen.

Nach der „gescheiterten Revolution" (so der Autor; dabei aus der Perspektive von Marx und Engels urteilend; war sie wirklich gescheitert?) widmet sich der Verfasser ausführlich dem jahrzehntelangen Exil beider Freunde in England. Deutlich wird, wie das Leben für Marx und seine Familie immer wieder existenziell bedroht war und wie oft Engels finanziell aushalf. Und inmitten dieser Existenznöte dann die politische Arbeit inmitten der besonders zerstrittenen deutschen Emigranten in London, die Korrespondenzen und Kommentare für die New York Tribune, oft von Engels, aber unter Marx' Namen verfasst, damit diesem das Honorar zufloss. Engels konnte rascher, auch eingängiger formulieren – ihm fehlte das Grüblerische von Marx. Außerdem war er als Angestellter, später als Teilhaber der Firma seines Vaters finanziell in sicherer Position.

1864 wurde die Internationale Arbeiterassoziation (Erste Internationale) gegründet, natürlich unter Beteiligung von Marx, der die „Inauguraladresse" verfasste und in den „Generalrat" eintrat. Nach Engels' Umzug nach London beteiligte dieser sich ebenfalls, wenn auch voller berechtigter Skepsis hinsichtlich der Arbeit der Assoziation angesichts ihrer häufig verfeindeten Mitglieder.

Schließlich „Das Kapital“, Marx‘ Hauptwerk, das in London unter schwierigen Umständen, die eindrucksvoll geschildert werden, in immer neuen Überarbeitungen entstand.

Zusammenfassend kann man sagen, dass der Titel den Inhalt des Buches nur teilweise trifft; neben dem Porträt der Freunde Marx und Engels mit ihrer Übereinstimmung, aber auch ihren Differenzen und darüber hinausgehend wird der Leser bekannt gemacht mit dem intellektuellen, aber auch sozialen und rechtlichen Umfeld, in dem sich die Protagonisten bewegten, ihre Freunde und Gegner werden gewürdigt, die Genese von Sozialismus und Kommunismus wird verfolgt, und das Ganze liest sich oft geradezu spannend. Ein rundum gelungenes Werk.

Volkmar Wittmütz, Köln

Thomas Mergel, Köln im Kaiserreich 1871–1918 (Geschichte der Stadt Köln 10), Köln: Greven Verlag 2018, 567 S., zahlreiche Abb., 6,0 €, ISBN 978-3-774304543

Mit dem hier vorzustellenden Band über die Geschichte der Stadt Köln im Deutschen Kaiserreich zwischen 1871 und 1918 liegt nunmehr der neunte Band der auf insgesamt 13 Bände projektierten „Geschichte der Stadt Köln“ vor. Damit darf man hoffen, dass das Gesamtprojekt, an dem seit mittlerweile zwei Jahrzehnten gearbeitet wird (der erste Band über „Köln in römischer Zeit“ erschien bereits 2004), in naher Zukunft glücklich wird abgeschlossen werden können.

Thomas Mergel, Professor für Europäische Geschichte des 20. Jahrhunderts an der Humboldt-Universität Berlin, hat mit dem vorliegenden Band, der das halbe Jahrhundert zwischen der Gründung des Deutschen Kaiserreichs und dem Ende des Ersten Weltkriegs eine Epoche behandelt – eine in der stadthistorischen Forschung zu Köln bislang eher randständig behandelte Periode –, eine umfassende, zugleich anschauliche und in jeder Hinsicht lesenswerte Darstellung vorgelegt. Gegenstand des Buches ist eine Phase dynamischen städtischen Wachstums und gesellschaftlichen Wandels, die sich als „Urbanisierung“ diskutieren lässt. Das städtische Wachstum zeigte sich zunächst in der außerordentlichen Zunahme der räumlichen Ausdehnung der Stadt, die in den Jahren bis Beginn des Ersten Weltkriegs um das Fünfzigfache anwuchs.

Die Zeit des Deutschen Kaiserreichs in Köln gliedert der Autor in drei Zeitabschnitte: Die erste Phase umfasst die Anfangszeit im neuen Kaiserreich bis 1881/85, als zweiter Abschnitt folgt die Zeit zwischen der Niederlegung der Stadtmauer und dem Beginn des Ersten Weltkriegs, die letzte Etappe bilden schließlich die Kriegsjahre und der Zusammenbruch des Kaiserreichs in der Revolution. Mergel widmet dem ersten und dem letzten Zeitabschnitt jeweils einen und der mittleren Phase, die mit dreißig Jahren die längste Periode umfasst, zwei Darstellungsteile.

Jede historische Darstellung bedarf neben einer zeitlichen Gliederung des Stoffes immer auch der Schwerpunktsetzung und einer Auswahl aus der Fülle möglicher Themen und Schwerpunkte. Das Interesse Mergels richtet sich über den Urbanisierungsprozess, den die Stadt Köln in der betrachteten Zeit durchlief, hinausreichend auf „die Erfahrung und die Verarbeitung des Wandels in einer alltags- und sozialgeschichtlichen Perspektive“

(S. 11). Urbanisierung wird hier also nicht in erster Linie als ein ex post zu konstatierender Strukturwandel begriffen, sondern als eine Bewegung, die im Alltagsleben der Kölnerinnen und Kölner in den letzten Jahrzehnten des 19. und im frühen 20. Jahrhundert tagtäglich präsent war, von ihnen reflektiert und kulturell verarbeitet wurde. Das Buch hält, was die Einleitung verspricht: Mergel verfolgt das Konzept einer sozialgeschichtlich fundierten Kulturgeschichte konsequent über alle 22 Kapitel des Buches hinweg.

Die ersten Jahre Kölns im Deutschen Kaiserreich sieht der Autor vor allem durch drei Bewegungen geprägt: (1) die Formierung der politischen Kräfte und Parteien in der Arbeiterbewegung, im politischen Katholizismus und im Liberalismus, (2) den Kulturkampf, der seinerseits maßgeblich zur Politisierung der Stadtgesellschaft beitrug und (3) die Gründerkrise, die sich in Köln vor allem im Finanz- und Bankenwesen bemerkbar machte. Im Übrigen war die Stadt im ersten Jahrzehnt des Deutschen Kaiserreichs vor allem militärische Festung: Die Präsenz von Soldaten und Militärbehörden prägte das Bild der Stadt, militärstrategische Erwägungen setzten einer Entwicklung der Stadt deutliche Grenzen.

Erst nachdem sich im Militär die Einsicht in den doch eher fragwürdigen militärischen Nutzen der mittelalterlichen Stadtbefestigung durchgesetzt hatte und zwischen 1881 und 1885 die Stadtmauer niedergelegt worden war, konnte die Stadt expandieren; erst jetzt wurde auch Köln von jenem tiefgreifenden Wandel, ergriffen, dessen Ergebnis die moderne Großstadt war. Als „Stadt in der Erweiterung“ beschreibt Mergel nicht nur die räumliche Ausdehnung des Stadtareals und die Eingemeindungen bis 1914, sondern auch auf den in dieser Zeit sich vollziehenden Ausbau der städtischen Infrastruktur in den Bereichen Versorgung, Verkehr und Kommunikation sowie deren Eingliederung in die Zuständigkeit der Kommunalverwaltung, in der Forschung gemeinhin mit dem Begriff „Munizipalsozialismus“ umschrieben. Die Anlegung der Ringe, die nach den Plänen von Stadtbaumeister Josef Stübben im Bogen um die Altstadt errichtete Neustadt und die Eingliederung ländlicher Vororte, wie Ehrenfeld und Nippes oder Deutz, Kalk und Mülheim, veränderten die Dimensionen und das Gesicht Kölns genauso wie die Professionalisierung von Verwaltung und Politik, der Ausbau der Verkehrsinfrastruktur oder die Bereitstellung einer zentraler Stromversorgung und eines Abwasserkanalsystems. Erst jetzt konnte Köln mit einer gewissen Berechtigung für sich beanspruchen, als „rheinische Metropole“ – so der Titel des dritten Abschnitts – zu gelten.

Auch von einer Industrialisierung kann für Köln erst gesprochen werden, nachdem sich die Stadt zum Umland hin geöffnet hatte. Alle großen Industriebetriebe der Hochindustrialisierungsperiode entstanden im ehemals ländlichen Vorland der Stadt bzw. suchten dort Standorte für Erweiterungsflächen – so etwa in Deutz die Maschinenfabrik van der Zypen & Carlier und die Gasmotorenfabrik, in Mülheim die Draht- und Kabelfabrik Felten & Guilleaume, in Kalk die Salpeterfabrik Vorster & Grüneberg oder in Ehrenfeld die Benzoesäurefabriken und das Elektrotechnikunternehmen Helios AG, um nur einige wenige zu nennen.

Städtisches Wachstum und Industrialisierung bewirkten eine bislang unbekannte Dynamisierung der stadtkölnischen Gesellschaft, das rasch wachsende Industrieproletariat war sichtbarster Ausdruck einer Stadt in Bewegung. Die Bevölkerung wuchs zwischen

1870 und 1914 auf das Fünffache des Ausgangsniveaus. Ein so bislang nicht gekannter Anstieg der Zahl der in der Stadt lebenden Menschen war weniger Ergebnis der „natürlichen Bevölkerungsbewegung", obwohl die Jahrzehnte vor dem Ersten Weltkrieg von hohen Geburtenraten bei gleichzeitig kontinuierlich sinkender Sterblichkeit gekennzeichnet waren: Der Geburtenüberschuss in Köln belief sich auf 1–1,5 % und lag damit über den Vergleichswerten des Reichs. Entscheidend waren jedoch Migrationsbewegungen: Die Bevölkerungsvermehrung war vor allem das Ergebnis von Zuwanderung. Die reine Wanderungsbilanz verdeckt hierbei das tatsächliche Migrationsgeschehen sogar noch: Zwischen 1895 und 1910 übersiedelten insgesamt 895.000 Menschen in die Stadt, während gleichzeitig 825.000 Bewohner wieder wegzogen. Hinzu kam eine heute kaum noch vorstellbare innerstädtische Mobilität. Viele Kölnerinnen und Kölner waren ständig „auf der Suche nach einer billigeren oder besseren [...] Wohnung. [...] Statistisch gesehen waren [...] bald drei Viertel der Bevölkerung jedes Jahr unterwegs, sei es als Zu- oder Abwanderer, sei es mit dem Umzugskarren innerhalb Kölns." (S. 200).

Das, was sich als spezifisch „kölsche" Alltagskultur, häufig im Sinne einer kitsch-romantischen Verklärung der Stadt und ihrer „Veedel" vor allem in den Jahren des Kaiserreichs etablierte und von Mergel bis hin zu den Speisekarten der Wirtshäuser (Abb. 89: „Kölner Stillleben", S. 277) nachgezeichnet wird, ist nicht zuletzt als Reflex auf die Herausforderungen von Migration und Dynamik zu verstehen, als Versuch, Ortsverbundenheit zu inszenieren, wo Ortswechsel eine zentrale Alltagserfahrung war.

Eine wesentliche Rolle spielten beim Bemühen, gesellschaftliche Integration zu ermöglichen, die Pfarrgemeinden, die eine „kölsch-katholische" Kultur pflegten und die Kölner Alltagskultur mit der Sphäre des Religiösen verbanden. Die protestantischen Gemeinden verblieben demgegenüber in einer eher randständigen Position, und die lange bürgerlich dominierte jüdische Gemeinde zielte letztlich erfolgreich auf Integration und Assimilation.

Das Bild, das Mergel von der Kölner Stadtgesellschaft, ihren sozialen und kulturellen Einrichtungen und Errungenschaften der Alltags- und Freizeitkultur vor dem Krieg zeichnet, hinterlässt trotz mancher Unzulänglichkeiten (politische Partizipationsmöglichkeiten, „Klüngel", Kriminalität) alles in allem einen recht behaglichen Eindruck. Prekäre Wohnverhältnisse scheinen sich im betrachteten Zeitraum genauso verbessert zu haben wie gesundheitliche und hygienische Lebensbedingungen. Auch von Streiks, Arbeitskämpfen oder anderen sozialen Konflikten, die andernorts die Zeit prägten, scheint in der Domstadt wenig zu spüren gewesen zu sein. Antisemitismus, Kolonialismus und Rassismus existierten hier offenbar lediglich in gemäßigten, durch den Karneval ironisch gebändigten Ausdrucksformen, und selbst mit den Hohenzollern machten die Kölnerinnen und Kölner schon bald ihren Frieden, Wilhelm II. „genoss [...] in Köln hohe Popularität" (S. 428).

Der Erste Weltkrieg, mit dessen Auswirkungen auf die stadtkölnische Gesellschaft sich der Autor im letzten Teil seiner Darstellung beschäftigt, kam in dieser Perspektive von außen über die Stadt. Die Stadtgeschichte bot Mergels Erzählung folgend kein Motiv, das zu einem tieferen Verständnis dieser „Urkatastrophe des 20. Jahrhunderts" (George F. Kennan) beitragen könnte. Burgfrieden, Kriegsbegeisterung und Opferbereitschaft – all dies war in Köln in besonderem Maße ausgeprägt und trug weit über den Juli 1914 hinaus. Die Herausforderungen der Kriegsgesellschaft, der Umgang mit knappen Ressourcen und Mangel, der Stresstest für die Verwaltung und die Umstellung der Wirtschaft auf Rüstungsproduktion – all dies scheint in Köln vergleichsweise gut bewältigt worden zu sein, nicht zuletzt Verdienst des Beigeordneten und seit 1917 Oberbürgermeisters Konrad Adenauer. Entsprechend fand auch Revolution von 1918/19 in Köln nicht statt bzw. „war Mitte November […] schon wieder zu Ende" (S. 492). Einzig die Verwerfungen im politischen Parteiengefüge, die Kooperation von SPD und Zentrum, die die Bedingungen der Kriegsjahre erzwungen hatte, wiesen auf die Jahre der Weimarer Republik voraus.

Man mag kritisch gegen Mergels Darstellung einwenden, dass dieser letzte Teil zu Weltkrieg und Revolution argumentativ eher schwach an die vorherigen 430 Seiten der Darstellung angebunden ist, dem intellektuellen Gewinn und dem Lesevergnügen, das sich aus dem vorliegenden Band der Kölner Stadtgeschichte ziehen lässt, tut dies keinen Abbruch. Vielmehr stellt sich hier die Frage nach der Berechtigung der Gliederung, die für das Gesamtprojekt der Kölner Stadtgeschichte vorgegeben ist und die sich an politischen Großzäsuren orientiert, ohne die Frage nach deren Berechtigung aus stadtkölnischer Perspektive zu stellen.

Stefan Gorißen, Troisdorf

Carola Groppe, Im deutschen Kaiserreich. Eine Bildungsgeschichte des Bürgertums 1871–1918, Wien/Köln/Weimar: Böhlau Verlag 2018, 528 Seiten, zahlr. Abb., 65 €, ISBN 978-3-412-50058-0

Auch in diesem Werk der in Hamburg lehrenden Erziehungswissenschaftlerin wie in ihrem 2004 erschienenen ersten Band einer bürgerlichen Bildungs- und Sozialgeschichte steht die großbürgerliche rheinische Unternehmerfamilie Colsman aus Langenberg im Niederbergischen im Zentrum. Aus dem Kreis dieser Familie stammen die Archivalien, die die Grundlage beider Studien bilden, im vorliegenden Fall Tausende von Briefen, Tagebuch-Eintragungen und anderen „Ego-Dokumenten" wie Anzeigen, Fotoalben, Testamenten und weiteren familiären und amtlichen zeitgenössischen Zeugnissen, denen mehr zu vertrauen ist als späteren Erinnerungen oder Autobiographien. Vereinzelt werden auch Unterlagen zur Firmengeschichte der Colsman Seidenweberei herangezogen.

Während aber der erste Band die Entwicklung der verzweigten Familie und ihres Textil-Unternehmens seit dem 17. Jahrhundert bis in den Vormärz hinein unter erziehungs- und sozialwissenschaftlicher Perspektive weitgehend chronologisch verfolgte, diskutiert der zweite Band Selbstpräsentation und Handlungsorientierung von Familienangehörigen im Rahmen einer Reihe von Fallbeispielen oder „case-studies". In insgesamt sechs Studien zur Sozialisation im deutschen Kaiserreich, deren Themen anhand aktueller wissenschaftlicher Fragestellungen an diese Epoche deutscher Geschichte gewonnen werden, geht es um bürgerliche Sozialisationsbedingungen für Mädchen und Jungen und deren Rekonstruktion in der Familie, in Schulen und Internaten, in Pensionaten und Haustochter-Stellen. Welche Vorstellungen von Männlichkeit und Weiblichkeit, welche Beziehungen der Ehepartner und der Geschlechter waren im Bürgertum vorherrschend und schließlich die Frage, ob die Gesellschaft des Kaiserreichs wirklich obrigkeitshörig und militarisiert war. Die Verfasserin interpretiert und analysiert die Briefwechsel zu diesen Themen, etwa zwischen Ehegatten, zwischen Eltern und ihren Kindern, zwischen Geschwistern und Freunden. Sie lässt die Briefschreiber ausführlich zu Wort kommen, und die zahl- und umfangreichen Zitate bieten einen tiefen Einblick in die bürgerliche Welt des Kaiserreichs und belegen eindrucksvoll die Analyse und Urteile der Autorin. Die dichte empirische Grundlage ihrer Studie lässt eine Anzahl bisheriger Forschungsergebnisse zum deutschen Kaiserreich unter erheblichen Druck geraten.

Das beginnt mit dem Kaiserreich als angeblichen Obrigkeitsstaat. Von autoritätshörigem Denken oder gar von einem Untertanengeist ist in den vielstimmigen Briefen der Colsmans nichts zu spüren. Dem Einwand, eine einzelne Familie sei kaum repräsentativ für das Bürgertum insgesamt, begegnet die Autorin mit einer sorgfältigen Erörterung all jener Merkmale, die diese Familie eben doch typisch für das Wirtschaftsbürgertum, einen zwar prozentual nur geringen, aber außerordentlich wirkmächtigen Teil des Bürgertums im Reich gemacht haben.

Autoritäre Strukturen sucht man auch in den Ehebeziehungen vergeblich. Partnerschaftliche Verhältnisse bei gleichrangiger Herkunft der beiden Ehepartner waren weitgehend die Regel, die Ehe wurde vor allem als eine auf gegenseitiger Liebe gegründete Gemeinschaft verstanden und gelebt. Das Ideal rationaler und aggressiver Männlichkeit und gefühlsbetonter passiver Weiblichkeit ist ebenfalls mit Fragezeichen zu versehen und existierte in dieser Eindeutigkeit im Kaiserreich (noch) nicht. Die Autorin analysiert und formuliert in diesen bürgerlichen Kreisen vielmehr ein Lebensmodell der Balance, einer selbstbestimmten Regulierung unterschiedlicher Einflüsse der natürlichen und sozialen Umwelt zu einem sinnerfüllten Gleichgewicht, praktisch dem Ideal Wilhelm von Humboldts nahekommend, der die Bildung des Menschen als „Verknüpfung unseres Ichs mit der Welt zu der freiesten und regesten Wechselwirkung" bezeichnet hatte.

Die Erziehung der Kinder in der Familie folgte den Werten von Fleiß und Ordnung und war darauf angelegt, in den Sprösslingen das Pflichtethos zu erzeugen, das auch das Verhalten der Eltern bestimmte. Gefühle wurden gezeigt, Umarmungen zwischen den Eltern und Kindern gehörten zu den üblichen Interaktionsmustern. Strafen wurden ebenfalls verhängt, aber von körperlichen Züchtigungen ist in den Briefen nicht die Rede. Die Autorität der Eltern wurde als natürlich betrachtet und blieb bis in die 1870er Jahre unangetastet. Dann allerdings brach die klare Autoritätslinie, es entstanden allmählich Jugendkulturen und Konflikte der Jüngeren mit den Erwachsenen um Freiräume für die jugendlichen Ideen.

Der Sozialisation der älteren Jungen und Mädchen hat die Autorin zwei umfangreiche Analysen gewidmet. Beide Geschlechter erlebten einen Teil ihrer Jugend außer Haus, die Jungen bis etwa in die 1870er Jahre als Pensionsgäste eingebettet in auswärtige Familien, von wo aus sie Schulen besuchten, die die Prüfung für das „Einjährige" abnehmen konnten, die Mädchen in familienähnlichen Pensionaten und in darauf folgenden Haustochter-Stellen. Nach 1871 besuchten dann auch die Jungen häufiger Internate und Alumnate, wo ihre Sozialisation in peer groups außerhalb eines familiären Rahmens stattfand. Anders als in Großbritannien gab es für das wohlhabende Bürgertum in Deutschland keine „Public Schools" mit ihrem Erziehungsziel des „hardening" der Jungen und der lebenslangen Selbstpräsentation als „Public School boys". Die Ziele und Methoden der Internate in Deutschland galten stattdessen der Ausbildung für einen späteren Beruf und der Arbeit an der Entwicklung der Persönlichkeit der Schüler zu einem von Bildung und Selbstkontrolle geprägten Individuum. Trotz dieser und anderer Unterschiede fungierten Großbritannien und seine Schulen als ständige Referenz und Bezugsgröße in den Briefen der Familie.

England und später die USA waren überhaupt die großen Vorbilder für das deutsche Wirtschaftsbürgertum, längere Aufenthalte dort, in geringerem Maße auch in Frankreich, Italien und anderen europäischen Ländern waren die Regel. Die Familie Colsman bewegte sich wie selbstverständlich in diesen Räumen, und das nicht nur, weil ihre Export-Handelsverflechtungen außerordentlich eng geknüpft waren, aus ihnen erwuchsen ebenfalls persönliche Beziehungen und deutsch-britische Ehen waren nicht eben selten. Interessant ist, dass die Familie trotz ihrer internationalen Ausrichtung nicht daran dachte, ihren Wohnsitz in eine der Metropolen zu verlegen, die immer wieder besucht wurden. Man blieb in der Kleinstadt Langenberg und erbaute sich dort die prächtigsten Villen, oft entworfen von Berliner Star-Architekten.

Der Adel spielte in dieser bürgerlichen Welt praktisch keine Rolle, seiner Lebensform nachzueifern kam für diese selbstbewusste gesellschaftliche Schicht nicht in Frage. Von einer „Feudalisierung des Bürgertums" im Kaiserreich zu sprechen ist – nach Ausweis der herangezogenen Quellen – jedenfalls nicht statthaft. Und auch das Militär war in diesen Kreisen keine ernst zu nehmende Größe. Die Jungen erwarben das „Einjährige" und kamen dann nur ein Jahr statt der ursprünglich drei, später zwei Jahre ihrer Wehrpflicht nach, lebten in der Zeit aber sehr kommod außerhalb der Kaserne und betrachteten diesen Zeitraum ihres Heranwachsens weitgehend als eine Phase zwangloser und erholsamer Orientierung, fast vergleichbar dem heutigen „Party-Machen". Immer wieder ermahnten die Väter aus eigener Erfahrung ihre Söhne, dabei nicht zu viel Geld auszugeben und ihr öffentliches Auftreten der Würde der Uniform anzupassen.

Der Krieg veränderte vieles. Begrüßt wurde er von der Familie nicht. Dennoch meldeten sich fünf Colsman-Jugendliche freiwillig, drei Reserve-Offiziere wurden einberufen. Für alle Soldaten war der Krieg eine Erfahrung, die sie mit Eltern und Geschwistern nicht teilen konnten. Die Briefe vermittelten kaum etwas von dem Grauen an der Front, auch der Wunsch nach „Heldentaten" verlor sich bald, das „Siegenwollen" wurde immer mehr zur mühseligen Pflicht. Den „Feind" gab es in den Briefen nur als notwendigen Teil des Krieges, als persönliches Gegenüber blieb er weitgehend abstrakt.

Mit den weit ausholenden und differenziert argumentierenden Sozialisationsstudien zum Kaiserreich ist der Verfasserin nicht nur ein vorzügliches Werk gelungen, das unseren Blick auf diese Epoche der deutschen Geschichte nachhaltig verändern und schärfen wird, sie hat auch in bewundernswerter Weise neue, bislang viel zu wenig genutzte Quellen aufgespürt und zum Reden gebracht. Allein die Transkription, Einordnung und sozialisationshistorische Auswertung der vielen tausend Briefe kann kaum angemessen gewürdigt werden. Der gesamte Band nötigt dem Rezensenten die größte Hochachtung ab.

Volkmar Wittmütz, Köln

Guido von BÜREN, Michael D. GUTBIER, Wolfgang Hasberg (Hg.), Kriegsenden in europäischen Heimaten. Bracknell, Haubourdin, Jülich, Leverkusen, Ljubljana, Ratibor, Schwedt, Villneuve d' Ascq (Jülicher Forschungen 12 / Montanus. Schriftenreihe zur Lokal- und Regionalgeschichte in Leverkusen 18), Neustadt an der Aisch: Verlag Philipp Schmidt 2019, 640 Seiten, zahlr. Abb., 29,80 €, ISBN 978-3-87707-145-8

Seinen Abschluss gefunden hat ein beachtliches Ausstellungs-, Forschungs- und Publikationsprojekt, betitelt „Der Erste Weltkrieg – Euphorie und Neuanfang. Entwicklungen und Wahrnehmungen in europäischen Städten 1914 und 1918", das auf Initiative des Opladener Geschichtsvereins von 1979 e.V. in Kooperation mit dem Jülicher Geschichtsverein 1923 e.V. von 2013 bis 2019 durchgeführt wurde. Es brachte zwei Ausstellungen hervor: „1914 – Mobilisierung in europäischen Heimaten" und „Kriegsenden in europäischen Heimaten", die 2014/15 bzw. 2018/19 gezeigt wurden. 39 Autoren und fünf Übersetzer verantworten 40 Beiträge, wobei eine ungleiche Gewichtung auffällt: Die drei deutschen Städte Leverkusen, Jülich und Schwedt sind durch 29 Beiträge auf rund 300 Seiten vertreten, die fünf ausländischen Städte Bracknell, Ljubljana, Ratibor (Racibórz), Villeneuve d'Ascq und Haubordin mit elf auf rund 160 Seiten. Hinzu kommt eine ungleiche Gewichtung der Erträge, denn nur deutsche und englische Beiträge werten staatliche, städtische und Firmenarchive aus. Doch stellt auch die Nutzung bisher unausgewerteter Zeitungsbestände ggf. einen Erkenntnisgewinn dar. Bei der Lektüre fragt sich der Rezensent zudem, ob und inwiefern die ausländischen Projektpartner in die Konzeption und in die Arbeitsprozesse eingebunden waren.

Die unter dem Leitaspekt „Vom Anfang eines Endes" gesammelten Beiträge ziehen einen aufschlussreichen Vergleich zwischen dem Ersten Weltkrieg und dem deutsch-französischen Krieg (Tobias Arand), untersuchen den „Geschichtsunterricht als Kriegstreiber" (Wolfgang Hasberg), für das Fach Geschichte unterrichtende Personen möglicherweise ein Augenöffner, stellen die offensichtliche Niederlage der Mittelmächte in Bezug zu der verlogenen Dolchstoßlegende (Gerd Krumeich) und untersuchen die Berichterstattung an der Opladener und Jülicher „Heimatfront" (Simone Frank), allerdings im Gegensatz zur Überschrift nicht „1914 bis 1918", sondern hauptsächlich 1914, in wesentlich geringerem Maß 1918 und nur punktuell 1917.

Bei den untersuchten deutschen und europäischen Städten wird die Ähnlichkeit vieler Lebensbedingungen deutlich: der Preisanstieg bei Verbrauchsgütern nach Kriegsbeginn, die Pressezensur, die wegen Männermangels steigende Berufstätigkeitsrate von Frauen, Hunger, die Kriegsfinanzierung durch Kriegsanleihen, die Verlustziffern, die langsame Normalisierung nach Kriegsende, die Erinnerungskultur. Auf deutscher wie auf britischer Seite wird in den ersten Monaten des Weltkriegs von Munitionsmangel gesprochen. Dem Rezensenten neu war, wie massiv die deutschen Besatzungsbehörden in Frankreich Geiseln genommen haben, um die Bevölkerung zur kriegswichtigen Arbeit zu zwingen und um den deutschen Rückzug 1918 zu decken. Eine besondere Lage brachte das Kriegsende für Ratibor in Oberschlesien, dessen Hauptbeitrag (Renata und Piotr Sput) übrigens eine kenntnisreiche, differenzierte Darstellung ist. Durch die Abtrennung des Huldschiner Ländchens, das 1920 an die Tschechoslowakei fiel, und eines Teils des Landkreises, der 1921 Polen zugesprochen wurde, verlor die Stadt einen großen Teil ihres wirtschaftlichen Einzugsbereichs. An dieser Stelle sei die Redaktionsarbeit beklagt, die auf die Verbesserung von Ausdrucksweisen verzichtete, die der deutschen nicht adäquat sind. Als Beispiel sei das „Kriegstheater des Westens" (S. 555) genannt, das den „westlichen Kriegsschauplatz" meint. Einige Begrifflichkeiten gehen an der Sache vorbei: Im Ersten Weltkrieg gab es z.B. weder „Reichsheer" (S. 114) und noch „Reichsmark". Viele Soldaten sind in der Somme-Schlacht nicht „in Richtung Westen gegangen" (S. 145), sondern gefallen, gestorben. Bedauerlicherweise sitzen die Herausgeber mit einem prominent aufgemachten angeblichen Zitat von Bertolt Brecht einem Fälscher auf (S. 591); die Genese der Fälschung ist bekannt, sie hätte leicht recherchiert werden können.

Eine Fehldeutung in der Exponatsexposition ist die der „Medaille gegen den Wucherzins" aus dem Jahr 1923 (S. 126). Die Beschriftung der Rückseite macht klar, dass es um Wucher geht, aber nicht um Zins, denn in Zeiten der galoppierenden und Hyperinflation verliert der Zins seinen Sinn. Dem dort abgebildeten nackten Mann ist nicht das Lebensnotwendige geblieben, sondern er ist der Wucherer, der seinen Besitz, ein symbolisch zu verstehendes dickes Ährenbündel, mit den Beinen umklammert. Sein aufgeschwemmtes Gesicht, sein Doppelkinn und die Speckrollen um seinen Leib weisen ihn als den im Überfluss lebenden Wucherer aus, der perfiderweise Mitleid erheischt, indem er scheinheilig seine leeren Hände vorweist. Generell ist die winzige Schrift bei den Bildunterschriften zu bedauern, deren erste Zeilen zudem im Schattenwurf der Abbildungen stehen. Insgesamt scheint es keine verbindlichen Qualitätsstandards gegeben zu haben.

Diese exemplarisch angesprochenen Mängel schmälern das Verdienst der beteiligten Vereine, die sich mit großem Eifer und langem Atem an ein Projekt gemacht haben, das auf lokaler Ebene beispielhaft ist. Wie es scheint, hat es in den beteiligten Partnerstädten keine Parallel-Ausstellungen gegeben, sondern die auswärtigen Vereine haben dem Opladener und Jülicher Projekt lediglich zugearbeitet. Der vergleichsweise günstige Preis ist den großzügigen Projektförderern zu verdanken.

Horst Sassin, Solingen

Bastian Fleermann u.a., Gedenkbuch für die Toten des Pogroms 1938 auf dem Gebiet des heutigen Bundeslandes Nordrhein-Westfalen, Düsseldorf: Droste 2019, 264 Seiten, einige Abb., 19,80 €, ISBN 978-3-7700-6037-5

In bundesdeutschen Publikationen werden bis in die Gegenwart viel zu niedrige, aus nationalsozialistischen Quellen stammende Zahlen unkritisch verwendet, wie Bastian Fleermann in seiner Einführung verdeutlicht. Doch er nennt auch die positiven Gegenbeispiele. Dennoch wissen wir bis heute nicht, wie viele Menschen in der Reichspogromnacht 1938 ihr Leben verloren haben. Die Mahn- und Gedenkstätte nahm dieses Manko zum Anlass, die Aufgabe einerseits zu verengen auf das Gebiet des heutigen Bundeslandes Nordrhein-Westfalen, andererseits zu erweitern um die Folgen, die der Pogrom verursachte, bis zum Jahresende 1938 und um die Spätfolgen nach 1938. Die dadurch im Jahr 2018 ermittelte Zahl an Todesopfern beträgt 131. Allerdings, das wird erst in der Projektvorstellung (S. 240ff.) verdeutlicht, ist es ein vorläufiges Ergebnis. Von mehr als 400 angefragten Institutionen und Personen haben vier nicht geantwortet. Die Grundlage für die Aufnahme in die Liste der Todesopfer ist der archivalische Nachweis. Ist er nicht gegeben, gibt es bloß Literaturangaben, reichte das für die Aufnahme in die Liste nicht aus. Somit sind die in der Liste Genannten gesichert.

Von den 131 ermittelten Todesopfern sind allein 19 im Bergischen Land verortet: Heiligenhaus 2, Hilden 7, Leverkusen 1, Opladen 1, Remscheid 1, Solingen 4, Wuppertal 3. Zählt man die ehemalige bergische Hauptstadt Düsseldorf hinzu, sind es 32. In der Projektvorstellung werden die Todesopfer aufgeschlüsselt: NRW-weit wurden zehn Personen in der Pogromnacht ermordet, davon drei in Hilden und einer in Solingen. Im Bergischen gab es zudem elf Suizide, was die Verzweiflung der Entrechteten ausdrückt, und vier andere Todesarten. Durch systematische landesweite Auswertung der Wiedergutmachungsakten könnten möglicherweise weitere Fälle entdeckt und schon bekannte Fälle genauer untersucht werden.

Sämtliche 131 Personen werden auf einer Seite, manchmal auf zwei vorgestellt. Nach den grundlegenden Lebensdaten werden die Gründe bzw. Umstände des Todes skizziert, gefolgt von einer Kurzbiografie, gelegentlich ein Foto. Abschließend gibt es Literaturangaben, ggf. Angaben zu Archivbeständen und Hinweise zur Online-Recherche. Ein ausführlicheres Literaturverzeichnis, dessen Bestände die Opfer der Novemberpogrome benennen, sowie grundlegende Adressen zur Internet-Recherche folgen am Schluss. Ein Namensverzeichnis, jeweils ergänzt um den Wohnort, eröffnet einen biografischen Zugang.

Ein Transkriptionsfehler ist zu vermerken, weil die Leser möglicherweise den Vergleich nicht ziehen. In der Umschrift eines Zeitungsartikels vom 11. November 1938 heißt der letzte zitierte Satz: „Denn wir Deutschen pfeifen auf die Sachen, die dieses dreckige Volk verlauste (statt: verkaufte) oder besaß." (S. 9) Die Eintragung über den in Solingen ermordeten Max Leven (S. 213) enthält sogar vier Fehler: Er änderte seinen Namen nicht, sondern hatte den Nenn-Namen Leven; er trat nicht 1916, sondern 1919 aus der Synagogengemeinde aus; und er büßte seine Tätigkeit bei der Bergischen Arbeiterstimme als Invalide schon vor 1933 ein. Zudem gilt bei der letzten Literaturangabe nur die zweite Seitenzahl.

Als Nutzer kann man der Mahn- und Gedenkstätte Düsseldorf nur dankbar sein dafür, dass sie diese wichtige Initiative ergriffen hat.

Horst Sassin Solingen

Lieselotte Bhatia, Stephan Stracke, Vergessene Opfer. Die NS-Vergangenheit der Wuppertaler Kriminalpolizei (Bildungsmaterial zur Wuppertaler Polizei- und Widerstandsgeschichte 2 / Verfolgung und Widerstand in Wuppertal 15), Bremen/Wuppertal: de Noantri 2018, 412 Seiten, zahlr. Abb., 25€, ISBN 978-3-943643-10-7

Das Autorenteam Stephan Stracke und Lieselotte Bhatia legt zum wiederholten Mal einen Forschungsband vor, der auf der Basis zum Teil neuer Quellen und der grundlegenden Literatur Aspekte von Verfolgung und Widerstand während der nationalsozialistischen Herrschaft in Wuppertal bzw. im Bergischen Land untersucht. Der vorliegende Band umfasst drei Aufsätze und einige Gedichte sowie Anhänge.

Der größte Beitrag ist derjenige über „Die NS-Vergangenheit der Wuppertaler Kriminalpolizei" von Stephan Stracke, der dem Untertitel der Publikation entspricht, mit mehr als der Hälfte des Textbestandes. Stracke stellt zunächst die schwierige Quellenbasis dar, gewonnen in Archiven wie dem Britischen Nationalarchiv Kew, dem Bundesarchiv Berlin und dem Landesarchiv Duisburg, schwierig vor allem, weil Akten vor und nach Kriegsende vernichtet oder massiv „gesäubert" worden sind. Dennoch gelingen grundlegende Ausführungen zur Struktur der Wuppertaler Polizei, zur Anpassung an den NS-Staat (mit beachtlichen 77 % NSDAP- und 36 % SS-Mitgliedern in der Wuppertaler Kriminalpolizei), Zahlen, die auch auf die Entlassung oder Versetzung republikanisch eingestellter Polizisten 1933 zurückzuführen sind. Im Gegenzug zeigt Stracke bei Kriminalbeamten, die in der Weimarer Republik beispielsweise der katholischen Zentrumspartei angehört hatten, deutliche Signale ihrer Anpassungsbereitschaft an das neue System. Neue Gesetze und Verordnungen weiteten den polizeilichen Handlungsspielraum erheblich aus. Nur gelegentlich werden Beispiele eindeutiger, also nicht nur behaupteter und schwierig nachprüfbarer Haltung genannt, wie etwa der Fall Willi Stoffels, der die Teilnahme an den Sonnwendfeiern der SS aus religiösen Gründen verweigerte, wofür er nach einigen Jahren suspendiert und frühpensioniert wurde. Da er als Mitglied der Bekennenden Kirche den Kirchenaustritt verweigerte, war er ohnehin ein Ausnahmefall unter den Wuppertaler Kriminalbeamten. Stracke geht auch ein auf die Personalentwicklung, die Ermittlungsmethoden, den wirtschaftlichen Einsatz von Kriegsgefangenen und Zivilpersonen aus den besetzten Gebieten, das Vorgehen gegen sogenannte Asoziale und Arbeitsscheue, die aus den Ermittlungen folgenden Gerichtsverfahren, auch vor Sondergerichten, und den „Außeneinsatz", z.B. bei den Einsatzgruppen in Polen und in der Sowjetunion. Den Aufsatz schließt eine mehr als 40-seitige Darstellung von Polizeikarrieren führender Wuppertaler Kriminalbeamter. Ein abschließendes Resümee fehlt. In diesem Beitrag fallen im Gegensatz zu den folgenden zahlreiche Flüchtigkeiten formaler, aber auch sachlicher Natur auf. Generell zu bedauern ist die nicht hierarchisch angelegte Untergliederung der Beiträge.

Dem folgenden, 120 Seiten starken Beitrag Strackes über „Die Verfolgung der Sinti und Roma in Wuppertal" sind kurze Prosatexte und Gedichte der Sintezza Bluma Meinhardt vorangestellt, das eindrücklichste Gedicht mit „Schatten" betitelt, und einige Fotos der Familie Meinhardt. Hier geht es um die Auswirkung der Verfolgungserfahrung in den folgenden Generationen. Strackes Beitrag hat eine andere Gewichtung, als der Titel suggeriert. Die Verfolgung der Wuppertaler Sinti und Roma wird auf 25 Seiten behandelt, gefolgt von fast doppelt so langen Ausführungen über den als Retter von Sinti und Roma bekannten, mit dem Bundesverdienstkreuz und einer Gedenktafel im Wuppertaler Polizeipräsidium geehrten Kriminalassistenten Paul Kreber, auf den sich auch die nachfolgenden Dokumente direkt oder indirekt beziehen. Von der Gewichtung abgesehen handelt es sich um eine umsichtige Studie zu der Frage, ob Kreber als Retter oder Täter einzuordnen sei, eine Frage, die in dieser Zeitschrift noch keine Beachtung gefunden hat. Stracke hat Aktenfunde eingebracht, die ihn in ein neues Licht rücken: die NS-Personalakte im Bundesarchiv (ehem. BDC), die Entnazifizierungsakte, die Akte zur Auszeichnung mit dem Bundesverdienstkreuz und die Rest-Personalakte. Klar wird, dass im Grunde nur ein Fall von Rettungstätigkeit belegt ist. Zudem geht es um seine Tätigkeit im Erkennungsdienst als Sachbearbeiter für Zigeunerwesen, durch die er direkt in die Deportation vom März 1943 nach Auschwitz involviert gewesen sein könnte. Strackes Beurteilungen sind klar nachvollziehbar, auch wenn man ihnen nicht immer zuzustimmen vermag. So würde ich seinen politisch erwünschten Austritt aus der katholischen Kirche nicht als Zeichen für einen entschiedenen Nationalsozialisten, sondern als Opportunismus werten. Nach der Quellenlage vermag Stracke kein abschließendes Urteil zu fällen.

Im letzten, kleineren Beitrag „Das Burgholz-Massaker – Strafverfolgung und Gedenken“ weist das Autorenteam Bhatia/Stracke detailliert nach, wie die Verteidigung die Angeklagten mittels der Konstruktion eines tatsächlich nicht stattgefundenen Standgerichtsverfahrens entscheidend zu entlasten versuchte. Diese Erfindung funktionierte vor dem britischen Militärgericht nicht, wurde aber später in deutschen Verfahren bereitwillig aufgegriffen. Die Autoren stellen abschließend fest, dass erst die jüngste Rechtsprechung auch die bloße Beteiligung, hier an dem Betrieb eines Konzentrationslagers, entsprechend der britischen Militärjustiz strafwürdig einstuft.

Horst Sassin, Solingen

Schulmuseum Bergisch Gladbach (Hg.), 1968 Schule – Reform – Protest (Schul-Heft 11), Bergisch Gladbach 2018, 288 S., zahlr. Abb., ISBN: 978-3-00-059179-2

50 Jahre nach den Ereignissen von 1968 erschienen zahlreichen Rückblicke, in deren Mittelpunkt die Studentenproteste, die mit ihnen einhergehende Entwicklung an den Universitäten sowie die teils spektakulären Veränderungen in der Jugendkultur standen. Eine Ausstellung unter dem Titel „1968 Schule – Reform – Protest“ im Schulmuseum Bergisch Gladbach und die sie begleitende Publikation richten nun den Blick auch auf das Schulsystem und erweitern damit die Perspektive um einen wesentlichen Aspekt. Gleichzeitig erinnern sie über die lokalen Vorgänge hinaus an ein wichtiges Stück Bildungsgeschichte in NRW. Die Jahreszahl 1968 steht dabei für eine Entwicklung, die ihre Anfänge bereits in den fünfziger Jahren nahm und die bundesrepublikanische Gesellschaft in den sechziger und siebziger Jahren prägte.

Das fast 300 Seiten starke Buch gliedert sich in vier große Kapitel. Unter der Überschrift „Schule und Reform“ enthält das erste verschiedene Beiträge, die sich mit den

Alternativen zu dem nach der NS-Zeit im neuen Land NRW 1950 wieder eingerichteten dreigliedrigen Schulsystem beschäftigen, das – so lautete die Kritik bereits Ende der fünfziger Jahre – wenig durchlässig sei und den Anforderungen einer demokratischen Industriegesellschaft nicht genüge. Einen konzentrierten Überblick über die Tendenzen und Herausforderungen der Schul- und Bildungspolitik gibt hier der einleitende Beitrag von Werner Ludwig. Die von Georg Picht 1964 konstatierte „Bildungskatastrophe" und das von Ralf Dahrendorf postulierte Bürgerrecht auf Bildung gaben demnach die Anstöße für die Diskussion und die „aktive Bildungspolitik" (Dahrendorf), die das hergebrachte Schulsystem bis Anfang der 1970er Jahre grundlegend verändern sollte.

Einen wesentlichen Einschnitt bedeutete – Ludwig zufolge – die Neuordnung des Volksschulwesens, die 1966 durch die Trennung von Grund- und Hauptschulen (1.–4. Klasse und 5.–9. Klasse) letztere dem System der weiterführenden Bildung zuordnete und damit eine wichtige organisatorische Voraussetzung für eine größere Durchlässigkeit schuf. Die Reform der gymnasialen Oberstufe von 1972 sei ein weiterer Schritt in der Öffnung des immer noch als zu starr empfundenen Schulsystems gewesen. So habe der Rat der Stadt Bergisch Gladbach bereits 1969 die Errichtung der Integrierten Gesamtschule Paffrath beschlossen, die dann 1973 ihren Betrieb aufnahm.

Es folgen Beiträge zu einzelnen Schulformen. Tilmann Petersen, der ehemalige Leiter der Schule in Katterbach, gibt ein Porträt dieser Volksschule, die 1968 als eine der ersten in eine Gemeinschaftsgrundschule umgewandelt wurde und mit ihrem pädagogischen Konzept dem Jena-Plan folgte: Mit der „Randstundenbetreuung" realisierte sie bereits in den neunziger Jahren ein Konzept, das der heutigen OGS entspricht. Auch Hans Neuheuser, ehemals Leiter einer Bergisch Gladbacher Hauptschule, berichtet über die Entwicklung seiner Schule, die bis zur Klasse 10 führte und mit dem Abschluss nach Klasse 10B mit Qualifikation einen Wechsel in die Oberstufe eines Gymnasiums oder eine Höhere Berufsfachschule ermöglichte. In den siebziger und achtziger Jahren bot, wie er schreibt, dieser Schultyp vielen Schülern „eine hoffnungsvolle Chance", nicht zuletzt durch ihre Angebote des Wahlpflicht-Unterrichts und die Einrichtung der ersten „Internationalen Vorbereitungsklasse" für ausländische Kinder Anfang der siebziger Jahre. Mit dem wachsenden Angebot an Gesamtschulen habe die Hauptschule für Eltern und Schüler jedoch an Attraktivität verloren, so dass in Bergisch Gladbach von den ursprünglich sechs Schulen dieses Typs heute nur noch eine einzige existiere.

Der Reformwille spiegelt sich auch in den zahlreichen „Schulversuchen", von denen allein Nordrhein-Westfalen nicht weniger als 45 unternahm. Über zwei derartige Versuche der gymnasialen Oberstufe in den Nachbarstädten Leverkusen und Opladen in den Jahren 1967 und 1968 informiert der Beitrag von Ekkehard Schmidt und Heribert Rücker: Auch wenn weder das am Carl-Duisberg-Gymnasium entwickelte „Leverkusener Modell", das ein System leistungsdifferenzierter Niveaukurse vorsah, noch das „Opladener Modell" mit einer Leistungs- und Neigungsdifferenzierung sowie der Möglichkeit, ein „Studienfach" bereits in Klasse 12 abzuschließen und die übrigen Studienfächer in Klasse 13 zu intensivieren, weiter verfolgt worden sei, habe sich doch das Landrat-Lucas-Gymnasium in der damals noch selbständigen Kreisstadt Opladen als „Pilotschule" zum Vorreiter der 1972 beschlossenen Neugestaltung der Gymnasialen

Oberstufe (die Reform begann hier bereits zum 1.8.1971 mit der Jahrgangsstufe 11) entwickelt.

Der das Kapitel abschießende Rückblick der in den damals noch selbständigen Städten Bensberg und Bergisch Gladbach verantwortlichen leitenden Verwaltungsbeamten Otto Fell, Dr. Hans Joachim Franke und Franz Ott sowie Interviews mit dem ehemaligen Landtagsabgeordneten Theo Röhrig (SPD) und Hildegard Zumach (CDU, Mitglied des Rates der Stadt Bergisch Gladbach 1965–1974) resümiert die politische Diskussion und heutige Sicht darauf.

Das zweite Kapitel ist der Integrierten Gesamtschule Paffrath (IGP) gewidmet, deren Einrichtung und Bau 1969 einstimmig beschlossen wurde und die eine der ersten Schulen dieses Typs 1975 in NRW war. Die Beiträge des langjährigen Schulleiters Günter Heinicke und der Abdruck der Eröffnungsrede von Staatssekretär Günter Thiele lassen die Erwartungen an das mit großem Engagement aller Beteiligten gestartete Projekt erkennen und auch einige Zufriedenheit mit dem Erreichten spüren. Anders als die Kooperative oder auch Additive Gesamtschule, in der unter einem Dach weiterhin nach Schultypen und Bildungsgängen getrennt unterrichtet wurde, setzte die IGP grundsätzlich auf gemeinsames Lernen, das einen den Kursen (A-, B- oder C-Level) entsprechenden Schulabschluss nach der 10. Klasse ermöglichte.

Das Neue, das diese noch ungeübte Schulform auch Elternvertretern aufgab, sowie das besondere Engagement, das gefordert und in der Gründung des Eltern-Lehrer-Forums mit eigenen Veranstaltungsreihen auch praktiziert wurde, betonen die Erinnerungen des ehemaligen Schulpflegschaftsvorsitzenden Dietrich Zilleßen. Von der Motivation und dem hohen Engagement der Eltern spricht auch der Beitrag „Die IGP aus der Sicht eines Elternpaares“ des langjährigen Elternvertreters Ludwig Würz.

In seinem Beitrag „Die IGP – ein Lern- und Lebensraum“ stellt Günter Scholl, fast 35 Jahre Lehrer an der IGP, den Entwurf der Architekten-Arbeitsgemeinschaft Dr. Kiemle/Dr. Kreidt – Harde/Scheele vor, mit dem diese dem offenen pädagogischen Konzept der Schule von Anfang an auch baulich Rechnung tragen wollte. So stellte der neue Schultyp besondere Anforderungen u.a. in Hinblick auf Größenordnung (gerechnet wurde mit bis zum 2700 Schülern), Multifunktionalität und Flexibilität in der Raumaufteilung für unterschiedliche Lerngruppen und ausreichende Pausen-, Arbeits- und Aufenthaltsmöglichkeiten für die Ganztagsschüler. Im Mittelpunkt stand hierbei das zentrale Forum, das bis heute mit seinen vielfältigen Nutzungsmöglichkeiten ein lebendiges Schulleben fördert. Auf Bau und Gestaltung der IGP geht auch das vierte und letzte Kapitel noch einmal ein: schließt mit dem Abschnitt über Bau und Gestaltung dieses Schulkomplexes (vgl. S. 246–163) doch die Darstellung der insgesamt fünf großen Schulbauten, die in Bergisch Gladbach nach 1949 realisiert wurden und in Raumplanung und -programm typische Beispiele für die jeweils zeitgenössische bauliche Umsetzung pädagogischer Konzepte sind.

Thema des dritten Kapitels, überschrieben „Veränderung im Unterricht“, sind sowohl methodische als auch inhaltliche Neuerungen. Christiane Müller stellt die verschiedenen Methoden des Lesenlernens vor, wobei der Streit um synthetisches oder analytisches Lesen (Buchstaben- bzw. Ganzwortmethode) Lehrer und Eltern bis in die siebziger

Jahre beschäftigte. Gegenstand des Beitrags von Peter Joerißen sind Lesebücher, denen seit ihrer Einführung im 19. Jahrhundert immer auch die Aufgabe zugekommen sei, den Wertekanon der jeweiligen Gesellschaft zu kodifizieren und zu vermitteln. In den sechziger und siebziger Jahren erlebten sie einen umfassenden Wandel vom sogenannten „Gesinnungslesebuch" hin zum Neuen Lesebuch oder Arbeitsbuch, das weniger der Vermittlung eines tradierten literarischen Kanons dienen sollte. Vielmehr habe es bezweckt, unterschiedlichste Textsorten einschließlich Zeitungsartikeln, Schlager- und Werbetexten u.a. vorzustellen, deren Untersuchung ihre Funktion klären und die Fähigkeit der Schüler zur kritischen Analyse von Texten aller Art fördern sollte. Die programmatischen Titel – von „Sieben Ähren", „Die Gute Saat" oder „Lebensgut" über „Auf großer Fahrt" und „Kompaß" bis zu „Lesen Darstellen Begreifen" und „Lesarten" – belegen Joerißen zufolge den jeweiligen Anspruch und den Wandel. Die neuen Lesebücher stießen freilich auf die Ablehnung vor allem der Eltern. Besonders massive Kritik fand dabei das Lesebuch „drucksachen", das 1975 sogar Thema im nordrhein-westfälischen Landtagswahlkampf 1975 wurde.

Gerhard Geurts schildert in seinem Beitrag die Ablösung der traditionellen Heimatkunde durch den Sachunterricht. Heimatkunde, 1921 erstmals im preußischen Lehrplan fixiert und im NS-Staat stark ideologisiert, definierten die nordrhein-westfälischen Richtlinien 1955 nun als Unterricht, der die Schüler befähigen sollte, „sich vom Wurzelboden der Heimat aus die Welt zu erschließen, sich der Ferne zu nähern und mit dem Fremden vertraut zu werden" und so Grundbegriffe aus den Bereichen von Natur- und Erdkunde sowie Geschichte kennenzulernen. Angesichts der Modernisierung und der sich stark wandelnden Lebenswelt seit Ende der fünfziger Jahre sei – so Geurts – der traditionelle Unterricht als immer weniger zeitgerecht empfunden worden: So kündigte das Kultusministerium Ende der 1960er Jahre „Neue Inhalte in der Schule" an und schuf mit „Richtlinien und Lehrpläne für die Grundschule – Schulversuch in NRW" die Grundlage für einen Sachunterricht, der geeignet schien, im naturwissenschaftlich-technischen, sozial- und kulturwissenschaftlichen Bereich – ausgehend von der Lebenswelt der Schüler – deren Erfahrungen aufzunehmen, zu klären und zu ordnen.

Als ungleich konfliktreicher erwies sich die Einführung des Politik-Unterrichts als eigenständiges Fach neben Erdkunde und Geschichte, die Geurts in einem zweiten Beitrag behandelt. Eine kontroverse und lang anhaltende Diskussion entwickelte sich demnach nicht zuletzt vor dem Hintergrund der Hessischen Rahmenrichtlinien: „Die in den Richtlinien genannten Qualifikationen und die ihnen nachgeordneten Lernziele waren darauf angelegt, Schüler zu befähigen, Kenntnisse über soziale und politische Sachverhalte zu gewinnen und zugleich Bereitschaft zu wecken, ihr Wissen in politisches Handeln umzusetzen" (Geurts, S. 150f.). Über die kontroverse Diskussion insbesondere zum Verhältnis der Fächer Geschichte und Politik und den von Rolf Schörken, dem Vorsitzenden der Kommission für die Entwicklung von Richtlinien und Handreichungen für das Fach Politik, vorgeschlagenen Lösungsweg einer klaren Unterscheidung aber auch Ergänzung der beiden Fächer berichtet Friedrich F. Mader.

Eigene Beiträge sind der Einführung der Mengenlehre, die mit dem Lehrplan für die Grundschulen 1969 erfolgte und die die Lernenden auf die Logik der „Neuen Mathematik“ vorbereiten sollte, sowie dem „Unitutor“, einem Lehrautomaten, der mit automatisierten Programmen die Lehrkräfte ersetzen sollte, und schließlich dem Sexualkundeunterricht gewidmet, der auf Beschluss der Kultusministerkonferenz der Bundesrepublik 1968 eingeführt wurde. „Schulleitung und das Kollegium sprachen uns Mut zu, den sie selbst nicht besaßen“, resümiert Peter Joerißen seine Erfahrungen als junger Lehrer in Hinblick auf letzteren.

Das vierte und letzte Kapitel bilden Zeitzeugenberichte, v.a. ehemaliger Schüler des Nicolaus-Cusanus-Gymnasiums, und ein kurzer Abriss zur Jugendkultur der 1960er Jahre. Ludwig Selbach zeichnet ein atmosphärisches Bild des bis in die Mitte der sechziger Jahre noch weithin dörflich geprägten Ortes Paffrath. Harald Grosch berichtet über die Schülerbewegung, die als Gegenpol zur als abhängig empfundenen Schülermitverwaltung bzw. als „kleiner Bruder“ der Studentenbewegung 1967 entstand und deren Protestmedien und -formen wie Flugblätter, Schülerzeitungen und ab 1968 auch Sitzblockaden und Demonstrationen u.a. übernahm. Die Forderungen bezogen sich, wie Grosch in Erinnerung hat, schulintern auf die Mitsprache bei als langweilig und realitätsfern kritisierten Unterrichtsinhalten und Lehrmethoden, die als einseitig bis autoritär empfunden wurden.

Unter der Überschrift „Bergisch Gladbach – Berlin und zurück“ findet sich eine Zusammenfassung mehrerer Gespräche, die mit drei ehemaligen Schülern und einer Schülerin geführt wurden. Die Gruppe berichtet über ihre Schulzeit am Nicolaus-Cusanus-Gymnasium, ihre Politisierung und den Einfluss, den diese Jahre auf sie hatten.

Zum Teil aus der Katholischen Jugend kommend nennen die Befragten in erster Linie soziale Motive, die sie zu einem ersten Engagement in der Zeit des Biafra-Krieges (1967) veranlassten. Auch diese Gespräche bestätigen, dass die Verabschiedung der Notstandgesetze im Jahr 1968 die Proteste in diesem und im folgenden Jahr intensivierte und noch stärker politisierte. So wurden in Bergisch Gladbach 1969 Demonstrationen gegen die griechische Militärdiktatur und – anlässlich ihrer Besuche in Bergisch Gladbach – gegen den damaligen Bundeskanzler Kiesinger und den Finanzminister Franz Josef Strauß organisiert. Eine Demonstration gegen eine öffentliche Rekrutenvereidigung zog Strafanzeigen gegen die an ihr Beteiligten (u.a. wegen Verunglimpfung der Bundesrepublik Deutschland und der Bundeswehr) nach sich; das ARD-Magazin Monitor berichtete über Proteste „in einer kleinen Garnisonsstadt“.

Das Buch enthält zahlreiche ansprechende Abbildungen, davon viele aus der Sammlung des Schulmuseums Bergisch Gladbach. Die Initiative zu dessen Gründung gab der frühere Schulamtsdirektor Carl Cüppers (1920–2008), dessen einfühlsames Porträt aus der Feder von Peter Joerißen den angemessenen Abschluss bildet.

Gabriele John, Bonn

Der Bergische Geschichtsverein trauert um seine in den Jahren 2017–2018 verstorbenen Mitglieder

Gerd Ahle, Oberbergische Abteilung
Elke Altenberg, Abteilung Solingen
Annegret Arenz, Oberbergische Abteilung
Gerd Bauermann, Abteilung Solingen
Dr. Johannes E. Beutler, Abteilung Rhein-Berg
Ernst Birkholz, Oberbergische Abteilung
Christian Bitzhemmer, Abteilung Wuppertal
Heinz Bitzinger, Oberbergische Abteilung
Franz Karl Burgmer, Abteilung Rhein-Berg
Klaus-Dieter Buse, Abteilung Wermelskirchen
Lore Cords, Abteilung Radevormwald
Prof. Dr. Gerhard Deimling, Abteilung Wuppertal
Albert P. Deistler, Abteilung Rhein-Berg
Peter Dickmann, Abteilung Wuppertal
Werner Elbracht, Abteilung Wuppertal
Walter Embser, Abteilung Rechtsrheinisches Köln
Herbert Ermels, Abteilung Wuppertal
Karl-Heinz Ern, Abteilung Niederwupper
Erhard Fischbach, Abteilung Solingen
Helmut Frese, Abteilung Niederwupper
Wolfgang Frenz, Abteilung Wuppertal
Ehrfried Frohmüller, Abteilung Wuppertal
Margrit Gericke, Abteilung Wuppertal
Herr Gödermann, Abteilung Radevormwald
Gisela Grangeret, Abteilung Wermelskirchen
Wolfgang Gränzdörffer, Oberbergische Abteilung
Manfred Gräwert, Abteilung Solingen
Ilse Grünewald, Abteilung Hückeswagen
Hans Haas, Abteilung Rhein-Berg
Prof. Dr. Gert Haberland, Abteilung Wuppertal
Else Hans, Oberbergische Abteilung
Paul Happ, Abteilung Wuppertal
Hans-Klaus Härter, Oberbergische Abteilung
Dr. Horst Heidermann, Abteilung Wuppertal
Karl Heinz Heinrichs, Oberbergische Abteilung
Hans Hessenburch, Abteilung Wermelskirchen
Volker Hinkeldey, Abteilung Wuppertal
Alfons Höderath, Abteilung Rhein-Berg

Dörte Hofschen, Abteilung Radevormwald
Dr. Rudolf Hölkeskamp, Abteilung Wuppertal
Helga Holz, Abteilung Rhein-Berg
Dr. Ernst Huckenberg, Abteilung Haan
Karl-Friedrich Just, Abteilung Solingen
Prof. Dr. Ulrich Jux, Abteilung Rhein-Berg
Winfried Kirchhausen, Abteilung Wuppertal
Karlheinz Kirchmann, Abteilung Wuppertal
Gerd Koch, Abteilung Solingen
Dr. Reinhard Koll, Abteilung Haan
Franz Heinrich Krey, Abteilung Rhein-Berg
Günter Kussnereit, Oberbergische Abteilung
Heinz Lang, Abteilung Rhein-Berg
Lothar W. Lange, Oberbergische Abteilung
Ingo Lenz, Oberbergische Abteilung
Jürgen Lenz, Abteilung Wuppertal
Elisabeth Marx, Oberbergische Abteilung
Irmgard Merkens, Abteilung Wuppertal
Erich Meskendahl, Abteilung Radevormwald
Dr. Horst Meyer, Abteilung Wuppertal
Ilse Michel, Abteilung Hückeswagen
Günter Möbius, Abteilung Niederwupper
Erna Müller, Oberbergische Abteilung
Marianne Müller, Abteilung Rhein-Berg
Johannes-Josef Nießen, Abteilung Rhein-Berg
Prof. Dr. Wolfgang Orth, Abteilung Wuppertal
Franz Ott, Abteilung Rhein-Berg
Herbert Pack, Oberbergische Abteilung
Friedrich Paashaus, Abteilung Solingen
Felicitas Poensgen, Abteilung Rhein-Berg
Dr. Liselotte Pokorny, Abteilung Haan
Hanni Preuß, Abteilung Haan
Heinz Prinz, Abteilung Rhein-Berg
Bernd-Dieterich Rassek, Abteilung Wuppertal
Manfred Ritter, Oberbergische Abteilung
Hartmut Roehr, Abteilung Solingen
Heinz Schäfer, Abteilung Hückeswagen
Lothar Schäfer, Abteilung Haan
Udo Scheer, Abteilung Wuppertal
Horst Schildknecht, Abteilung Haan
Hans-Werner Schmidt, Abteilung Solingen

Ulrike Schneider, Abteilung Hückeswagen
Maria Schönhagen, Abteilung Rhein-Berg
Karl Schröder, Oberbergische Abteilung
Manfred Schug, Abteilung Wuppertal
Jakob Schwamborn, Abteilung Rhein-Berg
Ewald Seufzer, Abteilung Solingen
Dieter Siebenborn, Abteilung Rhein-Berg
Peter Stamm, Abteilung Wuppertal
Helga Steffens, Abteilung Wuppertal
Lothar Steinebach, Abteilung Solingen
Günter Stockmann, Abteilung Wuppertal
Peter Strunden, Abteilung Rechtsrheinisches Köln
Peter Sturmberg, Abteilung Rhein-Berg
Josefine Tenberg, Abteilung Rhein-Berg
Annelore Trunk, Abteilung Solingen
Werner Philipp Trunk, Abteilung Solingen
Henriß Truß, Abteilung Solingen
Angelika Ueberholz, Abteilung Solingen
Emil Vahlefeld, Abteilung Radevormwald
Inge Vöpel, Abteilung Hückeswagen
Maria Warkentin, Abteilung Solingen
Christel Welker, Abteilung Solingen
Ina Wester, Abteilung Solingen
Klaus Wester, Abteilung Solingen
Dr. Klaus Weyand, Abteilung Wuppertal
Jürgen Wicht, Abteilung Wuppertal
Lothar W. Wirths, Oberbergische Abteilung
Ursula Wogull, Abteilung Wuppertal
Ursel Zilles, Abteilung Wuppertal
Gerd Zimmerbeutel, Abteilung Hückeswagen

A. Berichte des Vorsitzenden über die Arbeit des Geschäftsführenden Vorstands für die Jahre 2017 und 2018

Bericht für das Jahr 2017

Mit 3.947 Mitgliedern hat der Bergische Geschichtsverein im Jahre 2017 insgesamt 297 Mitglieder mehr als im Jahr 2016, eine Steigerung von etwas mehr als 8 %. Diesen großen Sprung in den Mitgliederzahlen haben wir dem Beitritt des Heimat- und Geschichtsvereins Rechtsrheinisches Köln aus Porz zu verdanken.

Der Geschäftsführende Vorstand hielt im Jahr 2017 vier Sitzungen im Logenhaus der Freimaurer in Remscheid ab. Von den beiden Sitzungen des Gesamtvorstands wurde die erste im März im GeschichteLokal der Abteilung Rhein-Berg in Bensberg auf Wunsch des ehemaligen Vorsitzenden Herrn Max Morsches durchgeführt. Herr Morsches gab sein Amt an Prof. Werling weiter. Im Anschluss an die Sitzung vermittelte das Schulmuseum Bergisch Gladbach einen Eindruck vom Schulwesen und Schulunterricht im 19. und frühen 20. Jahrhundert. Die zweite Sitzung fand im Deutschen Schloss- u. Beschlägemuseum in Velbert statt. Die erste Vorsitzende der Abteilung Velbert Frau Dr. Scheidsteger und Herr Dr. Morgenroth führten im Anschluss durch das Museum.

2018 wurde ein Arbeitskreis Satzung eingerichtet. Mitglieder sind Herr Braun von der Abteilung Leverkusen, Herr Stock von der Abteilung Wermelskirchen und der Vorsitzende des Gesamtvereins, Herr Halbach. Die erste Aufgabe des Arbeitskreises besteht darin, der neuen Abteilung Rechtsrheinisches Köln Hilfestellung bei der Neufassung ihrer Satzung zu geben. Im Weiteren soll der Arbeitskreis Vorschläge zur Vereinfachung der Satzung unterbreiten, Passagen klarer fassen und Erläuterungen für die einzelnen Paragrafen erarbeiten. Auch sind neue gesetzliche Erfordernisse sowie Anmerkungen des Finanzamtes einzuarbeiten. Nach Auskunft unseres Steuerberatungsbüros soll der Verein auch künftig die „1a Freistellung“ erhalten, nach der auch Mitgliedsbeiträge abgesetzt werden können.

Neuer Denkmalschutzbeauftragter des Bergischen Geschichtsvereins ist Prof. Michael Werling, ein versierter Fachmann für dieses wichtige Thema im Bergischen Land. Anliegen des neuen Beauftragten ist es, dass sich der BGV aktiver in die Debatten um den Denkmalschutz in den einzelnen Kommunen, Gemeinden und Kreisen des Bergischen Landes einbringen soll. Dies erfordert Sachverstand, damit auf Augenhöhe „gestritten“ werden kann.

Die Zeitschrift „Romerike Berge“ erschien 2017 in ihrem 67. Jahrgang mit drei Heften. Sie ermöglicht damit dreimal im Jahr den direkten Kontakt mit den Mitgliedern. Eine Übersicht der Veröffentlichungen aller Abteilungen findet sich nun immer in Heft 1 eines Jahrgangs. Das Redaktionsteam setzte sich aus Herrn Gregor Ahlmann (Schlossbauverein), Herrn Maximilian Berkel, Frau Dr. Anne Marie Frese, dem zweiten Vorsitzenden des Gesamtvereins, Herrn Jörg Holtschneider, und dem Vorsitzenden des Gesamtvereins, Herrn Thomas Halbach, zusammen. Herrn Holtschneider war für die

Koordination zwischen dem Redaktionsteam, den Autoren und der Druckerei zuständig. Derzeit werden Gespräche mit möglichen neuen Redaktionsmitgliedern geführt. Der Landschaftsverband unterstützte den Druck der „Romerike Berge“ mit einem Betrag von 2.750 Euro.

Band 104 der ZBGV wird nun im ersten Halbjahr 2018 erscheinen. Erstmalig unterstützt der Landschaftsverband die „Zeitschrift des Bergischen Geschichtsvereins“ mit 1.250 Euro. Auch im letzten Jahr konnten wir wieder ca. 10.000 Euro an Druckkostenzuschüssen des Landschaftsverbands an die Abteilungen zur Unterstützung ihrer Publikationen ausgeschüttet werden.

Das Projekt „Sicherung des Kulturgutes des Bergischen Geschichtsvereins“ startete am 18. April 2017. Ziel des Projekts ist das systematische Erfassen aller Kulturgüter des Bergischen Geschichtsvereins in einem digitalen Bestandskatalog. Mit der Stadtverwaltung Wuppertal herrscht Einverständnis darüber, dass die Provenienzfragen abschließend zwischen dem Kulturdezernat und dem Vorstand des Gesamtvereins geklärt werden sollen. Darüber hinaus wurden Kooperationen mit Schloss Burg, Haus Martfeld und dem Von der Heydt-Museum eingegangen. Ein erster Informationsaustausch wurde bereits eingeleitet. Die Kooperation mit dem Historischen Zentrum verlief in den letzten Monaten hingegen etwas schleppend. Da zurzeit ein Leitungswechsel (Herr Dr. Illner hat das Haus verlassen) bevorsteht, wurden vom Kulturdezernat als organisatorischer Ansprechpartner Herr Issel und als fachlicher Ansprechpartner Herr Dette benannt.

Für das Projekt wurden zwei Wissenschaftler eingestellt, Frau Dr. Folke Obermark-Stiller, Historikerin mit Archiverfahrung, und Herr Maximilian Berkel M.A., Kunsthistoriker mit Museumserfahrung. Im Projekt wird mit der Erfassungssoftware „AUGIAS Museumexpress“ gearbeitet. Frau Dr. Obermark-Stiller und Herr Berkel entwickelten basierend auf Empfehlungen des Deutschen Museumsbundes eine Systematik und ein Erfassungsformular. Die Recherche nach Objekten wurde weiter vorangetrieben, und diverse Nachlässe, u.a. der ehemaligen Schriftführerin Marie-Luise Baum, sowie Akten des Von der Heydt-Museums und des Fuhlrott-Museums wurden gesichtet. Des Weiteren wurden Zeitzeugen (Herr Esser, Prof. Klaus Goebel) befragt, weitere Interviews (z.B. mit Herr Knieriem, ehemaliger Leiter des Historischen Zentrums Wuppertal) sind geplant.

Die Stadt Wuppertal erfasste im Rahmen der Inventarisierung von Anlagenvermögen bereits vor zwei Jahren die Münzsammlung, darunter auch die ehemals im Von der Heydt-Museum eingelagerten Münzen des BGV. Ein Teil dieser Sammlung wurde als Dauerleihgabe mit anderen Kunstgegenständen des BGV an Haus Martfeld in Schwelm ausgeliehen. Eine im Nachlass Baum gefundene Münzliste soll allen Beteiligten zur Verfügung gestellt werden.

Nach Sichtung zahlreicher Objekte ergab sich ein weiteres Aufgabenfeld: die Feststellung von nötigen konservatorischen und/oder restauratorischen Maßnahmen. Viele der Objekte waren nicht unversehrt, einige Depoträume bieten darüber hinaus keine konservatorisch und sicherheitstechnisch optimale Lagerungssituation. Häufig wurde auch wurde mit dem Museumsgut nicht sach- und fachgerecht bei Transport und Bewegung umgegangen. Um konservatorische Notmaßnahmen durchführen zu können, müssen entsprechende Materialen angeschafft werden. In einem Gespräch mit Reinhard Köpf

(Heinrich-Heine-Universität Düsseldorf, Sachverständiger für Kunst- und Denkmalpflege) wurden diverse konservatorische Fragen erörtert.

Bericht für das Jahr 2018

Mit 3.873 Mitgliedern hat der Bergische Geschichtsverein im Jahre 2018 insgesamt 74 Mitglieder also rd. 1,9 % weniger als im Jahr davor. Die Entwicklung der Mitgliederzahl ist in erster Linie ein Erfolg der Abteilungen und Ihres Engagement um die Werbung neuer Mitglieder, so dass die Mitgliederzahl im Wesentlichen stabil bleibt.

Im Jahr 2018 ernannte die Abt. Leverkusen-Niederwupper Herrn Dr. Günter Junkers zum Ehrenvorsitzenden. Zusätzlich erhielt Herr Günter Schmitz, ebenfalls Leverkusen, den Rheinlandtaler. Der Verein gratuliert den Geehrten.

Der Geschäftsführende Vorstand traf sich im Jahr 2018 zu vier Sitzungen in unserer neuen Geschäftsstelle in der Hofaue 55 in Wuppertal. Darüber hinaus haben wir zwei Gesamtvorstandssitzungen durchgeführt. Die erste Sitzung des Gesamtvorstands fand im Internationales Evangelisches Tagungszentrum, Missionsstraße 9, in Wuppertal statt. Anschließend besuchten wir unter der sachkundigen Führung des Kurators, Herrn Christoph Schwab, das Museum auf der Hardt (ehemaliges Völkerkundemuseum). Die zweite Sitzung fand in der Geschäftsstelle in Wuppertal statt. Alle hatten die Möglichkeit sich die neue Geschäftsstelle anzuschauen.

Dem Arbeitskreis Satzung gehören als Mitglieder Herr Braun von der Abteilung Niederwupper, Herr Stock von der Abteilung Wermelskirchen und der Vorsitzende des Gesamtvereins, Herr Halbach, an. 2018 erklärte sich der neue Vorsitzende der Abt. Burscheid, Herr Dr. Voss, ebenfalls zur Mitarbeit bereit. Die erste Aufgabe des Arbeitskreises bestand darin, der neuen Abteilung Rechtsrheinisches Köln Hilfestellung bei der Neufassung ihrer Satzung zu geben. Die Neufassung liegt nun vor und wartet nun auf den Beschluss der Mitgliederversammlung. Im Weiteren wird der Arbeitskreis Vorschläge zur Vereinfachung der Satzung erarbeiten, einzelne Passagen klarer fassen und Erläuterungen für die einzelnen Paragrafen erarbeiten. Auch sind neue gesetzliche Erfordernisse und die Anmerkungen des Finanzamtes zu berücksichtigen.

Die Zeitschrift „Romerike Berge“ erschien 2018 in ihrem 68. Jahrgang wieder mit drei Heften. Das Redaktionsteam setzte sich zusammen aus Herrn Gregor Ahlmann (Schlossbauverein), Herrn Maximilian Berkel, Frau Dr. Anne Marie Frese, unserem zweiten Vorsitzenden Jörg Holtschneider und dem Vorsitzenden, Herrn Thomas Halbach und traf sich 2018 zu vier Sitzungen. Herr Holtschneider war für die Koordination zwischen dem Redaktionsteam, den Autoren und der Druckerei zuständig. Frau Dr. Frese konnte aufgrund Ihrer Erkrankung nicht an allen Redaktionssitzungen teilnehmen. Der Landschaftsverband unterstützt die Herausgabe der „Romerike Berge“ mit einem Betrag von 2.750 Euro.

Band 104 der ZBGV erschien im Oktober des letzten Jahres. Erstmalig unterstützte der Landschaftsverband die „Zeitschrift des Bergischen Geschichtsvereins“ mit 1.250 Euro.

Darüber hinaus konnten auch im letzten Jahr wieder rd. 10.000 Euro an Druckkostenzuschüssen des LVR an die einzelnen Abteilungen ausgeschüttet werden.

Im Mittelpunkt der für das Jahr 2019 geplanten Aktivitäten wird das Projekt „Sicherung des Kulturgutes des BGV" stehen. Gleichzeitig startet im kommenden Jahr das Projekt „Erschließung der Museumsobjekte und -archivalien des Deutschen Röntgen-Museums (DRM)". Im Mai wird die neue Internetseite an den Start gehen, die einen stärkeren gemeinsamen Auftritt aller zum Ziel hat und mehr Inhalte bieten wird. Darüber hinaus sollen weitere Projekte zur Verbesserung der Situation in den Archiven und Museen angestoßen werden.

Thomas G. Halbach
Erster Vorsitzender

B. Bericht des Referats für Denkmal- und Stadtbildpflege

Alle Abteilungen des Bergischen Geschichtsvereins setzen sich, mit verschiedenen Schwerpunkten, für den Denkmal- und Stadtbildschutz ein. Die aktuelle Lage der Denkmalpflege im Bereich des Bergischen Geschichtsvereins und die konkrete Arbeit und die Leistung seiner Abteilungen können wie folgt skizziert werden.

Abteilung Burscheid

Die grundlegende bauliche Rekonstruktion der Lambertsmühle konnte im Berichtszeitraum abgeschlossen werden. Ergänzend präsentiert das Haupthaus inzwischen eine wieder hergerichtete Gesindekammer und ein Biedermeier-Zimmer.

Weiteren Einblick in viele Facetten damaliger Lebensverhältnisse bietet auf dem oberen Speicher der Mühle ein museumspädagogisch mit einer alten Schulbank gestalteter Bereich. Eine Fluchtszene aus dem letzten Krieg kontrastiert mit einer gutbürgerlich gedeckten Tafel. Damalige Waschtechniken kommen ebenso plastisch ins Bild wie die heimische Fauna. Die Abteilung Burscheid ist mit dem Mühlenverein personell verzahnt und hat aktiv dazu beigetragen, die Entwicklung des Mühlenbetriebs und damit auch die Handels- und Produktionskette „Vom Korn zum Brot“ fühlbar und greifbar zu machen.

Abb. 1: *Gesindekammer in der Lambertsmühle bei Burscheid (Foto: Siegfried Fley, Burscheid, 2018)*

Abteilung Haan

Dank des engagierten Einsatzes der Abteilung Haan konnte der schon in der ZBGV 104 thematisierte drohende Abriss des Fachwerkhauses Kölner Straße 74 bis heute verhindert werden. In Zusammenarbeit mit der Stadtverwaltung bemüht sich die Abteilung auch um andere momentan vom Abriss bedrohte historische Bausubstanz. Ein besonderes Augenmerk liegt darüber hinaus auf der Umgestaltung und Nutzungsoptimierung des Haaner Kirchplatzes. Dieser alte Kirchplatz wird in der Denkmalliste der Stadt Haan als Baudenkmal geführt. Die für den Platz namensgebende alte Haaner Kirche wurde im Jahre 1863 wegen ihrer Baufälligkeit abgerissen. Im Jahre 1974 wurde dieser Bereich nach der Errichtung des Hallenschwimmbads als Platzfläche hergerichtet. So erinnert die heutige stilisierte Gestaltung und Ausstattung des Platzes mit zu Sitzzwecken nutzbaren Betonelementen (als Nachahmung des Grundrisses der alten Kirche) an das siedlungsgeschichtlich bedeutende Bauwerk. Die sehr puristische Gestaltung des Platzes sowie die Immissionen der tangierenden Kaiserstraße führen allerdings dazu, dass der Platz seine Funktion als Aufenthaltsbereich verfehlt und von den Bürgerinnen und Bürgern nur in geringem Maße angenommen wird.[1] Nun soll – unter Berücksichtigung des Baudenkmals – eine gestalterische und funktionale Überarbeitung der Platzfläche erfolgen. Diese Gestaltungsabsichten verfolgt die Abteilung Haan aufmerksam, damit sowohl das Bau- bzw. Bodendenkmal „Platzfläche – Alte Kirche" als auch die an die Platzfläche angrenzenden denkmalgeschützten Hofstellen erhalten bleiben.

Abteilung Hückeswagen

2017/18 stand für den BGV Hückeswagen der gut 150 Jahre alte Pavillon im Rosengarten des Hückeswagener Schlosses im Fokus. Dort steht bzw. stand er allerdings erst seit Anfang der 2000er Jahre. Zuvor war er gut 140 Jahre in einem Garten zwischen der Islandstraße und der oberen Altstadt verortet, wo ihn ein offenbar wohlhabender Hückeswagener Bürger errichten ließ. Da der Pavillion am ursprünglichen Platz dem Neubau eines Mehrfamilienhauses im Wege stand, wurde er auf Initiative des BGV Hückeswagen und mit viel Unterstützung des LVR, der KSK und anderer Sponsoren in den Rosengarten transloziert, wo er gerne von Hochzeitsgesellschaften genutzt wird.[2]

Das im Wesentlichen aus Holz gefertigte denkmalgeschützte Bauwerk ist über die Zeiten baufällig geworden und bedarf nun dringend der Restaurierung. Deshalb wurde das Gefüge 2018 abgebaut und zum Zwecke der fachgerechten Aufarbeitung eingelagert. Momentan ist der BGV Hückeswagen bemüht, sowohl die Restaurierung als auch die Wiederaufstellung im Rosengarten voran zu bringen. Vielleicht kann er schon 2021 zum

---

1 Stadt- und Regionalplanung Dr. Jansen GmbH, Gartenstadt Haan. Integriertes Handlungskonzept Innenstadt Haan, Köln 2015, S. 87.

2 Zur Geschichte des Pavillons vgl.: Carola Lepping: Altes Haus im Garten, in: Leiw Heukeshoven. Mitteilungsblatt des BGV – Abteilung Hückeswagen, H. 21, Hückeswagen 1981, S. 1ff. bzw. Karl Reiner Illgen: Denkmalgeschützter Pavillon im Rosengarten, in: Leiw Heukeshoven. Mitteilungsblatt des BGV – Abteilung Hückeswagen, H. 42, Hückeswagen 2003, S. 5ff.

Abb. 2: *Pavillon im Rosengarten des Hückeswagener Schlosses kurz vor der Demontage (Foto: Fotosammlung BGV Hückeswagen)*

Auftakt der Hückeswagener Hochzeits-Saison wieder als historische Kulisse dienen.

Abteilung Oberberg

In Oberberg befindet sich eines der bedeutendsten Beispiele des „Neuen Bauens", nämlich die Notkirche des Architekten Otto Bartning in Gummersbach-Berghausen. Die Abteilung Oberberg kümmert sich schon seit längerer Zeit um dieses bedeutende Baumonument aus der Zeit nach dem Zweiten Weltkrieg, welches in Kürze profaniert und einer neuen Nutzung zugeführt werden soll. Um die Bürger von Gummersbach-Berghausen aber auch Interessierte aus den umliegenden Gemeinden für dieses Thema zu sensibilisieren, wurde im Rahmen eines kleines Symposiums, veranstaltet durch die Abteilung Oberberg, am 12. Juli 2019 zunächst durch Prof. Michael Werling die Bedeutung dieses Sakralbaus dargestellt. Im Anschluß referierte der Baupresbyter der Kirchengemeinde, Architekt Bernd Baßfeld, über den Erhalt und die zukünftige Nutzung der Kirche. Es bleibt zu hoffen, dass das Gebäude, welches leider noch nicht als Denkmal ausgewiesen ist, weiter erhalten bleibt und einer baldigen sinnvollen Neunutzung zugeführt wird.

Abteilung Overath

In Vilkerath-Untermiebach befindet sich eine denkmalgeschützte Fachwerkhofanlage. Das kleine bäuerliche Anwesen „Untermiebach 33" steht gegenüber der vorbeiführenden Straße etwas erhöht und besteht aus einem eingeschossigen Nebengebäude mit giebelseitig angefügtem Backes und einem etwas weiter zurückliegenden, zweigeschossigen Wohnhaus. Die beiden Baukörper sind in Fachwerkbauweise aufgeführt. Das Wohnhaus ist über einem Sockel bzw. Gewölbekeller in Ständerbauweise errichtet und wird von einem Satteldach abgeschlossen. Die Ständer stehen relativ weit auseinander. Als notwendige Queraussteifung dienen in den jeweiligen Geschossen entsprechende Streben. Die Gefache sind mit Lehm ausgestakt und mit einem Kalkputz versehen. Die Fensteröffnungen sind großenteils mit Schlagläden geschmückt. Obwohl das Dach noch relativ gut erhalten ist, bietet die übrige Bausubstanz einen beklagenswerten bzw. sanierungsbedürftigen Zustand. Dies gilt auch für das eingeschossige Nebengebäude, dessen Dachfläche einseitig schon eingebrochen ist. Das Anwesen gehört zum Besitz des benachbarten Wasserschlosses Ehreshoven. Schon seit längerer Zeit ist man dort bemüht, die denkmalgeschützte Bausubstanz zu verkaufen. Der BGV Overath ist in großer Sorge wegen dieses vermutlich in das frühe 19. Jahrhundert zurückreichenden Objekts, weil trotz der intensiven Suche noch kein Interessent für das durchaus reizvoll gelegene Ensemble gefunden werden konnte.

Abteilung Radevormwald

Immer noch steht für die Abteilung Radevormwald die Erhaltung der Landwehr im Vordergrund. Dieses Grenzsicherungswerk wurde angelegt, als im Jahre 1304 die Grafen von Berg das Gebiet des heutigen Radevormwald einnahmen und ihren neuen Rechtsbezirk gegenüber dem Kurfürstentum Köln auch baulich zu verdeutlichen suchten. Der Bau dieser Landwehr war zugleich eine wirksame Maßnahme, um die Bevölkerung gegen feindliche Übergriffe zu schützen, zumindest aber die Wirksamkeit entsprechender Aktivitäten einzuschränken. Mitglieder der Abteilung Radevormwald engagierten sich in den letzten Jahren, um dieses Kulturdenkmal exemplarisch wieder aufzubauen und so Geschichte wieder ein Stück weit anschaulich zu machen. Momentan geht es darum, ein Hinweisschild aufzustellen, damit die Besucher etwas über dieses 700 Jahre alte Grenzsicherungswerk erfahren können.[3]

Abteilung Rhein-Berg

Seit 20 Jahren bemüht sich der „Arbeitskreis Fachwerk, Denkmal, Stadtbildpflege" der Abteilung Rhein-Berg erfolgreich nur um die digitale Erfassung von Fachwerkbauten im Stadtgebiet und führt seit 2001 einmal im Jahr in Zusammenarbeit mit dem Regionalverband des Rheinischen Vereins für Denkmalpflege und Landschaftsschutz die Aktion „Denkmal des Monats" durch. 2017 wurde der alte Evangelische Friedhof an der Gnadenkirche in Bergisch Gladbach als ein Denkmal des Monats gewürdigt. Zeitgleich mit dem Bau der Gnadenkirche an der Hauptstraße in Bergisch Gladbach-Stadtmitte entstand der 1777 eingeweihte Evangelische Friedhof. Wegen Überbelegung erfolgte die letzte Beisetzung 1869. Danach wurde der neue Friedhof auf dem Quirlsberg genutzt. Der alte Friedhof dokumentiert die Entstehung und Entwicklung der ersten evangelischen Gemeinde in Bergisch Gladbach. Hier ruhen die Gründungsväter der Gemeinde, und hier befinden sich Grabstelen und Grabplatten namhafter Papiermacherfamilien, die als Unternehmer, Ratsherren, Bürgermeister oder Hofräte zur Entwicklung Gladbachs als städtisches Gemeinwesen beigetragen haben. Heute sind noch 34 Grabsteine erhalten, deren Form und Gestaltung von hoher baukünstlerischer Bedeutung sind.[4] Für die Erhaltung dieses Friedhofes hat sich aus den Mitgliedern des BGV ein Freundeskreis gebildet, der sich um den Erhalt der Grabsteine und um die zukünftige gärtnerische Pflege der Anlage kümmern möchte.

---

3 Bernhard PRIGGEL, Die Landwehr und ihre Wiederbepflanzung bei der Ortschaft Landwehr, in: Radevormwald. 700 Jahre Stadt 1316–2016, hg. v. BGV, Abteilung Radevormwald, Radevormwald 2016, S. 359–360.

4 Vgl. Manfred-Walter KAUTZ, Michael WERLING, „Gegen das Vergessen". Der alte ev. Friedhof an der Gnadenkirche in Bergisch Gladbach. Eine Dokumentation in Text, Bild und Zeichnung, Köln 2004.

Abb. 3: *Blick „von außen" auf den alten ev. Friedhof an der Gnadenkirche in Bergisch Gladbach (entnommen aus: Kautz/ Werling, Friedhof (wie Anm. 4), S. 6)*

Eine spürbare Aufwertung des Denkmalschutzes in Bergisch Gladbach erfolgte durch den mittlerweile beschlossenen und veröffentlichten Denkmalpflegeplan für die Stadt Bergisch Gladbach.[5] Der Plan weist 161 neue, denkmalverdächtige Gebäude im Stadtgebiet von Bergisch Gladbach aus, die derzeit und in den kommenden Jahren durch das LVR-Amt für Denkmalpflege im Rheinland auf ihren Denkmalwert geprüft und ggf. in die städtische Denkmalliste eingetragen werden. 1401 erhaltenswerte Gebäude genügen nicht den Kriterien des Denkmalschutzgesetzes, sind aber wegen ihrer Lage, Gestalt oder Historie von Bedeutung und wurden daher mit dem Prädikat „erhaltenswert" ausgewiesen.

Im Mai 2018 befasst sich eine Veranstaltung im Kunstmuseum Villa Zanders mit Entstehung, Entwicklung und Niedergang des Bensberger Erzreviers sowie den noch vorhandenen Spuren in der Kulturlandschaft. Die große Bedeutung des ehemaligen Bensberger Erzreviers – es umfasst ungefähr das Dreieck zwischen Bensberg, Engelskirchen und Much – ist Vielen heute weitgehend unbekannt, der 40. Jahrestag der Fördereinstellung des letzten Bergwerks am Lüderich am 27.10.1978 erschien ein geeigneter Zeitpunkt, an den bedeutsamen Industriezweig zu erinnern.

Eine von vier noch erhaltenen Splitterschutzzellen (Ein-Mann-Bunker) im Stadtgebiet von Bergisch Gladbach ist seit 2009 abseits seines ursprünglichen Standorts zu finden.[6] Die Abteilung Rhein-Berg ist bemüht, dieses eindrucksvolle Denkmal wieder in die Nähe seines ursprünglichen Standortes in Bergisch Gladbach-Stadtmitte versetzten zu lassen und mit einer Informationstafel über die Zweckbestimmung solcher Kleinbunker zu informieren.

In Bergisch Gladbach-Stadtmitte bestehen noch zwei 1875 errichtete und relativ gut erhaltene Kalköfen, Zeugnisse der einstigen Kalkindustrie im Stadtgebiet. Der Eigentümer plant im Bereich der beiden Öfen eine größere Baumaßnahme (Parkhaus), die in Form einer Überbauung den Schutz der beiden Öfen garantieren soll. Auf Initiative der Abtei-

5 Marianne Vogt-Werling, Michael Werling, Denkmalpflegeplan Bergisch Gladbach, hg. v. der Stadt Bergisch Gladbach, Bergisch Gladbach 2019.

6 Michael Werling, Überlebensorte aus Beton, in: Rheinisch Bergischer Kalender 2019, S. 104ff.

Abb. 4: *Splitterschutzzelle in Bergisch Gladbach-Gronau (Foto: M. Werling 2017)*

lung Rhein-Berg wurden erste Schutzmaßnahmen eingeleitet und eine Bauaufnahme der Kalköfen in Auftrag gegeben, um einen denkmalgerechten Umgang mit der Bausubstanz gewährleisten zu können.

Über die Sanierung des Rommerscheider Hofs, eines der ältesten Fachwerkhäuser Bergisch Gladbachs, wurde bereits in der ZBGV 104 berichtet. Nachdem Ende 2016 auf Initiative der Abteilung Rhein-Berg das Institut für Baugeschichte und Denkmalpflege der TH-Köln den Bau aufgenommen und eine Schadenskartierung erstellt hatte, konnten in diesem Jahr die Sanierungsarbeiten abgeschlossen werden.

Im Rahmen der Planungen für das Integrierte Handlungskonzept Bensberg (InHK) steht der Emilienbrunnen an der Auffahrt zum Schloss Bensberg zur Disposition. Er wurde um 1900 im Gedenken an die Bensberger Wohltäterin Emilie Schmitz durch den Verschönerungsverein Bensberg errichtet. Der Brunnen soll entfernt, eingelagert und eventuell an anderer Stelle neu aufgestellt werden. Die Abteilung Rhein-Berg setzt sich dafür ein, den Brunnen am historischen Standort zu belassen, die Anlage mit kleineren Gestaltungsmaßnahmen aufzuwerten und eine Informationstafel über Emilie Schmitz und ihr Wirken aufzustellen.[7]

Das beeindruckende Holzkreuz am Gasthaus Paas in der Stadtmitte von Bergisch Gladbach bedarf dringend der Reparatur und Pflege. Holzteile und Farbanstrich sind zu erneuern. Weder der Gasthauseigentümer noch die Stadt Bergisch Gladbach betrach-

7 Thomas KLOSTERMANN, Michael WERLING, Neues zum Emilienbrunnen in Bensberg, in: Rhein-Berg-Kurier Nr. 1/2019, S, 8ff.; Michael WERLING, Neues zum Emilienbrunnen! In: Rhein-Berg-Kurier Nr. 3/2019, S. 6ff.

Abb. 5: *Restaurierungsbedürftiges Holzkreuz am Gasthaus Paas in Bergisch Gladbach (Foto M. Werling, 2018)*

ten sich als Eigentümer des Kreuzes und lehnen die Kostenübernahme ab. Daraufhin rief die Abteilung Rhein-Berg Ende Oktober 2019 eine Spendenaktion ins Leben und konnte in nur zwei Monaten 12.000 € sammeln. Spender waren in der Hauptsache die Bürger der Stadt, aber auch Vereine, Firmen und Banken zeigten sich sehr großzügig. Im Frühjahr 2020 kann mit der Sanierung dieses über 200 Jahre alten Wegekreuzes begonnen werden.

Nachdem das Stadtarchiv der Stadt Bergisch Gladbach an seinen neuen Standort „Gustav-Lübbe-Haus" umgezogen ist (Einweihung am 1. März 2018), wird wohl in Kürze das bisherige Archivgebäude einer Wohnbebauung weichen müssen. Im ehemaligen Archivgebäudes war zuvor das Arbeitsamt von Bergisch Gladbach untergebracht. Das Gebäude wurde in den 1930er Jahren errichtet und zur künstlerischen Betonung des Eingangsbereiches mit einer Arbeiterskulptur geschmückt. Die allegorische Darstellung eines Arbeiters – der Dargestellte hat einen Vorschlaghammer geschultert, dessen Kopf allerdings abgebrochen ist – wurde durch den Bildhauer Wolfgang Wallner (1884–1964) gefertigt, der als Professor für bildhauerisches Arbeiten an den Kölner Werk-

Abb. 6: *Abbau der Arbeiterskulptur (Hammermann) am ehemaligen Stadtarchiv von Bergisch Gladbach (Foto: M. Werling, 2018)*

schulen (eine Vorgängereinrichtung der heutigen TH- Köln) tätig war. Auf Initiative des BGV Rhein-Berg wurde die Skulptur Ende 2018 von der Fassade abgenommen und einer Restaurierungswerkstatt zur Reinigung und Ausbesserung übergeben. Im Frühjahr 2020 soll die Figur im Foyer der Agentur für Arbeit in Bergisch Gladbach aufgestellt werden.[8]

Abteilung Solingen

Schon seit seiner Gründung im Jahre 1925 setzt sich die Abteilung Solingen für den Erhalt historischer Bausubstanz ein, die ja immer als ein Teil der Stadtgeschichte betrachtet werden muss. Seit 1988 vergibt die Abteilung jährlich zurückliegend einen Denkmalschutzpreis für die Rettung eines Baudenkmals durch die abgeschlossene Renovierung bzw. Sanierung im vorangegangenen Jahr. Der Denkmalschutzpreis 2018 des BGV Abteilung Solingen ging am 18. Februar 2019 an Frau Doris Kochs für die Sanierung ihres Gartenpavillons an der Straße In der Freiheit/Ecke Schulstraße in Gräfrath. Es handelt sich um eines der wenigen in Solingen noch erhalten gebliebenen historischen Garten- und Lusthäuschen, welches vor circa 150 Jahren errichtet und durch diese prämierte Sanierungsmaßnahme vor dem weiteren Verfall bzw. einem drohenden Abriss bewahrt wurde.[9] Errichtet wurde der Pavillon um 1876/77 durch den Stahlwarenfabrikanten Friedrich von der Kohlen, der zunächst dort sein im Schweizer Landhausstil konzipiertes Wohn- und Geschäftshaus und vermutlich zeitgleich den im maurischen Baustil entworfenen Pavillon errichten ließ. Genutzt wurde das Gebäude vor allem als eigenständiger überdachter Freisitz zum Kaffeetrinken bzw. zum geselligen Beisammensein im Garten. Die hölzerne Laube wurde über einem achteckigen Grundriss entwickelt und mit einem aus Metallplatten hergestellten Zwiebelturm abgedeckt. Die Holzelemente wurden im Zuge der Sanierungsmaßnahme wieder in der Originalfassung blau gestrichen. Die Gitterspaliere sind weiß gefasst und die in das Gefüge eingebundenen rechteckigen Sprossenfenster zeigen Verzierungen und farbig gefasste Verglasungen. Alles in allem ein wirklich beeindruckendes Beispiel für den Umgang mit schützenswerter Bausubstanz.

Abteilung Velbert

Auf dem Velberter Rottberg wurde im Zweiten Weltkrieg von 1941 bis 1944 eine so genannte „Nachtscheinanlage“ betrieben. Die von der Velberter Bevölkerung prägnant Scheindorf genannte Anlage war eine mit einfachsten Mitteln realisierte par-

---

8 Michael WERLING, Wolfgang Wallners Arbeiterskulptur von 1936 – Eine Standortsuche, in: Rhein-Berg-Kurier Nr. 2/2018, S. 3f.

9 Gemäß der Abteilung Inventarisation des LVR-Amts für Denkmalpflege im Rheinland gibt es nur noch gut 200 dieser besonders schützenswerten Kleinbauten, die vom ausgehenden 17. Jahrhundert bis in die 1950er Jahre errichtet wurden. Zu finden sind diese Gartenhäuschen in der Regel in den Villengebieten etwa in Krefeld, Wuppertal oder südlich von Bonn: vgl. Andreas ERDMANN, Denkmalschutzpreis für Gartenpavillon, in: Solinger Tageblatt vom 20.02.2019.

Abb. 7: *Leitbunker der Krupp'schen Nachtscheinanlage (Foto: B. Knop, 2019)*

tielle Nachbildung der Essener Gussstahlfabrik der Friedrich Krupp AG. In der ersten Kriegsphase wurde damit den nur nachts angreifenden alliierten Flugzeugen suggeriert, dass sich hier die schlecht abgedunkelte und in Betrieb befindliche Krupp'sche Gußstahlfabrik befindet. So sollte die Nachtscheinanlage Angriffe auf sich ziehen und von der im etwa 10 km entfernten Essen befindlichen tatsächlichen Fabrik abhalten, was von 1941–1943 auch gelang. Die Anlage war damit ein Scheinziel, eine Art riesige nächtliche Zielscheibe für die Flugzeuge – allerdings auch eine permanente Gefahr für die inmitten der Anlage liegenden Bauernhöfe. Nach dem Krieg wurde die Anlage abgebaut und geriet in Vergessenheit. Nur der ehemalige Leitbunker der Scheinanlage blieb durch Zufälle unbeschädigt erhalten. Die Bunkeranlage in Velbert ist in Deutschland einer der ganz wenigen Überreste einer solchen Scheinanlage überhaupt und besitzt damit deutschlandweit ein historisches Alleinstellungsmerkmal. Das seit 2013 unter Denkmalschutz stehende Bauwerk wird seit 2012 durch ein Team von in Velbert und Umgebung aktiven ehrenamtlichen Bodendenkmalpflegern erhalten und anlässlich besonderer Veranstaltungen der Öffentlichkeit zugänglich gemacht. Die Mitglieder dieses Teams sind häufig schon viele Jahre als Heimatforscher aktiv, darunter auch Mitglieder der Abteilung Velbert-Hardenberg. An mehreren Tagen des offenen Denkmals fanden tausende geschichtsinteressierte Besucher ihren Weg auf den Rottberg. Die Krupp'sche Nachtscheinanlage ist Gegenstand mehrerer übergeordneter wie auch lokaler Publikationen[10] und zwischenzeitlich sogar einiger Filmbeiträge. So hat sich in Velbert über die letzten Jahre ein Projekt von überregionalem historischen Interesse mit hohem Öffentlichkeitswert entwickelt.[11]

Abteilung Wermelskirchen

Der Stadt Wermelskirchen ist es gelungen, für das unter Schutz stehende ehemalige Schulgebäude „Neuenhaus" einen Käufer zu finden. Das Objekt schien dem Verfall preisgegeben, worauf die Abteilung Wermelskirchen wiederholt öffentlich hingewiesen hat. Die Sanierungsarbeiten im Denkmalsinne durch den neuen Eigentümer sind 2019 endlich aufgenommen worden. Für Unterschutzstellung und Erhalt eines einfachen aber noch soliden „Handwerker-Fachwerkhauses" aus dem frühen 19. Jahrhundert setzte sich die Abteilung zusammen mit anderen interessierten und besorgten Bürgern intensiv ein. Leider war diesem Engagement jedoch kein Erfolg beschieden. Das Haus konnte nicht unter Schutz gestellt werden und musste einem Parkplatz weichen. Das abgerissene Haus hätte das Lebensumfeld von einfachen Bürgern dokumentieren können und wäre damit ein lebensnaher Kontrast zu den bereits seit langer Zeit unter Schutz stehenden repräsentativen Fachwerkhäusern der Fabrikanten an der „Eich" gewesen.

Abteilung Wuppertal

Ende 2017 bemühte sich die Abteilung Wuppertal um den Erhalt des Baudenkmals „Kalktrichteröfen Eskesberg". Es ging vor allem darum, den Abriss einer Rampe zu verhindern, die als historischer Zugang seit der Erbauung des Ofens besteht. Anstelle der Rampe sollte zur Erschließung des Ofenkopfes eine Spindeltreppe gebaut werden, was natürlich auch einen erheblichen Eingriff in die Denkmalsubstanz bedeutet hätte. Bei einem Ortstermin Mitte Oktober 2017 wurde von den für den Kalkofen zuständigen Vertretern der Stadt Wuppertal festgestellt, dass man sich „in jedem Fall bemühen wolle, die Situation zu erhalten und zu verbessern", weil der Kalktrichterofen als letztes gut erhaltenes Exemplar seiner Art (erbaut 1850) die Anfänge der individuellen Kalkerzeugung der Stadt Wuppertal darstellt. Seit diesem Ortstermin ist aber so gut wie nichts mehr passiert. Wohl gibt es gelegentlich noch Führungen durch das einsturzgefährdete Denkmal, aber ansonsten ist es weiterhin unbeachtet dem Verfall preisgegeben. Die Abteilung Wuppertal wird sich deshalb weiterhin um das Denkmal Kalktrichterofen Eskesberg bemühen.

---

10 Vgl. z.B. Helmut GRAU, Jürgen LOHBECK, Sven POLKLÄSER, Die Krupp'sche Nachtscheinanlage in Velbert, Velbert 2017.

11 Der Text basiert auf einer Pressemitteilung für die Veranstaltung (Neanderland Museumsnacht/27.09.2019) der Arbeitsgruppe Velbert ehrenamtlicher Mitarbeiter im LVR-Amt für Bodendenkmalpflege im Rheinland.

C. Berichte der Abteilungen für die Jahre 2017 und 2018

Die Publikationen der Abteilungen werden seit dem Jahr 2017 in der Zeitschrift „Romerike Berge" jeweils im ersten Heft eines Jahrgangs genannt.

Abteilung Burscheid

Erste Vorsitzende	Dr. Anne Marie Frese
Zweiter Vorsitzender	Rolf Engelhardt, Dipl. Ing.
Schriftführerin	Ilse-Marie Handschuh
Kassierer/-in	Kurt Heider (bis 2018); Brigitte Thielen (seit 2018)
Mitgliederzahl	2017: 77, 2018: 71

Abteilung Erkrath

Erster Vorsitzender	Dr. Hans-Joachim Dietz
Zweiter Vorsitzender	Dr. Gerd-Michael Petruck
Schriftführerin	Erika Stubenhöfer
Schatzmeister	Manfred Jansen
Beisitzer	Dr. Roland Koschmieder, Horst Osmann
Ehrenvorsitzender	Manfred Schürmann
Mitgliederzahl	2017: 65, 2018: 68

Abteilung Haan

Erster Vorsitzender	Lothar Schäfer, Studiendirektor i.R. (ab 11.3.2015), Amtsverzicht wegen schwerer Erkrankung mit Wirkung zum 31.05.2017, verstorben am 19.07.2017; Paul Zimmermann, Malermeister (ab 31.05. 2017)
Zweiter Vorsitzender	Dr. Reinhard Koll, Oberstudienrat i.R., verstorben am 13.01.2017; Wolfgang Hentschel (ab 15.03.2017)
Erste Schriftführerin	Ursula Eicker, Gymnasiallehrerin i.R.
Zweiter Schriftführer	Erhard Horstmann, Oberstudienrat i.R. (bis 15.03.2017)
Erster Schatzmeister:	Karl-Heinz Selbach, Rechtsanwalt (ab 15.03.2017)
Zweite Schatzmeisterin	Ulrike Zimmermann, Steuerfachgehilfin (bis 15.03. 2017)
Beirat:	Erhard Horstmann (bis 15.03.2017), Axel Meyer, Ursula Russek
Mitgliederzahl	2017: 109, 2018: 106

Studienfahrten und Exkursionen:

01.01.2017	Halbtagesfahrt nach Bonn – Thema: Der Rhein. Eine europäische Flussbiographie

29.04.2017	Ganztagesfahrt zu den Externsteinen und zur Wewelsburg
07.10.2017	Ganztagesfahrt zur Fürst- und Reichsabtei Thorn an der Limburger Itter
08.12.2017	Halbtagesfahrt nach Köln (St. Gereon und Weihnachtsmarkt)
24.2.2018	Halbtagesfahrt nach Köln. Besichtigung der Ausgrabungen unter dem Dom
19.5.2018	Ganztagesfahrt ins Freilichtmuseum Kommern
15.09.2018	Ganztagesfahrt nach Düsseldorf. Wanderung auf den Spuren Heinrich Heines
17.11.2018	Halbtagesfahrt nach Solingen. Besichtigung des deutschen Klingenmuseums

Abteilung Hückeswagen

Erste Vorsitzende	Iris Kausemann
Zweiter Vorsitzender	Hans Gerd Langguth (bis 2018), Fritz Maschureit (seit 2018)
Schriftführerin	Anita Belenguer
Erste Schatzmeisterin	Steffi Wolter
Zweite Schatzmeisterin	Anita Belenguer
Beirat	Ingo Davin, Hans Scheid (bis 2018)
Mitgliederzahl	2017: 127, 2018: 124

Studienfahrten und Exkursionen:

9.7.2017	Tagesfahrt Köln-Melaten, Schloss Paffendorf, Altkaster
23.9.2017	Tagesfahrt Polizeipräsidium Wuppertal und Alte Synagoge
14.10.2017	Tagesfahrt Römermuseum Haus Bürgel und Zons
10.3.2018	Tagesfahrt Köln und Wuppertal
23.–24.6.2018	Zweitagesfahrt nach Würzburg
7.7.2018	Tagesfahrt Osnabrück und Kalkriese
22.9.2018	Tagesfahrt ins Ruhrgebiet
13.10.2018	Ausflug ins Freilichtmuseum Lindlar

Abteilung Niederwupper

Erster Vorsitzender	Reinhold Braun
Zweiter Vorsitzender	Hans-Josef Rupprecht, Dr. Günter Junkers (bis 20.3.2018), Dr. Ellen Lorentz (ab 20.3.2018)
Erste Schriftführerin	Dr. Ellen Lorentz (21.3.2017–20.3.2018), Manuel de Montigny (ab 20.3.2018)
Zweite Schriftführerin	Dr. Ellen Lorentz (bis 21.3.2017), Klaus-Dieter Hartmann (21.3.2017–20.3.2018), Klaus Peters (ab 20.3.2018)
Erster Schatzmeister	Simon Krämer (bis 21.3.2017), Dr. Günter Junkers (21.3.2017–20.3.2018), Klaus Nadolski (ab 20.3.2018)

Zweiter Schatzmeister	Klaus Nadolski (21.3.2017–20.3.2018), Dr. Günter Junkers (ab 20.3.2018)
Beirat:	Christine Blasberg, Hans-Peter Büttgenbach (bis 21.3.2017), Markus Danner (ab 20.3.2018), Eduard Fuchs, Klaus-Dieter Hartmann (bis 21.3.2017), Jörg Hermann (ab 21.3.2017), Gabriele John, Rolf Müller, Klaus Nadolski (bis 21.3.2017), Rainer Nau (ab 20.3.2018), Gabriele Pelzer, Klaus Peters (bis 20.3.2018), Friedrich Prinz
Mitgliederzahl	2017: 241, 2018: 248

Studienfahrten und Exkursionen:

1.7.2017	Eisenbahn und Straßenbahn: Voraussetzung für die Leverkusener Industrialisierung (Exkursion mit Dr. Ellen Lorentz)
9.6.2017	Besuch der Monheimer Altstadt und Rheinüberquerung mit der Piwipper Fähre mit Klaus Peters und Dr. Heiner Müller-Krumbhaar
2.12.2017	Besuch der evangelischen Kirche „Der Alte vom Berge" in Leichlingen-Witzhelden mit Führung und Orgelspiel, anschließend Kaffeetrinken im Café Strieker
27.1.2018	Wohnen in den Bayer-Beamten-Kolonien (Exkursion mit Dr. Ellen Lorentz)
14.4.2018	Werksbeamtenhäuser und Vorstandsvillen der Leverkusener Schickeria um 1900 (Exkursion mit Dr. Ellen Lorentz)
29.6.2018	Opladen als ehemalige Kreisstadt (Exkursion mit Gregor Schier)
17.11.2018	Der Traum von einem Stadtbild – Wilhelm Fähler und die moderne Architektur in Leverkusen (Exkursion mit Markus Danner)
14.12.2018	Advents-Tagestour: Kevelaer und Weihnachtsmarkt Schloss Moyland

Ausstellungen:

21.5.–13.8.2017	Familiengeschichte(n) erforschen in Leverkusen und der ganzen Welt

Oberbergische Abteilung

Erster Vorsitzender	Markus Dräger, Industriekaufmann
Zweiter Vorsitzender	Gerhard Pomykaj, Kreis- und Stadtarchivar (bis 2018), Dr. Uwe Bathe, Kunsthistoriker (seit 2018)
Erster Schriftführer	Harald Meißner, Wirtschaftsanalyse i.R.
Zweiter Schriftführer	Hans Gerd Menne, Techniker, Leiter Patente und Lizenzen i.R.
Schatzmeister	Volker Lang, Bankkaufmann
Beisitzer	Dieter Forst, Ingenieur i.R.
Ehrenvorsitzender	Dr. Alexander Rothkopf, Facharzt i.R.
Beirat	Dr. Uwe Bathe (bis 2018), Dr. Axel Bayer (seit 2018), Hermann Dauert (bis 2018), Jutta Funke-Heuser (seit 2018), Dirk Johanns, Elisabeth Klinkert, Kuno Will

Mitgliederzahl 2017: 360, 2018: 349

Studienfahrten und Exkursionen:

05.05.2017	Besuch der Ausstellung „200 Jahre Kreis Olpe“ in Attendorn
12.05.2017	Besichtigung der „Bunten Kerke“ in Marienberghausen
19.05.2017	Führung durch das Museum für Schreibkultur in Wiehl
10.06.2017	Dorfrundgang in Bellingroth u. Besichtigung der Fabrikantenvilla Haus Jaeger
23.06.2017	800 Jahre Wipperfürth – Stadtrundgang und Besuch der Ausstellung historischer Aufnahmen des Fotografen Th. Meuwsen
15.07.2017	„Zwischen den Konfessionen“ – religionsgeschichtlicher Ortsrundgang in Ruppichteroth
29.7.2017	Tagesfahrt nach Ostwestfalen (Luther-Ausstellung im ehem. Kloster Dalheim, Besichtigung der Wewelsburg, Führungen im ehem. Kloster Böddeken und in der Jesuitenkirche in Büren)
7.–8.10.2017	2-Tagesfahrt nach Rheda-Wiedenbrück (Stadt- und Schlossführungen in Rheda und Wiedenbrück, Besichtigung der Klöster Marienfeld, Clarholz und Herzebrock) in Zusammenarbeit mit den Heimatvereinen Rheda und Herzebrock und dem Freundeskreis der Propstei Clarholz
15.3.2018	Besichtigung der Leuchtenfabrik Lenneper in Gummersbach
25.–27.5.2018	Dreitagesfahrt „Auf historischen Spuren der Reformation“ nach Eisenach, Wittenberg und Leipzig in Zusammenarbeit mit der ReiseMission Leipzig
8.6.2018	Historischer Rundgang durch die Schloss-Stadt Hückeswagen in Zusammenarbeit mit dem Heimatmuseum Hückeswagen
30.6.2018	Stammtisch in den „Grenzorten“ Osberghausen und Bingenhof in Zusammenarbeit mit dem Heimatverein Osberghausen
21.7.2018	Historischer Ortsrundgang in Much mit den Historiker Hartmut Benz
28.7.2018	Tagesfahrt nach Münster zur Erinnerung an den Westfälischen Frieden 1648 (u.a. Besuch der Ausstellung „Frieden. Von der Antike bis heute“)
4.8.2018	Historischer Rundgang in Morkepütz
18.8.2018	Besichtigung der Altstadt von Attendorn und der Burg Schnellenberg in Zusammenarbeit mit dem Verein für Orts- und Heimatkunde Attendorn und dem Südsauerlandmuseum
1.–2.9.2018	Zweitagesfahrt nach Spa zum Gedenken an das Ende des Ersten Weltkriegs
7.9.2018	Besichtigung der Baugruppe „Am Mühlenberg“ im Freilichtmuseum Lindlar
20.10.2018	Besichtigung von Schloss Auel bei Lohmar
26.10.2018	Exkursion zum Kölner Dom mit Besichtigung von Dach und Ausgrabungen

Abteilung Overath

Erste Vorsitzende	Ulla Gote
Zweiter Vorsitzender	Manfred Weber
Schriftführer	Carl D. Hast
Schatzmeisterin	Ilse Brenner
Beisitzer	Karl Schiffbauer, Walter Schneider (bis 2017), Roderich Schusters, Dr. Hartwig Soicke
Ehrenvorsitzender	Franz Gabriel
Mitgliederzahl	2017: 197, 2018: 194

Studienfahrten und Exkursionen:

18.1.2017	Der Rhein – eine europäische Flussbiographie Bundeskunsthalle Bonn
12.4.2017	Burg Eltz ein Stein gewordenes Märchen
17.5.2017	Kulturstadt Herford und Museum Marta
20.9.2017	Filmmuseum Düsseldorf
26.10.2017	Bonn – Villa Hammerschmidt und Kanzlerbungalow
10.1.2018	Der Konzern der weißen Mönche – Besuch bei den Zisterziensern, LVR Landesmuseum Bonn
12.4.2018	Bonn – Villa Hammerschmidt und Kanzlerbungalow
11.–15.6.2017	Leben unter dem Schutz des Kaisers – Baden Württemberg
14.8.2018	Köln – Zarte Püppchen, raue Kerls
18.9.2018	Bad Berleburg – Einblick in vergangene Zeiten
25.10.2018	„Achse Rad und Wagen“ und Empfang im Schloss Nümbrecht

Abteilung Radevormwald

Erster Vorsitzender	Hans Golombek, Referatsleiter im internat. Hochschulaustausch i.R.
Zweiter Vorsitzender	Bernhard Priggel, Förster
Erster Schriftführer	Dietmar Wendel, Kaufmann
Zweiter Schriftführer	Engelbert Frielingsdorf, Steuerberater
Schatzmeister	Gabriele Haldenwang; ab 2018: Gudrun Hagemann-Henseler, Erzieherin, Kindergartenleiterin
Beisitzer	Ulrich Haldenwang, Wolfgang Motte
Ehrenvorsitzende	Armin Maurer, Schulleiter i.R., Wolfgang Motte, Pfarrer i.R.
Mitgliederzahl	2017: 77, 2018: 83

Studienfahrten und Exkursionen:

9.7.2017	Tagesfahrt mit BGV Hückeswagen nach Köln-Melatenfriedhof, Kaster, Braunkohlentagebau
23.9.2017	Tagesfahrt mit BGV Hückeswagen nach Wuppertal – Polizeipräsidium/Alte Synagoge

24.10.2017	Tagesfahrt mit BGV Hückeswagen nach Monheim (Haus Bürgel) und Zons
10.3.2018	Römisches Köln / Bier und Bibel in Wuppertal
23./24.6 2018	Höhepunkte des deutschen Barock und Rokoko in Würzburg und Veitshöchheim
7.7.2018	Osnabrück: Rathaus – Kalkriese: Museum der Varussschlacht
15.9.2018	Route der Industriekultur im Ruhrgebiet: Zeche Zollern Dortmund – Schiffshebewerk Henrichenburg – Nordsternpark Gelsenkirchen

Abteilung Rechtsrheinisches Köln

Erster Vorsitzender	Henning Schützendorf
Zweiter Vorsitzender	Ulrich Meyer
Schriftführerin	Ursula Schüller-Wewel
Schatzmeister	Heribert Schüller
Mitgliederzahl	2017: 321, 2018: 288

Studienfahrten und Exkursionen:

23.09.2017	Ortsführung durch Köln-Stammheim
14.10.2017	Führung durch das Hochwasserschutzbecken (Retentionsraum) Langeler Bogen
18.11.2017	Führung durch die Kirche und das Gemeindezentrum der Russisch-Orthodoxen Kirchengemeinde Hl. Panteleimon, Köln-Porz-Westhoven
03.06.2018	Führung über den Alten Jüdischen Friedhof Köln-Deutz
09.06.2018	Gang „Rund um das alte Schloss“ in Bensberg zusammen mit der Abteilung Rhein-Berg und anschließender Bergischer Kaffeetafel
22.09.2018	Besichtigung der Sünner-Brauerei in Köln-Kalk mit anschließender Verkostung

Abteilung Remscheid

Erster Vorsitzender	Alfons Ackermann, Beamter a.D.
Zweite Vorsitzende	Claudia Holtschneider, Archäologin/Historikerin
Erster Schriftführer	Hans Schmidt, Rentner
Zweiter Schriftführer	Johannes Kessler, Historiker
Erster Schatzmeister	Kai Bieker, Diplomökonom
Zweiter Schatzmeister	Jürgen Brüninghaus, Bibliothekar a.D
Beirat	Dr. Urs Diederichs, Jörg Holtschneider, Thomas Halbach, Stephanie Licciardi (seit 2018), Viola Meike (seit 2018)
Mitgliederzahl	2017: 316, 2018: 300

Studienfahrten und Exkursionen:

4.9.2017	Besuch der Firma Vaillant, Remscheid. Führung durch die Produktion

Abteilung Rhein-Berg

Erster Vorsitzender	Prof. Dr. Michael Werling
Zweiter Vorsitzender	Peter Lückerath, Dipl.-Ing
Erster Schriftführer	Uwe Schwarz, Dipl.-Geogr., Eva Michels-Schwarz, Dipl.-Geogr.
Zweiter Schriftführer	PD Dr. Ferdinand Peter Moog
Schatzmeister	Johannes-Josef Nießen (bis 2018), Michael Müller, Dipl.-Kaufm. (seit 2018)
Beirat	Wolfgang Aretz, Albert Böcker, Rainer Brandenburg, Heribert Cramer, Manfred Dasbach, Dr. Albert Eßer, Udo Harler, Helmut Höher, Thomas Klostermann, Hans Mittler, Herbert Ommer, Dr. Lothar Speer, Roswitha Wirtz
Ehrenvorsitzender	Max Morsches (seit März 2017)
Mitgliederzahl	2017: 505, 2018: 501

Studienfahrten/Exkursionen:

20.5.2017	Exkursion nach Paderborn
10.6.2017	Beueler Museumsinsel mit Vortrag von M. Spata zur Sonderausstellung „200 Jahre historische Karten der Landesaufnahme“
3.–9.7.2017	Freudenstadt – Schwarzwald und Umgebung
5.5.2018	Halbtages-Exkursion zur Erdbebenstation Bensberg
2.–8.7.2018	Regensburg und Umgebung
20.10.2018	Tagestour zum Lahn-Marmor-Museum

Ausstellungen:

1.3.2017	Kaiser, Sonnenkönig und Türken — die Treppenhäuser von Schloss Bensberg (GeschichteLokal)
26. 7.2017	Umnutzung der Kirche St. Engelbert in Bergisch Gladbach Rommerscheidt (GeschichteLokal)
1.10.2017	Historische Fotos vom Bensberger Schloss (GeschichteLokal)
1.6.2018	Der Jugendstilpavillon der Firma Köttgen
1.12.2018	Fachwerkhäuser entlang der Hauptstraße von Bergisch Gladbach

Abteilung Solingen

Erste Vorsitzende	Dr. Beate Battenfeld, Historikerin und Archivarin
Zweiter Vorsitzender	Ralf Rogge, Stadtarchivleiter
Erster Schriftführer	Dr. Horst Sassin, Gymnasiallehrer
Zweiter Schriftführer	Lutz Peters, Journalist (bis Ende 2017)
Erster Schatzmeister	Stefan Schmidt, Bankkaufmann
Zweiter Schatzmeister	Karl-Wilhelm vom Grafen, Kommunalbeamter i.R.
Beisitzer	Alexandra Clauberg, Michael Kiekenap, Jutta Schreiber-Lenz
Mitgliederzahl	2017: 432, 2018: 407

Studienfahrten/Exkursionen:

19.7.2017	Neanderthal-Museum, Mettmann
1.8.2017	Haus der Geschichte, Depot, Post Tower, Bonn
23.8.2017	LVR-Landesmuseum, Bonn, Altenberg
19.10.2018	Kloster Dahlheim, Lichtenau
11.4.2018	Maarmuseum Manderscheid und Andernach
16.5.2018	Flughafen Köln-Bonn
19.6.2018	Schloss Amerongen und Haus Doorn
25.7.2018	Schloss Paffendorf und Garzweiler
14.8.2018	Neuss

Abteilung Velbert

Erste Vorsitzende	Dr. Jutta Scheidsteger
Zweiter Vorsitzender	Dr. Ulrich Morgenroth
Erster Schriftführer	Christoph Schotten
Zweiter Schriftführer	Günter Grajetzky
Schatzmeister	Udo Neblung
Ehrenvorsitzende	Gerhard Haun, Werner Fischer-Feldsee
Beisitzer	Gisela Börnke, Ulrich Braun, Jürgen Lohbeck, H.-J. Luenenschloß, Harald Möller, Klaus Saeger, Marin Sanner, Herbert Schmidt, Henri Schmidt, Michael Reinhardt, Norbert Stevens, Hartmut Wahl.
Mitgliederzahlen	2017: 241, 2018: 245

Ausstellungen:

2017	Gießereiwesen in Velbert, Deutsches Schloss- und Beschlägemuseum Velbert
2018	Luftkrieg in Velbert, Langenberg und Neviges 1935–1945, Deutsches Schloss- und Beschlägemuseum Velbert

Abteilung Wermelskirchen[12]

Erster Vorsitzender	Volker Ernst, Diplominformatiker
Zweiter Vorsitzender	Burkhard Stock, Unternehmer
Schriftführer/in	Gerd Werner Gries, Pastor i.R. (bis 12.09.2016), Margret Wischow, Lehrerin i.R. (seit 12.9.2016)
Schatzmeister	Burkhard Stock, Unternehmer

12 Aufgrund eines Redaktionsfehler wurde der Jahresbericht 2016 der Abteilung Wermelskirchen in den Band 104 der ZBGV nicht mit aufgenommen. Im Folgenden werden daher für Wermelskirchen die Daten für die Jahre 2016, 2017 und 2018 aufgeführt.

Beirat	Petra Ammon (bis 2017), Reinhardt Baade (bis 2017), Michaela Böllstorf (seit 2018), Ulrich Broichhaus, Hans Arno Engels, Gerd Werner Gries (ab 2016), Axel Heumann (ab 2018)
Mitgliederzahl	2016: 112, 2017: 111, 2018: 117

Studienfahrten und Exkursionen:

19.03.2016	Führung über die Hohlwege der mittelalterlichen Handelsstraße im Raum der Remscheider Talsperre (Leitung: Volker Ernst)
16.04.2016	Rüdiger Winterhager, BGH-Edelstahlwerke, Freital und Siegen: Führung durch das Stahlwerk Boschgotthardshütte Siegen-Weidenau (Leitung: Rüdiger Winterhager)
17.09.2016	Besichtigung mit Führung im LVR-Industriemuseum, Kraftwerk Ermen & Engels in Engelskirchen (Leitung: Hans-Arno Engels)
15.10.2016	Führung durch Wuppertal-Ronsdorf mit Besichtigung des Bandwirkermuseums (Leitung: Klaus-Günther Conrads)
18.3.2017	Führung durch die Landschaft im Raum Bergstadt. Auf Spurensuche nach Zeugnissen der Kriegszeit (Leitung: Reinhardt Baade)
3.2.2018	Feilenfabrik Ehlis in Schlepenpohl (Leitung: Klaus R. Schmidt).
14.4.2018	Sachkundige Führung durch das Schloss Benrath
12.5.2018	Historische Fahrradtour zusammen mit dem ADFC durch das Tal der Wupper bis Leichlingen und zurück über die Balkantrasse
6.10.2018	Beyenburg auf Tuchfühlung. Führung durch Beyenburg (Leitung: Jürgen Rottmann und Heinz-Werner Putzke)

Abteilung Wuppertal

Erster Vorsitzender	Prof. Dr. Jochen Johrendt
Zweite Vorsitzende	Dr. Folke Obermark-Stiller
Schriftführer	Heike Schnickmann (bis März 2018), Maximilian Berkel (ab März 2018)
Schatzmeister	Axel Jütz
Beirat	Maximilian Berkel, Dr. Lars Bluma (ab 2018), Dr. Uwe Eckardt, Prof. Dr. Wolfgang Heinrichs, Dr. Sigrid Lekebusch, Cordula Nötzelmann, Michael Okroy, Reiner Rhefus, Susanne Roberts, Jürgen Rottmann (bis 2017), Jörg Scheidt, Dr. Martin Szameitat
Mitgliederzahl	2017: 766, 2018: 758

Studienfahrten und Exkursionen:

26.1.2017	„Jenseits des Krieges" – Kunstschätze aus Vietnam. Ausstellung in Herne
18.3.2017	Bahnhof Vohwinkel
28.4.2017	Stadtwanderung über die Königshöhe

10.5.2017	„Der geteilte Himmel“ Ausstellung – Zeche Zollverein zur Reformation im Ruhrgebiet
22.6.2017	Ausstellungen: „Luther. 1917 bis heute“ im Kloster Dalheim und „Wunder Roms“ in Paderborn
22.7.2017	Auf den Spuren der Kohle – Wanderung in Sprockhövel – Wiederholung
23.–26.8.2017	Ausstellung „Papstgeschichten“ in Mannheim mit Besuch in Mainz, Ladenburg, Heidelberg und Fulda
26.10.2017	Venlo – Grenzstadt zwischen Maas und Rhein
15.11.2017	„Konzern der weißen Mönche“– Ausstellung in Bonn zu den Zisterziensern und Besuch Kloster Heisterbach
2.12.2017	Ausstellung im HZ – Technische Paradiese – Die Zukunft in der Karikatur des 19. Jahrhunderts
17.2.2018	Kirchenbesichtigung in Dönberg – St. Maria Hilf und Ev. Kirche
24.3.2018	„Grüne Meile Lüntenbeck“ Rundgang: Haus – Hof – Lüntenbecker Wald
13.4.2018	Eröffnungsveranstaltung zur Ausstellung „Vergessene Schätze – Die Sammlung des Bergischen Geschichtsvereins“
22./25.4.2018	Ausstellung „Vergessene Schätze – Die Sammlung des Bergischen Geschichtsvereins“
26.4.2018	Fahrt ins Westmünsterland – Gescher, Gemen, Raesfeld
13.5.2018	Internationaler Museumstag im Historischen Zentrum Wuppertal Führungen durch die Ausstellung „Vergessene Schätze“ und Vortrag von PD Dr. Georg Eckert
2.6.2018	„Hagener Impuls“ – Wandel durch Kultur – Kultur durch Wandel
16.–20.7.2018	„Katastrophen, Parks und Backsteinbauten.“ Hamburgs Weg in die großstädtische Moderne.
22.8.2018	„Wie im Himmel so auf Erden?“ Friedensausstellung in Münster
9.9.2018	Tag des offenen Denkmals: Fremde Impulse – Baudenkmäler im Bergischen Land
13.9.2018	Zwischen Bürgergeist und katholischer Universität – die Spätgotik in Leuven
5.10.2018	„Der Paderborner Dom und die Baukultur des 13. Jahrhunderts“ Ausstellung und Stadtrundgang zur Gotik.

D. Vorträge in den Abteilungen 2017 und 2018

16.1.2017	Andreas Pumpa, Die Orgel der evangelischen Stadtkirche in Wermelskirchen (Abt. Wermelskirchen)
20.1.2017	Axel Riemscheid: Menschen, Mauern und Mythen im alten Ägypten (Abt. Burscheid)
25.1.2017	Klaus Dieter Hartmann: Oscar Erbslöh – Ballonfahrer und Luftschiffkonstrukteur (Abt. Niederwupper)
27.1.2017	Bernd Klüting: Historische Kirchen in Radevormwald (Teil 2) (Abt. Radevormwald)
3.2.2017	Miriam Blümel: Hexen – Ein Phänomen von Aberglaube und Abwehr (Abt. Rhein-Berg)
8.2.2017	Volkmar Wittmütz: Reformation und Konfession in den niederbergischen Gemeinden 1555 – 1610 (Abt. Haan)
13.2.2017	Volkmar Wittmütz: Reformation und Konfessionsbildung im Herzogtum Berg (Abt. Wermelskirchen)
15.2.2017	Peter Joerißen: „mein süßes Tinchen“ Kriegsalltag in Bergisch-Gladbach 1914–1918 (Abt. Overath)
16.2.2017	Axel Kolodziej: Wilhelm V. von Jülich-Kleve-Berg. Kriege, Konfessionen und Krisen in der Zeit des reichen Herzogs (Abt. Burscheid)
17.2.2017	Ursula Wenzel: Sankt Georg, romanische Kirche in Köln (Abt. Rhein-Berg)
20.2.2017	Maja Kützemeier: Der Weg in die Autogesellschaft. Entwicklung des Verkehrs im Bergischen (Abt. Remscheid)
2.3.2017	Stefan Knecht: Bensberg – Historie u. Moderne (Abt. Rhein-Berg)
3.3.2017	Wolfgang Motte: Landesherr – Amtmann – Magistrat. Kirchengemeinde Radevormwald im 17. und 18. Jahrhundert (Mitgliederversammlung) (Abt. Radevormwald)
4.3.2017	Carl D. Hast: Menschen im Dorf – Menschen im Kirchspiel Overath zwischen 1620 und 1820 (Abt. Overath)
13.3.2017	Reinhardt Baade: Luftkriegsspuren im Raum Bergstadt Ereignisse der Jahre 1944 und 1945 (Abt. Wermelskirchen)
14.3.2017	Horst A. Wessel; Eau de Düsseldorf und Kölscher Mostert (Abt. Remscheid)
16.3.2017	Max Morsches: Notgeld in Burscheid im Jahre 1923 (Abt. Burscheid)
17.3.2017	Karl-Heinz Bareiß: Lucas Cranach der Jüngere und die Elbe von Wittenberg bis Zerbst (Abt. Rhein-Berg)
28.3.2017	Karlheinz Meermagen: Anwalt des Rechts in stürmischer Zeit. Die politische Dichtung des Walthers von der Vogelweide (Abt. Remscheid)
5.4.2017	Erhard Horstmann: Die Externsteine als 2000-jährige Kultstätte (Abt. Haan)

6.4.2017	Michael Werling: Bensberg, Deutscher Platz (Abt. Rhein-Berg)
10.4.2017	Volker Ernst: Historischer Nachlass Dr. Günther Schumacher (Abt. Wermelskirchen)
18.4.2017	Dieter Scheler: Marienheide 1417 (Oberbergische Abt.)
25.4.2017	Hämmer – Teiche – Kotten. Das Remscheider Hammertal, Wiege der Industrie (Abt. Remscheid)
25.4.2017	Ingo Henckels: Franz Wilhelm Oligschläger (1809–1877) – Naturwissenschaftler, Historiker, Auswanderer von 1852–1868 (Abt. Niederwupper)
27.4.2017	M. Schikowski: Lesung über die Russische Revolution 1917 (Oberbergische Abt.)
28.4.2017	Martin Ohst: Warum feiern wir Luther? (Abt. Radevormwald)
4.5.2017	Peter Lückerath: Der Tod des Waldaufsehers Peter Lindlar, ein Kriminalfall von 1889 neu betrachtet (Abt. Rhein-Berg)
9.5.2017	Sabine Lepsky, Manuel Hoffmann: Die Zisterzienserabei Altenberg. Ergebnisse aus vier Jahren Archäologie und Bauforschung (Abt. Remscheid)
10.5.2017	Uwe Eckardt: Erdbeben im bergischen Land und in seinen Nachbargebieten (Abt. Haan)
11.5.2017	Reinhold Braun: Evangelische und katholische Jugend in Opladen 1900 bis 1960 (Abt. Niederwupper)
13.5.2017	Marcus Dräger: „Ein Kaiser rauscht durch Marienheide" – Zum Besuch von Wilhelm II. im Ber-gischen Land 1913 (Oberbergische Abt.)
19.5.2017	Gerd Helbeck: Das ungewöhnliche Leben der Beyenburger Pfandherrin Anna von Kleve (1495–1587) (Abt. Radevormwald)
19.5.2017	Josef Heinrich: Der Rheinisch-Bergischer Kreis – Geschichte und Kultur (Abt. Rhein-Berg)
23.5.2017	Gisela Schmoekel: Schiefer-Kunsthandwerk an unseren Häusern. Geschichte und Ornamentik im Bergischen Land (Abt. Remscheid)
1.6.2017	Thomas Klostermann: Der Park von Haus Lerbach – Historie und Perspektiven (Abt. Rhein-Berg)
13.6.2017	Peter Lückerath: Familiengeschichtliche Quellen zu Auswanderern in die Vereinigten Staaten (Abt. Niederwupper)
14. 6.2017	Horst A. Wessel: Kölscher Mostert und Eau de Düsseldorf (Abt. Haan)
16.6.2017	Max Morsches: Die Entstehung von Familiennamen im Bergischen Land (Abt. Rhein-Berg)
20.6.2017	Rolf Dieter Müller: Die „Elektrische Kleinbahn Schlebusch" (1903–1922) – Ein Beitrag zur Schlebuscher und Manforter Eisenbahn- und Industriegeschichte (Abt. Niederwupper)
27.6.2017	Heinrich Vogel: Erster Bunter Nachmittag vor 66 Jahren. Aus dem Tonarchiv von Heinrich Vogel (Abt. Remscheid)
6.7.2017	Max Morsches: Entstehung von Familiennamen im Bergischen Land (Abt. Rhein-Berg)

18.7.2017	Wolfgang Aretz: Heinrich von Zuccalmaglio (Abt. Niederwupper)
9.8.2017	Gesprächsrunde zum Thema: „50 Jahre Städtepartnerschaft Haan-EU“. Auf dem Podium: Fritz Köhler, Wilfried Pohler, Karl-Heinz Selbach (Abt. Haan)
13.8.2017	Holger Fingerhut, Günter Junkers: Herkunft der Familie Römer von der Schöllersheide im Kreis Mettmann (Abt. Niederwupper)
23.8.2017	Gabriele John: Vincenz Deycks und Georg Freiherr von Hauer. 4. Ruhlach-Treffen (Abt. Niederwupper)
7.9.2017	Lothar Speer: Kölner Kirchplätze St. Pantaleon und St. Gereon im Wandel der Zeit (Abt. Rhein-Berg)
8.9.2017	Rebecca Tehrani: Die Wandmalereien der Ev. Kreuzkirche in Wiedenest (Oberbergische Abt.)
13.9.2017	Paul Zimmermann: 150 Jahr Bahnlinie Köln-Elberfeld (Abt. Haan)
15.9.2017	Michael Werling: Der Denkmalpflegeplan für die Stadtmitte Bergisch Gladbach (Abt. Rhein-Berg)
19.9.2017	Stefan Ehrenpreis: Die Reformation im Bergischen Land (Abt. Niederwupper)
26.9.2017	Johannes Kessler: Bergischer Geschichte auf der Spur (Abt. Remscheid)
5.10.2017	Helmut Höher: Geschichte von Kippekausen (Abt. Rhein-Berg)
9.10.2017	Bernd Weiß: Bürgermeister Grell in Wermelskirchen (Abt. Wermelskirchen)
10.10.2017	Johannes Kessler: Der Remscheider Hans Bertram. Flugpionier – Schriftsteller – Filmregisseur (Abt. Remscheid)
10.10.2017	Hans Schnitzler: 500 Jahre Reformation in Langenfeld und Monheim (Abt. Niederwupper)
11.10.2017	Volkmar Wittmütz: Die Evangelische Kirche im NS-Staat – Kirchenkampf im Dritten Reich (Abt. Haan)
12.10.2017	Ellen Lorentz, Detlef Prößdorf, Elisabeth Hüllstrung Reinhold Braun, Günter Junkers: Erzählt Geschichte! Geschichtswerkstatt: Leben in der Bayer Beamtensiedlung und Siedlung Eigenheim (Abt. Niederwupper)
13.10.2017	Klaus Vorwald: Die Römer und das Bergische Land. Bericht über das Projekt zum Niedergermanischen Limes (Abt. Radevormwald)
19.10.2017	Jürgen Raupach: Der Balkan-Express, Teil III (Abt. Burscheid)
20.10.2017	Hans Mittler: Zur Geschichte des Gladbacher Schlachthofs in Gronau (Abt. Rhein-Berg)
24.10.2017	Dietrich Pernice: Das Berliner Stadtschloss. Vortrag mit Bildern über den Stand des Aufbaus (Abt. Remscheid)
28.10.2017	Gerhard Pomykaj: Wie die Reformation nach Gummersbach kam (Oberbergische Abt.)
29.10.2017	Alexander Rothkopf: Wie die Reformation Jubiläen schafft (Oberbergische Abt.)

8.11.2017	Patrick Jung, Christian Meyer, Birgit Marclay: Neue Forschungen und Erkenntnisse zum „Haaner Schädel“ (Abt. Haan)
13.11.2017	Achim Stillger: Die Müngstener Brücke. Planung und Bau der höchsten Eisenbahnbrücke Deutschlands (Abt. Wermelskirchen)
15.11.2017	Klaus Dieter Hartmann: Oscar Erbslöh – Ballonfahrer und Luftschiffkonstrukteur (Abt. Niederwupper
16.11.2017	Georg Mölich: Das Rheinland im preußischen Jahrhundert (1815–1914) ein bilanzierender Überblick (Abt. Overath)
17.11.2017	Otto Cords: 30 Jahre Wupper-Talsperre. Wie es einmal war – Der Bau – Die Talsperre heute (Abt. Radevormwald)
17.11.2017	Ferdinand Peter Moog: Carolus Rex – Aus dem Leben eines Kriegerkönigs (Abt. Rhein-Berg)
21.11.2017	Christine Blasberg, Reinhold Braun: Chez Berthe – Leben und Wirken von Bertha Middelhauve (1893–1988) (Abt. Niederwupper)
28.11.2017	Urs Diederichs: Einblicke und Ausblicke. Zur Geschichte der Fotografie in Remscheid in der ersten Hälfte des 20. Jahrhunderts (Abt. Remscheid)
7.12.2017	Manfred Dasbach: Halfendombach (Abt. Rhein-Berg)
15.12.2017	Kolloquium Aktuelle Forschungen zur Rheinischen und Bergischen Geschichte (Abt. Rhein-Berg
19.12.2017	Alfons Ackermann: Besinnliche Stunde im Advent / Jahresausklang (Abt. Remscheid)
	Friedhelm Groth: Der Iserlohner Pfarrerssohn Gerhard Friedrich Abraham Strauß (1786–1863) und sein Weg zum preußischen Hof- und Domprediger und Professor für Praktische Theologie in Berlin (Abt. Wuppertal)
	Jörg Scheidt: Kirchen, Knochen, Gräberfelder – das Frühmittelalter im Wuppertaler Raum (Abt. Wuppertal)
	Dr. Mustapha Diallo: Vom biblischen Fluch zur medialen Tragödie: Wandel und Wirkung europäischer Afrika-Bilder (Abt. Wuppertal)
	Prof. Dr. Volkmar Wittmütz: Eine weltgeschichtliche Zäsur trifft die Provinz. Die Reformation und ihre Wirkung im Bergischen Land (Abt. Wuppertal)
	Mira Weidhaas: Wilhelm Dörpfeld (1853–1940): Umstrittener Homerforscher und bedeutender Archäologe (Abt. Wuppertal)
	Michael Okroy: Von „Tietz“ zu „Kaufhof“: Die „Arisierung“ eines Warenhaus-Unternehmens 1933/34 (Abt. Wuppertal)
	Dr. Veit Veltzke: Christoph Wilhelm Henrich Sethe (1767–1855) – preußischer Patriot und kritischer Intellektueller (Abt. Wuppertal)
10.1.2018	Reinhard Gaida: Das Baltikum in der deutschen Geschichte (Abt. Haan)
17.1.2018	Filmvorführung: Die Arbeit der Bandwirker im Bergischen Land. 1975 gedrehter Film über die alte Heimindustrie, mit einer Einführung von Ernst Köser (Abt. Wermelskirchen)

20.1.2018	Bernhard Geuß: Wir im Wupsiland – Zur geschichtlichen Bedeutung der „Wupsi" für Leverkusen, Langenfeld, Leichlingen und Monheim (Abt. Niederwupper)
23.1.2018	Urs Diederichs: Technische Innovationen damals: Vom Stahl zu Elektrostahl (Abt. Remscheid)
1.2.2018	Werner Plumpe: Ein „Liebling der Götter"? Anatomie des Industriellen Carl Duisberg (1861–1935) aus Barmen – Köllmann-Vortrag (Abt. Wuppertal)
1.2.2018	Tanja Potthoff: Gang zur zwei Jahrtausende (im Prätorium in Köln) (Abt. Rhein-Berg)
1.2.2018	Klaus R. Schmidt: Geschichte der Feilenindustrie am Beispiel der Feilenfabrik Ehlis im Eschbachtal (Abt. Wermelskirchen)
6.2.2018	Thomas Halbach: Die Einrichtung von Erbhöfen durch das Reichserbhofgesetz im Gebiet des Anerbengerichts Wipperfürth (Abt. Remscheid)
14.2.2018	Horst A. Wessel: Die Geschichte der Firma Mannesmann (Abt. Haan)
16.2.2018	Jutta Keller: Der berg. Reformator Adolf Clarenbach (Abt. Hückeswagen)
20.2.2018	Johannes Kessler: Die Remscheider Ortschaft Platz – vom Erzverhüttungsplatz zum Wohn- und Industriestandort (Abt. Remscheid)
22.2.2018	Wolfgang Motte: Die Radevormwalder Bibel von 1601 (Abt. Radevormwald)
22.2.2018	Axel Riemscheid: Von großen und kleinen Königen: Über die Könige Echnaton, Tutanchamun, Ramses II und die Königinnen Nofretete und Hatschepsut (Abt. Burscheid)
22.2.2018	Andreas Heider: Hüter des Waldes Joseph Linder 1821–1893 (Abt. Overath)
27.2.2018	Jochen Bilstein: Spurensuche – Jüdisches Leben in Remscheid (Abt. Remscheid)
1.3.2018	Folke Obermark-Stiller, Maximilian Berkel: Vergessene Schätze: Das Kulturgut des Bergischen Geschichtsvereins (Abt. Wuppertal)
1.3.2018	Ekkehard Kandler und Jost Broser: Rommerscheider Hof – Forschungsergebnisse (Abt. Rhein-Berg)
1.3.2018	Maria Jendrischewski: Carl Schmitz, vom Webstuhl in die Namib. Leben und Wirken eines Dabringhauser Missionars in der 1. Hälfte des 20. Jahrhunderts (Abt. Wermelskirchen)
3.3.2018	Ferdinand Moog: Dr. Friedrich Joseph Haass- der heilige Doktor aus Moskau (Abt. Overath)
6.3.2018	Karl-Heinz Hennen: Verfolgung und Denunziation in Monheim 1933–1945 (Abt. Niederwupper)
16.3.2018	Reiner Rehfus: Krieg und Revolution 1918/19 im Wuppertal (Abt. Radevormwald)

16.3.2018	Josef Heinrich: Oberbergischer Kreis – Kultur und Geschichte (Abt. Rhein-Berg)
23.3.2018	Ingo Davin: Entstehung der Handelswege (Abt. Hückeswagen)
27.3.2018	Karlheinz Meermagen: Powerfrauen im Mittelalter. Die Kaiserinnen Adelheid und Theophanu (Abt. Remscheid)
5.4.2018	Manfred Spata: Pfarrer Müller aus Schwelm, eine Lebensgeschichte (Abt. Rhein-Berg)
10.4.2018	Wolfgang Motte: 200 Jahre Evangelischer Kirchenkreis Lennep (Abt. Remscheid)
10.4.2018	Paul Heinz Schwieres: Am Anfang war die Gleislose (Kleinbahn Langenfeld- Monheim-Hitdorf-Rheindorf) (Abt. Niederwupper)
11.4.2018	Axel Meyer: Der Friede von Brest-Litowsk 191 (Abt. Haan)
12.4.2018	Beatrix Burghoff: Wuppertal – Ein Zentrum der westdeutschen und europäischen Solidaritätsbewegung für Nicaragua seit den 1970er Jahren (Abt. Wuppertal)
14.4.2018	Sebastian Steinbach: Die Übertragung des Reichshofes durch Friedrich Barbarossa (1167) im Kontext der staufischen Wirtschaftsgeschichte (Oberbergische Abt.)
20.4.2018	Uwe Eckhardt: Wände barsten – und dann die Angst: Erdbeben im Bergischen Land und in seinen Nachbargebieten (Abt. Radevormwald)
20.4.2018	Uwe Schwarz: Eine unterhaltsame Kartenschau durch das Bergische Land (Abt. Rhein-Berg
20.4.2018	Olaf Link, Hans-Georg Wenke: Die Burger Brezel (Abt. Hückeswagen)
24.4.2018	Horst A. Wessel: Remscheid und dessen Feilenherstellung im Spiegel von Reiseberichten aus der ersten Hälfte des 19. Jahrhunderts (Abt. Remscheid)
25.4.2018	Filmkreis Langenfeld, u.a. Max Heribert Gierlichs: Filmvorführung: Frühe Ansiedlungen im Kirchspiel Richrath (Langenfeld) (Abt. Niederwupper)
3.5.2018	Fritz Bilz: Zur Geschichte des Königsforsts
9.5.2018	Paul Zimmermann: Die Geschichte der Bundesstraße 228 (Abt. Haan)
12.5.2018	Herbert Ommer, Norbert Stannek: Das Bensberger Erzrevier: Entstehung, Entwicklung, Niedergang – Spuren in der Kulturlandschaft (Abt. Rhein-Berg)
13.5.2018	Georg Eckert: Mehr als lokale Lordsiegelbewahrer: Funktionen und Funktionswandel deutscher Geschichtsvereine seit dem 19. Jahrhundert (Abt. Wuppertal)
17.5.2018	Peter Ruland: Wie Gas und Strom ins Aggertal kamen (Abt. Overath)
18.5.2018	Max Morsches: Das Leben Jan Wellems anhand von Münzen und Medaillen (Abt. Rhein-Berg)
22.5.2018	Alfons Ackermann: Gesichter – Denkmale unserer Stadt. Rund um den Stadtpark (Abt. Remscheid)
23.5.2018	Alexander Rothkopf: Prager Fenstersturz 2018 (Oberbergische Abt.)

7.6.2018	Bernd Koch: Fachwerkbauten in Deutschland (Abt. Rhein-Berg)
7.6.2018	Volker Ernst: Zur Schulgeschichte von Wermelskirchen (Abt. Wermelskirchen)
12.6.2018	Robert Rebitsch: 1618. Der Beginn des Dreißigjährigen Krieges – Buchpräsentation (Oberbergische Abt.)
13.6.2018	Ulrike Peterseim: Die Adler-Apotheke als Teil der Haaner Stadtgeschichte (Abt. Haan)
15.6.2018	Ursula Wenzel: St. Maria im Kapitol in Köln (Abt. Rhein-Berg)
26.6.2018	Max Morsches: Entstehung von Familiennamen (Abt. Remscheid)
29.6.2018	Georg Eckert: Politische Traumtänzer – Wege Europas in den Krieg. 1608 – 1618 – 1629 (Abt. Radevormwald)
5.7.2018	Armin Eich: Das Verhältnis des römischen Imperiums zu den rechtsrheinischen Gebieten und Volksgruppen (Abt. Wuppertal)
8.8.2018	Svenja Wolfertz, Paul Zimmermann: Haaner Jugendkultur am Beispiel des Hauses Groh (Abt. Haan)
4.9.2018	Stephan Stracke: Vergessene Opfer. Die NS-Vergangenheit der Wuppertaler Kriminalpolizei (Abt. Remscheid)
6.9.2018	Hans Remshagen: Herkenrath vor 60 Jahren. Eine Dia-Schau (Abt. Rhein-Berg)
6.9.2018	Burkhard Stock: Zum Denkmalschutz in Wermelskirchen (Abt. Wermelskirchen)
11.9.2018	Reinhold Braun: ADAC-Motorrad-Kleinstwagenrennen „Um das Bayerkreuz“ 1948–1952 und Seifenkistenrennen (Abt. Niederwupper)
12.9.2018	Marcus Pindur: Antisemitismus in Geschichte und Gegenwart (Abt. Haan)
14.9.2018	Georg Palmüller: Familienforschung online (Abt. Hückeswagen)
25.9.2018	Nikolaus Breidenbach: Protokolle aus Geschichtsakten von Lennep 1696–1811 (Abt. Remscheid)
2.10.2018	Claudia Holtschneider: Archäologie im Rheinland. Geschichte auf der Spur (Abt. Remscheid)
4.10.2018	Uwe Schwarz: Das Bergische Land unter dem Gesichtspunkt historischer Karten (Abt. Rhein-Berg)
4.10.2018	Jürgen Rottmann, Heinz-Werner Putzke: Wuppertal-Beyenburg (Abt. Wermelskirchen)
5.10.2018	Ralf Stremmel: Kriegsende und Revolution im Bergischen Land 1918/19 (Abt. Radevormwald)
8.10.2018	Bernd Weiß: Bürgermeister Theodor Drexel 1925–1937 (Abt. Wermelskirchen)
9.10.2018	Klaus-Dieter Hartmann, Hans-Josef Rupprecht, Reinhold Braun: Geschichte und Geschichten zu Haus Vorst in Leichlingen (Abt. Niederwupper)
10.10.2018	Axel Meyer: 1848 – Eine gescheiterte Revolution (Sind die Deutschen unfähig, eine Revolution erfolgreich durchzuführen?) (Abt. Haan)

11.10.2018	Stephen Pielhoff: Singen und Tanzen. Jugendbewegung, Musikpädagogik und kommunale Bildungspolitik in Hamburg, Remscheid und Wuppertal, ca. 1945–1968 (Abt. Wuppertal)
13.10.2018	Zeitzeugengespräch – Michael Lingenthal berichtet über seine Arbeit im Dienst der Konrad-Adenauer-Stiftung in Südamerika (Oberbergische Abt.)
23.10.2018	Klaus Schmidt: Die Remscheider Feilenindustrie am Beispiel der Fa. Ehlis (Abt. Remscheid)
26.10.2018	Jochen Hermel: Protestanten in Köln und Berg im 17. Jahrhundert (Abt. Hückeswagen)
30.10.2018	Heike Lützenkirchen und Winfried Schwarzer: Von der Provinzial-Heil- und Pflegeanstalt zur LVR-Klinik Langenfeld (Abt. Niederwupper)
6.11.2018	Georg Cornelissen: Luthers Deutsch – bergisches Deutsch und bergisches Platt (Abt. Radevormwald)
8.11.2018	Reiner Rhefus: Krieg und Revolution 1918/19 im Wuppertal (Abt. Wuppertal)
8.11.2018	Katja Pilot: Der Jugendstilpavillon der Firma Köttgen (Abt. Rhein-Berg)
9.11.2018	Robert Bohn: Der Matrosenaufstand in Kiel im November 1918 und dessen revolutionäre Ausbreitung im Reich (Abt. Remscheid)
9.11.2018	Urs Diederichs: Die Folgen der Revolution und die Bildung des Arbeiter- und Soldatenrats in Remscheid (Abt. Remscheid)
10.11.2018	Marcus Dräger: 1918 – eine Betrachtung in Biografien. Wie die deutschen Bundesfürsten aus der Geschichte fielen (Oberbergische Abt.)
14.11.2018	Volkmar Wittmütz: Der 30-jährige Krieg im bergischen Land (Abt. Haan)
15.11.2018	Günter Finkenrath: Das Leben von Pastor Löh (Abt. Burscheid)
15.11.2018	Thomas Hartmann-Wendels: Das Leben in Köln unter französischer Herrschaft (Abt. Overath)
16.11.2018	Ferdinand Peter Moog: Badekultur und Badeheilkunde in der Antike (Abt. Rhein-Berg)
16.11.2018	Maja Kützemeier: Entwicklung des Individualverkehrs seit den 1950er Jahren (Abt. Hückeswagen)
27.11.2018	Die Bedeutung von Migration für die Entwicklung von Remscheid-Stachelhausen (Abt. Remscheid)
08.12.2018	Axel Riemscheid: Das römische Köln (Abt. Burscheid)
18.12.2018	Stephanie Licciadie: Besinnlicher Jahresabschluss (Abt. Remscheid)
21.12.2018	Kolloquium: Aktuelle Forschungen in der Rheinischen und Bergischen Regionalgeschichte (Abt. Rhein-Berg)

Abkürzungen

Abt.	Abteilung
Bd./Bde.	Band/Bände
Diss.	Dissertation
GA	General-Anzeiger für Elberfeld-Barmen
GSTA PK	Geheimes Staatsarchiv Preußischer Kulturbesitz
H.	Heft
Hg./hg.	Herausgeber/herausgegeben
HAStK	Historisches Archiv der Stadt Köln
HZW	Historisches Zentrum Wuppertal
LAV NRW R	Landesarchiv NRW, Abt. Rheinland
LAV NRW W	Landesarchiv NRW, Abt. Westfalen
MBGV	Mitteilungen des Bergischen Geschichtsvereins
RB	Romerike Berge
Red.	Redaktion
Sp.	Spalte
StA SG	Stadtarchiv Solingen
StA W	Stadtarchiv Wuppertal
STA WO	Niedersächsisches Landesarchiv, Standort Wolfenbüttel
VSWG	Vierteljahrschrift für Sozial- und Wirtschaftsgeschichte
ZBGV	Zeitschrift des Bergischen Geschichtsvereins

Beiträger zu diesem Band

Uwe Eckardt, Wuppertal	uu-eckardt@t-online.de
Stefan Ehrenpreis, Innsbruck	ehrenpreis.psm@t-online.de
Ralf-Peter Fuchs, Essen	ralf-peter.fuchs@uni-due.de
Stefan Gorißen, Troisdorf	stefan.gorissen@uni-bielefeld.de
Hartmut Heikaus, Düsseldorf	christiane.heikaus@web.de
Gabriele John, Bonn	gabriele.john@kulturstadtlev.de
Anne Sophie Overkamp, Tübingen	anne-sophie.overkamp@uni-tuebingen.de
Horst Sassin, Solingen	h.sassin@fritzgraebe.de
Christian Schemmert, Solingen	christian.schemmert@fh-potsdam.de
Jan-Willem Waterböhr, Bielefeld	jan-willem.waterboehr@uni-bielefeld.de
Horst A. Wessel, Düsseldorf	horstwessel@acor.de
Michael Werling, Bergisch Gladbach	vogtwerling@t-online.de
Kurt Wesoly, Bonn	kurt@wesoly.de
Michael Wiescher, Newland Hall (USA)	michael.c.wiescher.1@nd.edu
Volkmar Wittmütz, Köln	wittm@uni-wuppertal.de